Grundkurs anglistisch-amerikanistische Literaturwissenschaft

Vera und Ansgar Nünning

Ernst Klett Sprachen
Barcelona · Belgrad · Budapest · Ljubljana · London
Posen · Prag · Sofia · Stuttgart · Zagreb

Bibliographische Information der Deutschen Bibliothek.
Die Deutsche Bibliothek verzeichnet diese Publikation in der Deutschen Nationalbibliographie; detaillierte bibliographische Daten sind im Internet über http://dnb.ddb.de abrufbar

1. Auflage A 1 7 6 5 | 2007 2006 2005

Internetadresse I http://www.klett.de
Bildnachweis I AGK, Berlin

Redaktion I Margit Künzel
Umschlaggestaltung I Marion Köster
Satz I Steffen Hahn GmbH, Medienservice, Kornwestheim
Druck I Gutmann+Co., Thalheim. Printed in Germany.

ISBN 3-12-939598-9

9 783129 395981

Inhalt

Vorwort

Hauptziel dieses Bandes ist es, insbesondere, aber nicht nur Studierenden der Anglistik und Amerikanistik eine kompakte Einführung in zentrale Gegenstände, Fragestellungen und Arbeitsfelder der anglistisch-amerikanistischen Literaturwissenschaft zu geben und ihnen die wichtigsten Grundlagen, Methoden und Modelle der Analyse und Interpretation literarischer Texte nahe zu bringen. Da in den Anfangssemestern v.a. eine Kenntnis der Kategorien und Verfahren der literaturwissenschaftlichen Analyse narrativer, dramatischer und lyrischer Texte von grundlegender Bedeutung ist, wird der Erarbeitung einer klaren literaturwissenschaftlichen Begriffssprache besondere Bedeutung beigemessen. Dementsprechend haben wir den Akzent auf die Vermittlung von Grundlagen und Überblickswissen (wie zentrale literaturwissenschaftliche Fachbegriffe, gattungstypische Kategorien und transferierbare Methoden der Analyse von Texten aus unterschiedlichen Gattungen und Medien) gelegt, weil dies jene Aspekte sind, die eine Einordnung des Gelernten in größere Zusammenhänge ermöglichen und die daher die Orientierung im Fach erleichtern.
Da es sowohl in der Allgemeinen und Vergleichenden als auch in der anglistisch-amerikanistischen Literaturwissenschaft eine Vielzahl unterschiedlicher Gegenstände, Fragestellungen und Methoden gibt, die in einem Grundkurs nicht umfassend ausgebreitet werden können, prägt eine Mischung aus Pluralismus und Pragmatik den Aufbau und die Art des Bandes: Wir haben bewusst ein exemplarisches Vorgehen gewählt, das die fachliche, sachliche und methodische Vielfalt zwar in groben Zügen nachzeichnet, dabei aber zugleich die Praxis und *„Lage des real existierenden Anglistikstudiums"* (SCHWANITZ 1985: 9) und v.a. die Orientierungsbedürfnisse von Anfangssemestern im Blick behält.
Im Rahmen einer kurzen Einführung kann es nicht darum gehen, einen umfassenden Überblick über die Geschichte der englischsprachigen Literaturen zu geben oder sie in einem gedrängten Abriss darzustellen. Um die Vielfalt der Lehrangebote in der anglistisch-amerikanistischen Literaturwissenschaft sinnvoll nutzen zu können, braucht man vielmehr zunächst einmal eine allgemeine Vorstellung von den

Grundlagen literaturwissenschaftlicher Arbeit und vom Zusammenhang der literaturgeschichtlichen Themen. Dieses Bändchen will eine solche erste Übersicht und das begriffliche Grund- und Überblickswissen vermitteln, das für eine Orientierung in der anglistisch-amerikanistischen Literaturwissenschaft erforderlich ist. Anstatt ‚fertige' Interpretationen zu liefern, möchten wir Leserinnen und Lesern jene begrifflichen und methodischen Hilfsmittel an die Hand geben, die es ihnen ermöglichen, unbekannte Texte selbständig zu erschließen.

Der Band ist nicht nur für Studienanfänger/innen gedacht, die die Fähigkeit erwerben möchten, literarische Texte systematisch, methodisch bewusst und mittels einer klaren Begriffssprache zu analysieren, sondern auch als Repetitorium für Studierende höherer Semester, die sich bei der Vorbereitung für Hauptseminare oder für ihr Examen nochmals schnell einen Überblick über Grundbegriffe und Methoden literaturwissenschaftlicher Arbeit verschaffen und sich gezielt über Kategorien und Modelle der Lyrik-, Dramen- und Erzähltextanalyse informieren möchten.

Dieses Studienbuch ist nicht nur für Studentinnen und Studenten geschrieben, sondern es ist auch aus der langjährigen Arbeit mit Studierenden hervorgegangen. Daher ist ein Dankeswort an einen Teil des Zielpublikums angebracht. Dieser Dank gebührt zum einen zahllosen unserer Braunschweiger, Gießener und Kölner Studentinnen und Studenten, die mit ihrer engagierten und konstruktiven Mitarbeit in literaturwissenschaftlichen Grundkursen und anderen Lehrveranstaltungen mehr zu diesem Buch beigetragen haben, als ihnen bewusst sein dürfte und als sich in wenigen Worten ausdrücken lässt. Herzlich danken möchten wir zum anderen einigen Kolleginnen und Kollegen, die uns in den letzten Jahren bei verschiedenen Anlässen wertvolle Hinweise gegeben haben: namentlich Raimund Borgmeier (Gießen), Lothar Bredella (Gießen), Monika Fludernik (Freiburg), Herbert Grabes (Gießen), Gerd Haefner (Köln), Andreas Höfele (München), Manfred Jahn (Köln), Eberhard Kreutzer (Bonn), Gottfried Krieger (Köln), Viktor Link (Braunschweig), Christine Lubkoll (Gießen), Wolfgang G. Müller (Jena), Günter Oesterle (Gießen), Christoph Reinfandt (Kiel), Ina Schabert (München), Hans Ulrich Seeber (Stuttgart) und Werner Wolf (Graz).

Ganz besonderer Dank gebührt einmal mehr unseren Mitarbeiterinnen und Mitarbeitern, die bei der Vorbereitung dieses Bandes in vielfältiger Weise behilflich waren. Wibke Bindemann, Nora Redhardt und Katja Zinn haben das Manuskript mit Akribie durchgesehen und die Zitate, Daten und bibliographischen Angaben sorgfältig überprüft. Gaby Allrath, Martin Schüwer, Klaudia Seibel, Annegret Stegmann, Carola Surkamp und Dorothee Birke haben nicht nur die Formatierung perfekt gestaltet, sondern auch frühere Fassungen einzelner Kapitel konstruktiv kommentiert, uns viele wertvolle Anregungen gegeben und bei der Erstellung der Modelle und des Glossars ausgezeichnete Arbeit geleistet. Wenn dieses Bändchen Leserinnen und Leser zu selbständigem Arbeiten und einem erfolgreichen literaturwissenschaftlichen Studium befähigt, so ist dies nicht zuletzt deren Verdienst. Und Ihnen, liebe Leserin und lieber Leser, wären wir schließlich sehr dankbar, wenn Sie uns Ihre Kommentare, Kritik und Anregungen senden würden an ansgar.nuenning@anglistik.uni-giessen.de oder vera.nuenning@urz.uni-heidelberg.de.

Vera und Ansgar Nünning
im September 2001

1 KAPITEL Gegenstandsbereich, Fragestellungen und Arbeitsfelder der Literaturwissenschaft

Die zwei größten Fehler einer literaturwissenschaftlichen Ausbildung (komplementär, aber leider durchaus kompatibel) wären es deshalb: einerseits den Beteiligten die spontane Freude am Umgang mit Literatur zu nehmen – und sie andererseits vor dieser Literatur begriffslos mit offenem Munde stehen zu lassen.

HARALD FRICKE/RÜDIGER ZYMNER

1 Zur Konzeption und zum Aufbau des Bandes

Grundkurs Literaturwissenschaft

Für die Studierenden der Anglistik/Amerikanistik beginnt das Studium an den meisten Universitäten mit einem Grundkurs in der Literaturwissenschaft und der Sprachwissenschaft. Der Titel des vorliegenden Einführungsbandes orientiert sich aber nicht nur an dieser Praxis, sondern er soll auch verdeutlichen, worum es im Folgenden v. a. geht: Der Band bietet nicht einen Überblick über die Geschichte der englischsprachigen Literatur(en), sondern eine Einführung in die Literaturwissenschaft, d. h. in die wissenschaftliche Beschäftigung mit Literatur.

Fragen nach dem Gegenstand

Zunächst stellt sich die Frage, womit sich die anglistisch-amerikanistische Literaturwissenschaft eigentlich beschäftigt. Die Antwort liegt auf den ersten Blick auf der Hand: mit literarischen Texten, die in englischer Sprache geschrieben sind. Das klingt zwar unmittelbar einleuchtend, doch bei genauerem Hinsehen stellen sich mehrere Fragen: Was sind literarische Texte? Welche Werke werden zur ‚englischen' Literatur gezählt? Was versteht man unter ‚literaturwissenschaftlicher Textanalyse'? Mit welchen Gegenständen beschäftigt sich die Literaturwissenschaft noch außer mit literarischen Texten?

Ziele des Kapitels

Die Hauptziele dieses Einleitungskapitels bestehen darin, Antworten auf diese Fragen zu geben und Studierenden eine Einführung in den Gegenstandsbereich, die wichtigsten Fragestellungen und die Arbeitsfelder der anglistisch-amerikanistischen Literaturwissenschaft zu geben. Ebenso wie dem Fach Anglistik/Amerikanistik als Ganzem liegt auch den Sachgebieten und Fragestellungen der anglistisch-amerikanistischen Literaturwissenschaft eine Logik zugrunde, die man sich möglichst früh klarmachen sollte, wenn man nicht gleich die Orientierung und den Spaß am Studium verlieren möchte.

Praxisorientierter Mittelweg

Um die *„zwei größten Fehler einer literaturwissenschaftlichen Ausbildung"* zu vermeiden, die in dem vorangestellten Zitat erwähnt werden, werden wir versuchen, einen an der Praxis des Studiums orientierten Mittelweg zu gehen und einen ersten Einblick in literaturwissenschaftliche Fragestellungen und Methoden zu vermitteln. Der Band möchte v. a. Anfangssemestern einige theoretische, begriffliche und literaturgeschichtliche Kategorien an die Hand geben, um sie vor der unüberschaubaren Vielfalt der englischsprachigen Literaturen nicht *„begriffslos mit offenem Munde stehen zu lassen"*, ohne ihnen dadurch jedoch sogleich *„die spontane Freude am Umgang mit Literatur zu nehmen"* (Fricke/Zymner 1991: 17).

Zwei Voraussetzungen für ein erfolgreiches Studium

Der Versuch, einen solchen Mittelweg zu gehen, ist ein gewagter, aber nötiger Spagat: Ohne Spaß am Lesen und ein ausgeprägtes Interesse an englischsprachiger Literatur kann niemand das übliche Lektürepensum bewältigen; ohne begriffliche Grundlagen bleibt die Freude an literarischen Werken sprachlos und lässt sich nicht mitteilen. Wer mit anderen literaturwissenschaftlich kompetent über die im Studium gelesenen literarischen Texte kommunizieren möchte, kann gar nicht umhin, sich einige Grundlagen und Grundbegriffe der Literaturtheorie, Textanalyse und Literaturgeschichte anzueignen. Und wer dabei die ersten Hürden gemeistert hat, wird schnell merken, dass nicht nur das Lesen von literarischen Werken, sondern auch die Kommunikation über Literatur und die Beherrschung literaturwissenschaftlicher Begriffe und Methoden sehr faszinierend sein können.

Fokus: transferierbare Kenntnisse und Fähigkeiten

Im Bereich der Analyse und Interpretation literarischer Texte ist es zunächst einmal von entscheidender Bedeutung, grundlegende terminologische Kenntnisse und methodische Fähigkeiten zu erwerben. Dazu gehört auch, sich Klarheit darüber zu verschaffen, dass die erlernten Analysekategorien nicht beziehungslos nebeneinander stehen, sondern in Sachfeldern (z. B. Bereiche wie Metrik, Figurendarstellung oder Erzählsituationen) und theoretischen Zusammenhängen (z. B. Strukturalismus) vernetzt sind. Fundierte theoretische Grundlagen sind auch deshalb so wichtig, weil es sich dabei um transferierbare Kenntnisse und Fähigkeiten handelt. Überspitzt formuliert: Wer ein Proseminar zu einem bestimmten Romancier, Dramatiker oder Lyriker besucht, weiß am Ende zwar eventuell recht viel über die Werke eines bestimmten Autors, steht aber vor denen anderer Schriftsteller wie der Ochs vorm Berge. Wer hingegen an einem dominant methodisch ausgerichteten Interpretationskurs zur Analyse lyrischer, dramatischer oder narrativer Texte teilgenommen hat, verfügt über Kenntnisse und Fähigkeiten, die es ihr oder ihm ermöglichen, diese selbständig auf neue Themen, Texte und Fragestellungen anzuwenden. Im ersten Fall handelt es sich um einen bloßen Wissenszuwachs, im zweiten dagegen um den Erwerb transferierbarer Kompetenzen, mithin zugleich um einen Gewinn an Eigenständigkeit.

Aus diesem Grunde sind die nachfolgenden Kapitel so konzipiert, dass sie Einblick in die typischen Merkmale der jeweiligen Gattung, in Verfahren der Textanalyse und in unterschiedliche interpretatorische Zugangsweisen gewähren. Die Auseinandersetzung mit verschiedenen Erscheinungsformen lyrischer, dramatischer und narrativer Texte sowie mit Mediengattungen dient zum einen dem Ziel, ein möglichst differenziertes Repertoire an Grundbegriffen und Techniken der Textanalyse vorzustellen. Zum anderen zielt dieses exemplarische Vorgehen darauf ab, Studierende zu befähigen, sich ein breites Spektrum von Texten aus verschiedenen Kulturen und Epochen der englischsprachigen Literaturen selbständig erschließen zu können. Das Glossar am Ende des Bandes soll nicht nur zur möglichst präzisen Begrifflichkeit beitragen, sondern es auch ermöglichen, die wichtigsten Grundbegriffe nochmals schnell nachzuschlagen.

Grundbegriffe und Verfahren der Textanalyse

2 Der Gegenstandsbereich der Literaturwissenschaft

Ebenso wie jede andere Wissenschaft steht auch die Literaturwissenschaft vor der Aufgabe, zunächst einmal ihren Gegenstandsbereich zu definieren, also möglichst präzise anzugeben, welche Phänomene sie eigentlich erforscht. Dies ist sehr viel schwieriger, als man zunächst meinen könnte, denn es gibt ganz unterschiedliche Versuche, den Gegenstand, die Ziele und die Aufgaben der Literaturwissenschaft zu bestimmen. Als Wissenschaft von der Literatur beschäftigt sie sich hauptsächlich mit Texten, die als ‚literarisch' gelten. Damit verlagert sich das Problem aber lediglich auf die Bestimmung des Literaturbegriffs; warum es so kompliziert ist, diesen Begriff zu definieren, erläutert das anschließende Teilkapitel.

Bestimmungsversuche

Ausgehend von dem Grundsatz, dass Schreiben eine Form von Kommunikation ist, gilt es zunächst, sich eine erste Vorstellung von einigen grundlegenden Faktoren und Zusammenhängen literarischer Kommunikation zu erarbeiten. Die wichtigsten Faktoren, die schriftliche Kommunikation konstituieren, sind der Verfasser eines Werkes, der von ihm geschriebene Text sowie der Adressat bzw. Leser, an den der Text gerichtet ist.

Literatur als Kommunikation

Das Verständnis von Literatur als Kommunikation lässt sich mit Hilfe eines Modells veranschaulichen, das die Kommunikationstheorie entwickelt hat: das informationstheoretische Schema der Nachrichtenübermittlung. Gemäß derjenigen Auffassung, die wohl am weitesten verbreitet ist, gilt Kommunikation als ein Phänomen, das von einem Sender ausgeht, der eine Nachricht oder Mitteilung an andere richtet. Diese Botschaft, die sich auf irgendeinen Kontext (z. B. bestimmte Aspekte der nicht-sprachlichen Wirklichkeit) bezieht, gelangt durch einen Kanal bzw. ein materielles Medium zu einem Empfänger. Eine

Kommunikationsmodell

Voraussetzung für gelingende Kommunikation besteht darin, dass Sender und Empfänger zumindest teilweise über einen gemeinsamen Code (ein System von Regeln, das die Deutung sprachlicher Zeichen erlaubt) verfügen. Die Beziehungen zwischen diesen Faktoren des Kommunikationsprozesses lassen sich schematisch darstellen (vgl. Modell 1.1.).

Sprachfunktionen

Die von Roman Jakobson postulierten sechs Funktionen der Sprache, die für viele Fragen der Literaturwissenschaft nützlich sind und auch für die Unterscheidung von literarischen und nicht-literarischen Texten eine Rolle spielen, ergeben sich aus den Relationen einer sprachlichen Mitteilung zu den verschiedenen Faktoren des Kommunikationsprozesses: Dem Sender ist die emotive bzw. expressive Funktion der Selbstdarstellung seiner Haltung gegenüber dem Gegenstand zugeordnet. Hingegen zielt die appellative Funktion, die sich auf den Empfänger richtet, auf die Beeinflussung der Einstellungen und des Verhaltens des Hörers bzw. Rezipienten ab. Die referentielle Funktion bezeichnet die Ausrichtung einer Äußerung auf Sachverhalte, Gegenstände oder Wirklichkeitsmodelle, die durch die Nachricht dargestellt werden. Hingegen bezieht sich die phatische Funktion auf den Kommunikationskanal, d. h. auf die Herstellung und Aufrechterhaltung des kommunikativen Kontakts zwischen Sender und Empfänger. Die metasprachliche Funktion besteht in der Thematisierung und Bewusstmachung des sprachlichen Codes. Die poetische Funktion gründet schließlich im reflexiven Rückbezug einer Äußerung auf die Form bzw. Strukturiertheit der Nachricht selbst.

Gegenstand
referentiell

Sender ------------------------------ Nachricht ---------------------- Empfänger
emotiv, expressiv — *poetisch* — *appellativ, konativ*

Kontaktmedium
phatisch
Code
metasprachlich

Modell 1.1.: Kommunikationsmodell und Sprachfunktionen

Besonderheiten schriftlicher Kommunikation

Literarisches Schreiben bzw. Textkommunikation generell stellt somit einen Sonderfall allgemeiner sprachlicher Kommunikation dar. Worin liegen nun die Besonderheiten von schriftlicher und von literarischer Kommunikation? Im Gegensatz zu mündlicher Kommunikation in einer *face-to-face*-Situation stellt die Ungleichzeitigkeit von Produktion und Rezeption für schriftliche Kommunikation den Regelfall dar. Der Text bildet dabei das Medium, durch das die Nachricht vom

Sender zum Empfänger gelangt. Damit entfällt für den Adressaten die Möglichkeit, direkt (etwa durch Gestik und Mimik) auf den Sender einzuwirken oder dessen Absichten zu erfragen. Das einzige Verbindungsglied zwischen Sender und Empfänger ist der Text. Alle inhaltlichen Präzisierungen und weiteren Differenzierungen dieses allgemeinen Kommunikationsmodells hängen davon ab, auf welchen Medien die Kommunikation jeweils beruht. Außerdem zeichnen sich sowohl literarische Kommunikation als auch unterschiedliche Gattungen durch eine Reihe von Besonderheiten aus, die in den folgenden Kapiteln herausgearbeitet werden.

Literatursystem

Vor dem Hintergrund des Kommunikationsmodells ist es leicht einsichtig, dass nicht nur literarische Texte Gegenstand literaturwissenschaftlicher Arbeit sind; das gilt im Übrigen nicht nur für die Anglistik/Amerikanistik, sondern auch für andere Philologien. Vielmehr gehört der gesamte gesellschaftliche Handlungsbereich dazu, in dem literarische Texte geschrieben, verlegt, gelesen und von der Literaturkritik besprochen werden. Dieser Handlungsbereich wird auch als ‚Literaturbetrieb' bzw. als ‚Literatursystem' bezeichnet. Schematisch vereinfacht lässt sich das Literatursystem als ein Beziehungsgefüge darstellen, in dem es nicht bloß literarische Texte gibt, sondern auch Menschen, die diese produzieren, vermitteln, rezipieren und weiterverarbeiten.

Handlungsrollen im Literatursystem

Der als Literatursystem bezeichnete gesellschaftliche Handlungsbereich stellt ein besonderes Kommunikationssystem dar, das durch vier Handlungsrollen – Produktion, Vermittlung, Rezeption und Verarbeitung von literarischen Texten – bestimmt ist. Bei der Definition des Gegenstandsbereichs der Literaturwissenschaft sind daher neben den Werken selbst auch Autoren/-innen (als Literaturproduzenten/-innen) und Leser/-innen (als Literaturrezipienten/-innen) zu berücksichtigen. Außerdem sind das Verlagswesen, der Buchhandel, die Medien und andere Instanzen der Literaturvermittlung sowie der Bereich der Literaturkritik nicht zu vergessen. Wie ein Blick in jede Buchhandlung, in der die Bücher (mindestens) in die Rubriken ‚Belletristik' und ‚Sachbuch' unterteilt sind, und in jedes ähnlich untergliederte Feuilleton lehrt, entscheiden alle diese Instanzen mit darüber, welche Texte in einer Gesellschaft als literarisch gelten und welche nicht.

Modell literarischer Kommunikation

Das folgende Modell literarischer Kommunikation ist hilfreich, um sich Klarheit über den Gegenstand der Literaturwissenschaft zu verschaffen. Unter Rückgriff auf das von JAKOBSON entwickelte Kommunikationsmodell lässt sich der Gegenstandsbereich der Literaturwissenschaft modellhaft so veranschaulichen:

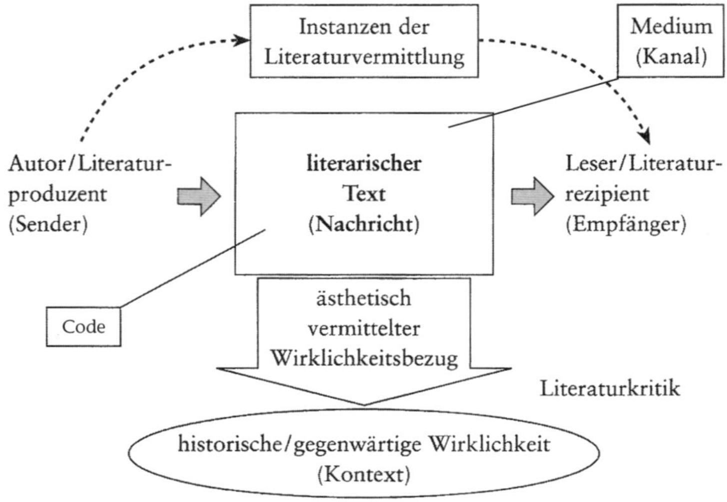

Modell 1.2.: Modell literarischer Kommunikation
(NÜNNING/JUCKER 1999: 49)

Konstituenten des Kommunikationsmodells

Dieses Modell literarischer Kommunikation stellt in stark vereinfachter Form die wichtigsten Elemente und Instanzen dar, die am literarischen Kommunikationsprozess beteiligt sind. Ein Autor (Sender) produziert einen literarischen Text (Nachricht), der zugleich die materiale Grundlage bzw. das Medium (Kanal) bildet, durch das die Nachricht zum Rezipienten bzw. Leser (Empfänger) gelangt. Eine notwendige Voraussetzung dafür, dass dieser den Text verstehen kann, besteht darin, dass Sender und Empfänger eine gemeinsame Sprache beherrschen und von ähnlichen Gattungskonventionen ausgehen (Code). Literarische Texte weisen in der Regel zwar einen Bezug zur historischen oder gegenwärtigen Wirklichkeit (Kontext) auf, allerdings ist dieser ästhetisch vermittelt.

Literatur als Symbolsystem und als Sozialsystem

Ein solches Modell literarischer Kommunikation erleichtert es, den Unterschied zwischen Literatur als Text- bzw. Symbolsystem und Literatur als Sozialsystem zu verdeutlichen. Literatur kann man als ein Ensemble von Texten betrachten, die nach bestimmten, unten erläuterten Kriterien als ‚literarisch' gelten. Gemäß einer solchen textwissenschaftlichen Betrachtungsweise wird Literatur als ein Symbolsystem aufgefasst, das sich durch bestimmte ästhetische Merkmale auszeichnet und sich von Texten in anderen gesellschaftlichen Systemen (z. B. in der Wirtschaft, in der Rechtsprechung, in der Wissenschaft etc.) unterscheidet. Die in den folgenden Kapiteln vorgestellten Ansätze und Methoden der Textanalyse zielen darauf ab, Literatur als Symbolsystem zu untersuchen. Andererseits kann man aber auch den gesellschaftlichen Handlungsbereich des Literaturbetriebs als ein Handlungs- bzw. Sozialsystem betrachten. Dabei geht es nicht um literarische Texte, sondern um die Menschen, Handlungsrollen und Institutionen, die dieses Sozialsystem konstituieren.

Gegenstandsbereich

Das Feld, das die anglistisch-amerikanistische Literaturwissenschaft bestellt, ist also außerordentlich weit: Sie beschäftigt sich nicht bloß mit der Interpretation literarischer Texte, sondern auch mit allen anderen Aspekten von Literatur als Symbolsystem und als gesellschaftlichem Sozialsystem. Zum einen entwickelt sie Theorien, Modelle und Methoden der Textanalyse und untersucht die Geschichte der britischen, irischen, amerikanischen und kanadischen Literatur sowie weiterer englischsprachiger Literaturen. Zum anderen beschäftigt sie sich aber auch mit Biographien von Autoren/-innen, mit der Entwicklung des Buchmarkts und der Medien, mit der Rezeption von Literatur sowie mit der Literaturkritik. Im Studium steht zunächst die Beschäftigung mit literarischen Texten, die in englischer Sprache geschrieben sind, insbesondere mit den Verfahren der literaturwissenschaftlichen Textanalyse und Interpretation, im Vordergrund. Um die Frage zu beantworten, was zum Gegenstandsbereich der Literaturwissenschaft gehört, muss geklärt werden, welche Texte als ‚literarisch' gelten. Daher bedarf es einer Eingrenzung des Literaturbegriffs.

3 Kriterien zur Bestimmung des Literaturbegriffs

Was ist Literatur?

Generationen von Literaturwissenschaftlern haben versucht, die von Jean-Paul Sartre und vielen anderen gestellte Frage *„Was ist Literatur?"* zu beantworten, doch bis heute ist diese Frage offen und umstritten. Das ist auf den ersten Blick sicher erstaunlich, denn das Wort ‚Literatur' ist jedem vertraut, begegnet es einem doch in der Schule und im Alltag überall. So ist von ‚Fachliteratur' die Rede, man liest z. B. Jugendliteratur und manche rümpfen die Nase über ‚Trivialliteratur'. Obgleich somit wohl jede(r) eine intuitive Vorstellung davon hat, was man unter ‚Literatur' versteht, reichen solche subjektiven Anschauungen allein nicht aus, um den Gegenstand eines Faches – der Literaturwissenschaft – zu bestimmen. Vielmehr bedarf es dazu Kriterien, um die Unterschiede zwischen literarischen und nicht-literarischen Texten benennen zu können. Dabei geht es weder darum, was das ‚Wesen' der Literatur ausmacht, noch darum, ein für alle Mal festzuschreiben, was Literatur ‚ist'.

Weiter vs. enger Literaturbegriff

Überblickt man die Definitionen in Lexika und die Praxis der Literaturgeschichten, so kann man grundsätzlich zwischen einem weiten und einem engen Literaturbegriff unterscheiden (vgl. Grabes 1981b). Im weitesten Sinne umfasst der Literaturbegriff die Gesamtheit aller schriftlich niedergelegten Äußerungen, also das gesamte Schrifttum bzw. Geschriebene und/oder Gedruckte. Selbst dieser denkbar weite Literaturbegriff, der in der englischen Literaturgeschichtsschreibung vielfach zugrunde gelegt wird, der aber für eine Eingrenzung des Gegenstandsbereichs der Literaturwissenschaft aus nahe liegenden Gründen ungeeignet ist, kann aufgrund der Bindung an die Schriftlichkeit nicht allen Kulturen gerecht werden. Neben diesem weiten Literaturbegriff gibt es eine Vielzahl von engeren Literaturbegriffen. Allerdings besteht keine Einigkeit darüber, was unter ,Literatur' in einem engeren Sinne genau zu verstehen ist. Oft werden nur dichterische und erfundene Texte, also nur die ,schöne Literatur' bzw. Belletristik, zur ,Literatur im engeren Sinne' gezählt.

Literarizität

So einleuchtend dies zunächst klingen mag, das definitorische Problem ist damit nicht gelöst, sondern nur verlagert: Um die Gretchenfrage zu klären, wodurch sich ,literarische' Texte von anderen genau unterscheiden, muss man konkrete Unterscheidungsmerkmale bzw. Abgrenzungskriterien angeben, denen zufolge bestimmte Texte als literarisch gelten und andere nicht. Zwar hat sich die Literaturwissenschaft eingehend mit dem Versuch beschäftigt, die spezifische Literarizität bzw. ,Literaturhaftigkeit' *(literariness)* literarischer Texte zu bestimmen, doch bis heute herrscht weder Klarheit noch Einigkeit darüber, worin diese besteht.

Historizität des Literaturbegriffs

Die Antwort auf die Frage, was die ,Literarizität' literarischer Werke ausmacht, ist schon deshalb schwierig, weil der Literaturbegriff selbst geschichtlichem Wandel unterliegt und je nach kulturellem Kontext erheblich variiert. Daher gibt es keine überzeitlich gültige Antwort darauf, was Literatur ,ihrem Wesen nach ist'. Besonders deutlich wird die historische und kulturelle Variabilität des Literaturbegriffs, wenn man an den Übergang von mündlich überlieferter Literatur, wie es sie noch heute in einigen Gebieten des ehemaligen britischen Empire gibt, zur schriftlichen und medial vermittelten Literatur (z. B. Romanverfilmungen) denkt. Aufgrund der Veränderungen der Medien kommen außerdem ständig neue ,Texte' wie Hörspiele oder Drehbücher hinzu, wodurch sich der Literaturbegriff wiederum wandelt. Natürlich ist es im Rahmen einer kurzen Einführung unmöglich, die Vielzahl der historischen Literaturbegriffe ohne erhebliche Verzerrungen zu referieren. Dennoch ist es nützlich, zumindest die wichtigsten Kriterien zu kennen, anhand derer bisherige Bestimmungsversuche von ,Literatur' literarische Texte von anderen abzugrenzen versucht haben.

Normative vs. deskriptive Literaturbegriffe

Weitgehender Konsens besteht in der Literaturwissenschaft darüber, dass eine Abgrenzung nach normativen oder qualitativen (d. h. vorschreibenden und wertenden) Gesichtspunkten (z. B. ,Hochliteratur' vs. ,Trivialliteratur') allein schon deshalb problematisch ist, weil solche Wertungen nicht objektivierbar sind. Daher wird inzwischen zumeist auf eine ästhetisch wertende Auswahl bzw. wertbestimmte

Eingrenzung des Literaturbegriffs verzichtet. Einigkeit besteht zudem darüber, dass statt dessen ein deskriptiver (d. h. beschreibender) Literaturbegriff vorzuziehen ist, der auf bestimmten textuellen und/oder kontextuellen Faktoren beruht, durch die sich literarische Texte von nicht-literarischen abgrenzen lassen.

Wirklichkeitsbezug und Wahrheitsanspruch

Zwei zentrale Kriterien zur Unterscheidung von literarischen Texten (im engeren Sinne) und Sachtexten sind seit jeher der spezifische Wirklichkeitsbezug von Literatur und ihr Verzicht auf einen Wahrheitsanspruch. Demzufolge geben literarische Texte im Gegensatz zu ‚referentiellen' Texten nicht vor, sich direkt und eindeutig auf die Realität zu beziehen und ‚wahre' Aussagen über sie zu treffen. Von einem Reiseführer erwartet man zu Recht, dass er zuverlässige Informationen über ein Land oder eine Stadt bietet, von einem Drama oder einem Roman hingegen nicht. Obgleich auch literarische Texte vielfach allgemeine oder spezifische Realitätsreferenzen (d. h. Bezüge zum Weltwissen generell und zu bestimmten existierenden Orten, Personen und Ereignissen) aufweisen, sind sie insgesamt doch durch eine Lockerung des Tatsachenbezugs gekennzeichnet.

Mimesis vs. Poiesis

Die Frage nach dem Verhältnis zwischen der erfundenen Welt, die in einem literarischen Text evoziert wird, und der Wirklichkeit bildet seit langem ein zentrales Problem der Literaturtheorie. Der Begriff ‚Mimesis' (griech.: ‚Nachahmung'), der seit der Antike ein zentrales Konzept der Ästhetik ist, definiert den Realitätsbezug von Literatur als Nachahmung der realen Welt. Im Gegensatz dazu hat sich inzwischen die Einsicht durchgesetzt, dass literarische Texte außerliterarische Kontexte nicht bloß abbilden, sondern dass von einer dynamischen Wechselwirkung zwischen Wirklichkeit und literarischen Texten auszugehen ist. Der Begriff ‚Poiesis' (griech.: ‚herstellendes Tun') betont, dass Literatur mit spezifisch literarischen Gestaltungsmitteln eigenständige Modelle von Wirklichkeit erzeugt. Der Aspekt der Wirklichkeitsentsprechung tritt dadurch hinter die Frage zurück, *wie* literarische Texte das Wissen, die Erfahrungen sowie die Werte und Normen ihrer Entstehungszeit jeweils gestalten.

Fiktionalität

Aus dem unterschiedlichen Wirklichkeitsbezug und Wahrheitsanspruch von Literatur und Sachtexten leitet sich ein wichtiges Abgrenzungskriterium ab, die ‚Fiktionalität' (*fictionality*) literarischer Texte. Dieser aus dem Lateinischen stammende Begriff (von *fingere*: bilden, erdichten, vortäuschen) verweist auf den erfundenen bzw. imaginären Charakter der Welten, die in literarischen Texten dargestellt werden. Die darin vorkommenden Orte und Figuren bezeichnet man daher als ‚fiktiv'.

Ästhetik-Konvention

Inzwischen geht man aber davon aus, dass Fiktionalität nicht ein Merkmal der Texte selbst darstellt, sondern eine Konvention, also eine gesellschaftlich anerkannte Regel bzw. Übereinkunft, wie man mit bestimmten Texten umzugehen hat. Akteure im Literatursystem handeln demzufolge gemäß der sog. ‚Ästhetik-Konvention'; diese besagt, dass literarische Texte nicht nach den Kriterien wahr vs. falsch und nützlich vs. nutzlos zu beurteilen sind, sondern nach ästhetischen Maßstäben. Wenn Menschen gemäß dieser Ästhetik-Konvention handeln, sind sie bereit, die für nicht-literarische Kommunikation übliche Tatsachenkonvention für eine bestimmte Zeit zu vernachlässigen bzw. zu ‚suspendieren'. Schon der englische Romantiker SAMUEL TAYLOR COLERIDGE sprach in diesem Sinne von einer *„willing suspension of disbelief"*, durch die sich Leser/-innen in eine erfundene Welt hineinversetzen lassen, wohl wissend, einem literarischen Text keine ‚wahren' Informationen über die Realität entnehmen zu können.

Fiktionssignale

Ob Texte von Lesern als fiktional oder nicht-fiktional eingestuft werden, hängt maßgeblich von Fiktionssignalen ab. Literarische Texte sind also nicht an sich fiktional, sondern geben sich durch bestimmte Signale als fiktionale Texte zu erkennen. Mit dem Begriff ‚Fiktionalitätssignale' bzw. ‚Fiktionalitätsindikatoren' sind sämtliche Zeichen gemeint, die Menschen signalisieren, dass die in einem Text dargestellte Welt erfunden ist und der Text gemäß der Ästhetik-Konvention aufzufassen ist. Dem entspricht auf der Seite nicht-fiktionaler Texte der Gebrauch entgegengesetzter Hinweise, die als ‚Wirklichkeitssignale' bezeichnet werden. Der Gebrauch von Fiktionssignalen, die in unterschiedlicher Häufigkeit und Dichte auftreten können und keineswegs eindeutig interpretierbar sein müssen, unterliegt historischem Wandel und ist durch Konventionen bedingt.

Textuelle Fiktionssignale

Bei der Signalisierung von Fiktionalität und der Konstitution des unterschiedlichen Wirklichkeitsbezugs in fiktionalen im Gegensatz zu nicht-fiktionalen Texten spielen bestimmte textuelle Merkmale eine zentrale Rolle. Zu den textuellen Fiktionssignalen gehören z. B. bestimmte Eingangs- und Schlussformeln: „Es war einmal ..." bzw. „Once upon a time ..." signalisieren, dass ein Märchen erzählt wird. Auch der Gebrauch deiktischer Elemente, insbesondere nicht referentialisierbarer (d. h. nicht eindeutig auf reale Gegebenheiten beziehbarer) Angaben über Ort, Zeit und Figuren, ein hohes Maß an Mehrdeutigkeit und Anspielungen auf andere literarische Texte dienen als Fiktionssignale. Außerdem trägt die Gesamtheit jener Darstellungsverfahren, die als spezifisch ‚literarisch' gelten (z. B. Bewusstseinsdarstellung, Monologe und andere Phänomene, für die es in nicht-literarischen Texten kein Pendant gibt), dazu bei, die Fiktionalität eines Werkes zu signalisieren.

Kontextuelle und paratextuelle Fiktionssignale

Davon zu unterscheiden sind kontextuelle bzw. pragmatische und paratextuelle Fiktionssignale. Zu den kontextuellen Fiktionssignalen zählen die Kommunikationssituation (z. B. Theaterbesuch, Dichterlesung), der Verlag und die äußere Aufmachung eines Buches. Zu den paratextuellen Fiktionssignalen gehören hingegen Titel und Untertitel, Formen der Untergliederung eines Textes, Gattungsbezeichnungen wie ‚Roman' oder ‚Komödie' und juristische Absicherungsformeln (‚Ähnlichkeiten mit realen Personen sind rein zufälliger Natur').

Mehrdeutigkeit und Polyvalenz-Konvention

Als weiteres Kennzeichen von Literatur gilt die für sie charakteristische Mehrdeutigkeit bzw. Ambiguität (*ambiguity*), die auch als ‚Polyvalenz' bezeichnet wird. Im Gegensatz zu dem für Sachtexte als Norm geltenden Ideal der größtmöglichen Eindeutigkeit und Klarheit ist es typisch für Literatur, dass dieselben Texte und oft sogar dieselben Textstellen aufgrund von Ambiguitäten verschiedene Deutungen zulassen. Mehrdeutigkeit gilt im Falle von literarischen Texten nicht als Manko, sondern als Gütesiegel. Anders als etwa Leser von Fahrplänen, juristischen Texten oder Zeitungen, die eindeutige Informationen erwarten, behandeln Akteure im Literatursystem literarische Texte gemäß der sog. ‚Polyvalenz-Konvention': Anstatt sich über Mehrdeutigkeit zu mokieren, erwarten Leser von literarischen Texten, dass diese auf unterschiedliche Weise verstanden werden können. Die Wirksamkeit der Ästhetik- und Polyvalenz-Konventionen bedingt, dass literarische Texte dem Rezipienten einen Freiraum der Sinnkonstitution eröffnen, also nicht eine bestimmte Bedeutung haben, sondern ein mehr oder weniger großes Bedeutungs- und Wirkungspotential. Die Formulierung von interpretatorischen Aussagen zum Wirkungspotential eines Textes bleibt immer bezogen auf die verwendeten Analysekategorien und die zugrunde liegenden theoretischen Konzepte.

Weitere Bestimmungsversuche und Abgrenzungskriterien

Darüber hinaus gibt es noch eine Vielzahl weiterer Versuche, literarische Texte von nicht-literarischen abzugrenzen (vgl. EAGLETON 1983: Kap. 1). Grundsätzlich kann man dabei unterscheiden zwischen textimmanenten bzw. werkästhetischen Definitionen, die Literarizität anhand bestimmter sprachlicher oder formaler Kennzeichen literarischer Texte festzumachen versuchen, und kontextuell orientierten Literaturbegriffen, die textexterne Faktoren heranziehen. Zur zweiten Gruppe zählen produktions- und rezeptions- bzw. wirkungsästhetisch fundierte Literaturbegriffe, die sich an der Entstehung von Literatur bzw. an deren spezifischer Wirkung auf Leser orientieren. Einige der wichtigsten Differenzierungskriterien sowie die entsprechenden Ansätze seien zumindest genannt und kurz erläutert.

Literatur als besondere Art der Sprachverwendung

Gemäß der Auffassung werkästhetischer Ansätze, die insbesondere stilkritischen und formalistischen Literaturbegriffen zugrunde liegt, zeichnen sich literarische Texte durch besondere sprachliche und stilistische Merkmale aus. Demzufolge ist literarische Sprachverwendung durch eine Abweichung von der Alltagssprache bzw. eine Verfremdung oder Entautomatisierung (*defamiliarisation*) gekennzeichnet. Für die Literaturwissenschaft ergibt sich daraus die Aufgabe, die typischen literarischen Verfahrensweisen zu bestimmen, in denen sich diese Verfremdung konkret niederschlägt und die in den nachfolgenden Kapiteln detailliert vorgestellt werden.

Poetische Funktion der Sprache

Einer weit verbreiteten Auffassung gemäß, die auf das oben erläuterte Kommunikationsmodell von Roman Jakobson zurückgeht, ergibt sich die Literarizität einer sprachlichen Äußerung aus dem Vorherrschen einer bestimmten Sprachfunktion, der bereits erwähnten poetischen Funktion. Demzufolge dominiert in literarischen Texten die Ausrichtung der Sprache auf sich selbst, d. h. auf formale Eigenschaften des sprachlichen Materials. Besonders deutlich ist diese Dominanz der poetischen Funktion meist in Gedichten (vgl. Kap. 3), aber ein eindeutiges Abgrenzungskriterium ist sie schon deshalb nicht, weil sich ähnliche Verfahren z. B. auch in der Werbung finden.

Literatur als nicht-pragmatischer Diskurs

Im Gegensatz zu solchen am Stil und an der Sprache orientierten Literaturbegriffen gehen andere Ansätze von den Besonderheiten der literarischen Kommunikation aus. So wird Literatur oft als nicht-pragmatischer Diskurs definiert, weil ein Gedicht oder eine Tragödie im Gegensatz etwa zu einer Bedienungsanleitung nicht unmittelbar auf einen bestimmten Zweck ausgerichtet sind und weil sie keine direkten Handlungsanweisungen geben. Dies trifft zwar für den größten Teil der Literatur zu, nicht aber für politisch engagierte Werke, die keineswegs zweckfrei sind.

Literarizität als abhängig von der Einstellung gegenüber Texten

Im Gegensatz zu Ansätzen, die Literarizität an bestimmten Textmerkmalen festzumachen versuchen, gehen andere Bestimmungsversuche davon aus, dass Literarizität primär von der jeweiligen Einstellung eines Individuums gegenüber einem Text abhängt. Wie bei den Erläuterungen zur Ästhetik- und Polyvalenz-Konvention bereits deutlich geworden ist, gibt es gesellschaftlich anerkannte Regeln dafür, wie man mit literarischen Texten üblicherweise umgeht. Natürlich steht es jedem frei, auch einen Roman oder ein Drama wie ein Sachbuch zu lesen und ihm eindeutige Informationen zu entnehmen, nur befolgt er dann gerade nicht die Ästhetik- und Polyvalenz-Konvention, die in unserer Gesellschaft die Kommunikation über Literatur regelt.

Produktions- und rezeptionsästhetische Literaturbegriffe

Während werkästhetische Ansätze davon ausgehen, dass literarische Texte bestimmte ästhetische Qualitäten ‚objektiv' besitzen, orientieren sich produktionsästhetische Literaturbegriffe am Schaffens- bzw. Entstehungsprozess. Sie beruhen auf der Annahme, dass ein Werk deshalb zur ‚Literatur' zählt, weil es ein Produkt einer besonderen dichterischen Einbildungskraft (*imagination*) oder Inspiration ist. Rezeptions- bzw. wirkungsästhetisch definierte Literaturbegriffe unterstellen hingegen, dass sich literarische Texte dadurch von anderen unterscheiden, dass von ihnen eine spezifisch ‚ästhetische' Wirkung ausgeht.

Alles, was bisher über Kriterien zur Bestimmung des Literaturbegriffs gesagt wurde, und vieles, was in den nachfolgenden Kapiteln steht, gilt nicht allein für die Anglistik. Vielmehr beschäftigen sich auch die anderen Philologien sowie die Allgemeine und Vergleichende Literaturwissenschaft (die ‚Komparatistik') mit Grundfragen der Literaturwissenschaft. Obgleich somit viele der Fragestellungen und Methoden der anglistisch-amerikanistischen Literaturwissenschaft mit denen der Allgemeinen und Vergleichenden Literaturwissenschaft übereinstimmen, unterscheidet sie sich von letzterer dadurch, dass sie sich primär mit jenen Literaturen beschäftigt, die in englischer Sprache verfasst und in bestimmten Regionen veröffentlicht werden.

Allgemeine vs. anglistisch-amerikanistische Literaturwissenschaft

Was aber nun versteht man unter ‚englischer' Literatur? Im Gegensatz zur landläufigen Meinung, dass es sich dabei um eine bestimmte ‚Nationalliteratur' (im Singular), also um die Literatur Englands, Großbritanniens oder der Britischen Inseln, handelt, sollte man sich den Unterschied zwischen der einen ‚englischen' Literatur und der Vielzahl der englischsprachigen Literaturen, also den unterschiedlichen Literaturen in englischer Sprache, klarmachen. Die anglistisch-amerikanistische Literaturwissenschaft beschäftigt sich nicht allein mit der englischen und amerikanischen Literatur, sondern auch mit allen anderen englischsprachigen Literaturen, z. B. mit der kanadischen, südafrikanischen und australischen Literatur.

Englische Literatur vs. englischsprachige Literaturen

4 Interpretation und Kriterien literaturwissenschaftlicher Arbeit

Ebenso wichtig wie die Eingrenzung des Gegenstands der Literaturwissenschaft ist eine Erläuterung ihrer Arbeitsweisen und der Kriterien literaturwissenschaftlicher Arbeit. Gerade weil ‚Interpretation' oft wie etwas reichlich Nebulöses und Schwammiges klingt, das viele durch den schulischen Deutsch- und Englischunterricht in nicht sonderlich guter Erinnerung haben, sollte man sich Klarheit darüber verschaffen, welche begrifflichen und methodischen Voraussetzungen jede literaturwissenschaftliche Textanalyse erfüllen sollte. Dabei stellen sich verschiedene Fragen: Was versteht man überhaupt unter einer literaturwissenschaftlichen Textanalyse bzw. Interpretation? Worin sind die Ziele (und Grenzen) einer Interpretation zu sehen? Welche Kriterien sollten literaturwissenschaftliche Interpretationen mindestens erfüllen, wenn sie Anspruch auf Wissenschaftlichkeit erheben?

Fragen nach der Interpretation

Objektebene vs. wissenschaftliche Beschreibungsebene

Zunächst einmal ist es wichtig, sich den Unterschied zwischen der sog. Objektebene, also dem Gegenstand der Literaturwissenschaft, und der wissenschaftlichen Beschreibungsebene klarzumachen. Zur Objektebene gehören sämtliche Faktoren, die den oben definierten Gegenstandsbereich der Literaturwissenschaft konstituieren, also literarische Texte, Autoren, Leser etc. (s. o.); zur Beschreibungsebene zählen dagegen die Theorien, Verfahren und Begriffe, mit denen die Literaturwissenschaft diese Gegenstände untersucht und klassifiziert. Der Objektbereich umfasst also das gesamte Literatursystem, in dem – wie oben erläutert – die Polyvalenz- und Ästhetik-Konventionen vorherrschen. Hingegen orientieren sich die Akteure auf der Beschreibungsebene an den Gepflogenheiten, die für die Kommunikation im Wissenschaftssystem gelten.

Objektsprache vs. Metasprache

Dementsprechend unterscheidet man auch zwischen Objektsprache und Metasprache: Die Objektsprache ist die künstlerisch gestaltete Sprache der Literatur bzw. der literarischen Primärtexte. Unter dem Begriff der Metasprache versteht man hingegen zunächst jede sprachliche Äußerung, die sich auf Sprache bzw. den Code bezieht. Im Gegensatz zur mehrdeutigen Objektsprache der Literatur ist die Metasprache der Literaturwissenschaft eine Fachsprache, die den Kriterien des wissenschaftlichen Sprachgebrauchs (z. B. Eindeutigkeit, Verwendung definierter Fachbegriffe, Nachvollziehbarkeit) genügen muss. Wer von Literaturwissenschaftlern fordert, sie sollten möglichst ‚literarisch' schreiben, verwechselt Objektbereich und Objektsprache mit wissenschaftlicher Beschreibungsebene und Meta- bzw. Fachsprache; ebenso sinnvoll wäre es, von einem Ornithologen zu fordern, Vögel nicht zu untersuchen, sondern selbst fliegen zu lernen.

Literaturkritik vs. literaturwissenschaftliche Interpretation

Da der Interpretation vielfach der Ruf vorauseilt, sich in rein subjektiven Meinungs- und Geschmacksäußerungen zu erschöpfen oder eine Art Kunstlehre zu sein, die im Englischunterricht meist nur der Lehrer beherrscht, ist es außerdem hilfreich, sich den Unterschied zwischen feuilletonistischer Literaturkritik und literaturwissenschaftlich fundierter Analyse und Interpretation von Texten zu vergegenwärtigen. Eine Rezension im Feuilleton einer überregionalen Zeitung oder im *Times Literary Supplement* informiert über literarische Neuerscheinungen und beurteilt deren Qualität, ohne – wie die Literaturwissenschaft – einen Anspruch auf Nachprüfbarkeit der Aussagen zu erheben und meist auch ohne die Subjektivität der Werturteile zu leugnen. Im Gegensatz zur Metasprache der Literaturwissenschaft nähern sich solche Besprechungen stilistisch oft der Sprache der Literatur an. Wer also feuilletonistische Literaturkritik oder das ‚Literarische Quartett' mit literaturwissenschaftlichen Interpretationen verwechselt, ist schief gewickelt. Anstatt sich darüber zu wundern, dass die meisten Dozenten weniger unterhaltsam und schwerer zu verstehen sind als MARCEL REICH-RANICKI, sollte man sich bewusst machen, dass feuilletonistische Literaturkritik und literaturwissenschaftliche Interpretationen ganz verschiedene gesellschaftliche Institutionen sind und ganz unterschiedliche Ziele verfolgen.

Literaturwissenschaft vs. *literary criticism*

Der englische Begriff *literary criticism* ist nicht einfach gleichzusetzen mit ‚Literaturkritik', sondern er bezieht sich zugleich auch auf literaturwissenschaftliche Formen der Beschäftigung mit Texten. Im Gegensatz zur Literaturkritik und zur englischen Tradition des *literary criticism* betont allein schon der deutsche Begriff ‚Literaturwissenschaft' (für den es im Englischen bezeichnenderweise kein Äquivalent gibt), dass sich Textinterpretationen und andere literaturwissenschaftliche Untersuchungen durch eine bestimmte Fragestellung, die Verwendung von Theorien und Methoden sowie rationale Nachprüfbarkeit auszeichnen. Man sollte sich von der irreführenden Vorstellung freimachen, es gebe so etwas wie einen ‚direkten' oder voraussetzungslosen Zugang zu literarischen Texten. Vielmehr liegt jeder Form von Textinterpretation (auch der nicht-wissenschaftlichen Literaturkritik und dem englischen *literary criticism*) eine Vielzahl theoretischer Annahmen zugrunde, auch wenn diese nicht immer offen benannt werden.

Analyse – Interpretation – Lektüren

Für die Untersuchung literarischer Texte gibt es unterschiedliche Bezeichnungen, von denen ‚Analyse', ‚Interpretation' und ‚Lektüren' im Deutschen die gebräuchlichsten sind. Unter dem Begriff ‚Textanalyse' versteht man die systematische Untersuchung eines Werkes hinsichtlich der einzelnen Komponenten, aus denen es besteht. Bei der Analyse geht es weniger um die Ermittlung der Bedeutung von Texten als um die möglichst präzise Beschreibung von Textmerkmalen, also um die Erfassung der Darstellungsverfahren, durch die Bedeutungen erzeugt werden. Hingegen stehen bei der Textinterpretation die Auslegung eines Textes, die Entfaltung seines Bedeutungspotentials und die Formulierung von Deutungshypothesen im Vordergrund. Die genaue Analyse eines Textes bildet gleichsam eine notwendige Voraussetzung für dessen Interpretation. In neueren interpretationskritischen Ansätzen spricht man z. T. nicht mehr von ‚Interpretation', sondern von ‚Lektüren' bzw. *readings*. Dadurch soll hervorgehoben werden, dass es ‚die' Bedeutung und ‚die' (richtige oder verbindliche) Auslegung eines literarischen Textes nicht gibt, sondern nur verschiedene ‚Lektüren' bzw. Lesarten, also unterschiedliche Möglichkeiten, einem Text Sinn abzugewinnen bzw. ihm Sinn zuzuweisen.

Faktoren des Textverstehens und der Interpretation

Wie vielschichtig der Vorgang der ‚Textinterpretation' ist, wird sogleich einsichtig, wenn man sich die Vielzahl der Faktoren vergegenwärtigt, die beim Verstehen eines Textes und bei dessen Interpretation eine Rolle spielen (vgl. Grabes 1981a: 21ff.). Wichtig für das bloße Verstehen sind der Text selbst, die Sprachkenntnis und das Weltbild des Verstehenden, der sprachliche Sinn eines Textes und die konkrete Bedeutung, die einem Text zugewiesen wird, sowie der Kontext.

Bei einer Interpretation kommen noch weitere Faktoren hinzu: allen voran der vom Interpreten angefertigte Interpretationstext, durch den die jeweilige Bedeutung anderen überhaupt erst zugänglich und mitgeteilt wird, sowie die jeweilige Sprache des Interpreten.

Hermeneutik

Gerade weil das Verstehen und die Interpretation von Texten so komplexe Prozesse sind, hat die Literaturwissenschaft bestimmte Methoden zur Deutung literarischer Texte entwickelt. Die wissenschaftlichen Verfahren der Auslegung und Erklärung von Texten bezeichnet man als ‚Hermeneutik'. Beim interpretierenden Verstehen geht es zum einen um die grammatisch-rhetorische Auslegung, also um die Bestimmung des sprachlichen Sinns eines Textes, zum anderen um die Erschließung seiner Bedeutung, etwa um die Ermittlung einer übertragenen Bedeutung hinter einem buchstäblichen Sinn. Die Methoden bzw. Interpretationsverfahren der Hermeneutik und anderer Ansätze (vgl. Kap. 2) sind gleichsam ‚Spielregeln', an die sich diejenigen halten müssen, die mit einer Interpretation Anspruch auf Wissenschaftlichkeit erheben.

Hermeneutischer Zirkel

Angesichts der Vielzahl der Faktoren, die am Textverstehen beteiligt sind, liegt es auf der Hand, dass sich das Verständnis einzelner Textstellen und des Textganzen wechselseitig bedingen. Es zählt zu den wichtigsten Einsichten der Hermeneutik, dass man sich beim Verstehen eines Textes stets im sog. hermeneutischen Zirkel bewegt. Auf eine einfache Formel gebracht bedeutet das, dass man das Ganze immer aus dem Einzelnen und das Einzelne aus dem Ganzen verstehen muss (HANS-GEORG GADAMER). Der hermeneutische Zirkel betrifft aber nicht nur das Wechselverhältnis zwischen einzelnen Textelementen und Textganzem, sondern auch das Wechselspiel von Sprachverstehen und sachlichem Wissen (vgl. VOGT 2001: 60) sowie von Informationen des Textes und Vorkenntnissen des Interpreten: „*Wir konstituieren aus unserer Weltsicht eine erste Vormeinung des Ganzen, analysieren die Teile, schließen von den Teilen aufs Ganze, um es prägnanter zu bestimmen, und konstituieren in der Folge im Rückschluß von diesem Ganzen die Teile neu.*" (PETER RUSTERHOLZ, in: ARNOLD/DETERING 1996: 124)

Faktoren literaturwissenschaftlicher Textinterpretation

Neben den bereits genannten Faktoren des Textverstehens und der Interpretation können im Falle literaturwissenschaftlicher Textinterpretationen noch weitere hinzukommen (vgl. GRABES 1981a: 24ff.). Dazu zählen der Autor, seine Sprache und sein Weltbild, die Vermittler des Textes und seiner Bedeutungen, der politische, sozioökonomische und kulturelle Kontext, Bezüge zu anderen Texten und Gattungen, die zeitgenössische und spätere Rezeption eines Textes sowie die Tradition seiner Auslegung. Diese Faktoren gehen freilich nur insofern in eine Interpretation ein, als der jeweilige Interpret Kenntnisse über sie besitzt, die er im Verstehens- und Auslegungsprozess hinzuziehen kann. In noch stärkerem Maße als andere Formen des Textverstehens sind literaturwissenschaftliche Interpretationen also von einer Vielzahl von historischen Variablen abhängig.

Reihenfolge der Faktoren bei der Textinterpretation

Im Gegensatz zu dem oben vorgestellten Modell literarischer Kommunikation, das die Faktoren Autor → Text → Leser gemäß der Logik der Textentstehung bzw. Literaturproduktion anordnet, ist allerdings zu berücksichtigen, dass die Reihenfolge beim Lesen und bei der Interpretation eines Textes grundsätzlich anders ist. Nicht der Autor, der bei der Interpretation eine Rolle spielen kann (aber nicht muss), sofern der Interpret etwas über ihn weiß und auf dieses Wissen bei der Interpretation zurückgreift, bildet den Ausgangspunkt, sondern der Text. Diesem weist der Interpret auf der Grundlage seiner Sprach- und Sachkenntnisse eine Bedeutung zu, die er in seinem Interpretationstext festhält. Modellhaft lässt sich diese Reihenfolge etwa so veranschaulichen:

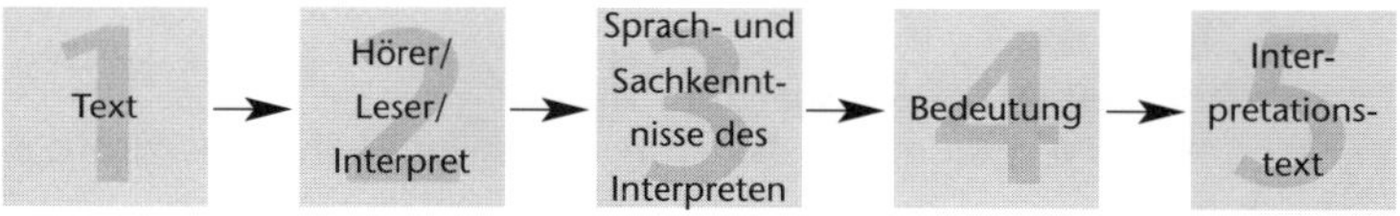

Modell 1.3.: Faktoren bei der Textinterpretation (vgl. Grabes 1981a: 31)

Bedeutung anderer Wissenschaften

Die skizzierte Vielfalt der Faktoren, die bei literaturwissenschaftlichen Textinterpretationen eine Rolle spielen können, lässt bereits erkennen, wie schwierig es ist, zu zuverlässigen Aussagen über die Bedeutung eines literarischen Textes zu kommen. Darüber hinaus schärft sie das Bewusstsein dafür, dass die Literaturwissenschaft dabei stets auf die Erkenntnisse anderer Wissenschaften angewiesen ist: Wichtig für die Ermittlung von Sinn und Bedeutung eines Textes ist v. a. die Sprachwissenschaft (insbesondere Sprachgeschichte und Soziolinguistik); Aussagen über Kontext, Weltbild und Rezeption sind oft ohne Kenntnisse der Kultur- und Geistesgeschichte, Philosophie und Soziologie kaum möglich; und Bezüge zu anderen Texten, Gattungen und Medien erschließen sich nur dann, wenn man in Textanalyse, Gattungslehre sowie Literatur- und Kunstgeschichte bewandert ist.

Kriterien literaturwissenschaftlicher Textinterpretation

Daraus leitet sich die Frage ab, welche Merkmale bzw. Kriterien eine Interpretation erfüllen muss, wenn sie als ‚wissenschaftlich' gelten soll. Zunächst einmal ist von jeder literaturwissenschaftlichen Textinterpretation *„zu fordern, daß sie ins Bewußtsein hebt, was die Interpretation beeinflußt, und daß sie dies auch mitteilt"* (Grabes 1981 a: 25). Verfasser wissenschaftlicher Interpretationen sollten daher nicht nur ihre Prämissen, Erkenntnisziele und methodischen Vorentscheidungen offen legen, sondern auch möglichst genau angeben können, welche Faktoren für das Zustandekommen ihres Interpretationstextes eine Rolle spielen. Wie auch alle anderen literaturwissenschaftlichen Arbeiten sind wissenschaftliche Textinterpretationen außerdem an jenen Maßstäben zu messen, die wissenschaftliche Untersuchungen generell erfüllen müssen. Zu den wichtigsten Kriterien, anhand derer man Interpretationstexte auf ihre Wissenschaftlichkeit hin überprüfen kann (vgl. GRABES 1981a: 30ff.; LUDWIG 1994: 247ff.) und anhand derer auch die Arbeiten, die Studierende im Studium anfertigen, beurteilt werden, zählen

- Klarheit, Präzision, Verständlichkeit und Mitteilbarkeit
- Eindeutigkeit der Begrifflichkeit
- Systematik (logischer Zusammenhang der Analysekategorien)
- klare Methodik (regelgeleitete Vorgehensweise)
- argumentative Kohärenz und Schlüssigkeit
- Stimmigkeit und Plausibilität
- Anknüpfung an die bisherige Forschung und systematische Auseinandersetzung mit ihr
- Dokumentation aller benutzten Quellen und Werke der Sekundärliteratur
- Fruchtbarkeit (Erkenntnisgewinn, Sinn)
- Ökonomie (Vertretbarkeit des Aufwandes im Verhältnis zum Erreichten)
- Intersubjektivität bzw. Nachvollziehbarkeit und Überprüfbarkeit.

Fachsprache

Grundlegende Voraussetzung dafür, dass Interpretationen den genannten Kriterien genügen, ist der Gebrauch von definierten Fachbegriffen und Methoden. Ebenso wie jede andere Wissenschaft verfügt auch die Literaturwissenschaft über eine eigene Fachsprache, die auf Normierung beruht. Eine solche einheitliche Fachterminologie, die das Resultat bestimmter Verfahren der Begriffsbildung ist, ermöglicht eine präzise, differenzierte und ökonomische Darstellung literaturwissenschaftlicher Sachverhalte. Literaturwissenschaftliche Kategorien und Methoden sind Verfahren, um auf eindeutigem und systematischem Wege zu plausiblen, kohärenten und intersubjektiv (d. h. für andere) nachvollziehbaren Ergebnissen zu gelangen. Wenn die Interpretation eines Textes oder irgendeine andere literaturwissenschaftliche Arbeit (etwa die Biographie eines Autors, die Rekonstruktion der zeitgenössischen Rezeption eines Werkes oder die Untersuchung des Wandels ästhetischer Kriterien der Literaturkritik) Anspruch auf Wissenschaftlichkeit haben soll, muss sie die genannten Voraussetzungen erfüllen.

5 Typen der Textinterpretation

Interpretation als rationaler Diskurs über Textmerkmale

Im Falle von literaturwissenschaftlicher Textanalyse und -interpretation steht also das Bemühen im Vordergrund, mit definierten Kategorien und rationalen Analyseverfahren inhaltliche, sprachliche, formale und strukturelle Merkmale literarischer Texte möglichst präzise und nachvollziehbar zu beschreiben, zu analysieren und auf ihr Wirkungspotential hin zu untersuchen. Demzufolge kann das Ziel von Interpretationen nicht darin bestehen, ‚die' Bedeutung eines Textes oder gar die Intention des Autors zu ermitteln. Interpretation lässt sich vielmehr charakterisieren als rationaler Diskurs über thematische und strukturelle Textmerkmale sowie über deren Relationen zueinander und deren Bedeutungsmöglichkeiten. In der Praxis ist das Ziel eine Synthese aus methodisch geregelter Analyse von Textverfahren und interpretierendem Verstehen.

Themen- vs. formorientierte Textinterpretation

Darüber hinaus sollte man sich von Beginn an bewusst machen, dass es so etwas wie ‚die' Interpretation nicht gibt, sondern nur verschiedene Arten von Interpretation (vgl. STRUBE 1993: 91). Diese konzentrieren sich jeweils auf ganz verschiedene Aspekte des Objektbereichs, z. B. auf den Stil, auf thematische Aspekte oder auf die Struktur eines Werks. Zunächst einmal kann man zwischen themen- und formorientierten (bzw. strukturbestimmenden) Textinterpretationen unterscheiden. Erstere untersuchen v. a. die Inhalte (z. B. Stoffe und Motive) bzw. das ‚Was' literarischer Werke, letztere hingegen formale Darstellungsverfahren bzw. das ‚Wie' der Gestaltung.

Funktion

Die Interpretation literarischer Werke erschöpft sich aber nicht in der Beschreibung thematischer und formaler Textmerkmale, sondern fragt auch nach deren jeweiligen Funktionen. Dieser Terminus ist einer der meistgebrauchten Grundbegriffe der Literaturwissenschaft; je nach Ansatz und Kontext kann er sich auf ganz unterschiedliche Phänomene beziehen. ‚Funktion' heißt meist so viel wie ‚Aufgabe, Rolle, Leistung oder Wirkung, die ein unselbständiger Teil bzw. ein Element in einem größeren Ganzen hat, spielt bzw. erfüllt'. In einem spezifischeren Sinne unterscheidet man die sechs Sprachfunktionen, die oben erläutert wurden. Außerdem ist es sinnvoll, zwischen einer ‚internen Funktion' (der Leistung von Textelementen oder Darstellungsverfahren innerhalb eines Textes) und einer ‚externen Funktion' (d. h. Beziehungen zwischen Texten und Faktoren außerhalb des Textes) zu differenzieren. Obgleich der Funktionsbegriff oft irreführenderweise synonym mit Termini wie Intention und Wirkung verwendet wird, ist er weder mit der Absicht eines realen historischen Autors noch mit der tatsächlichen Wirkung eines Textes auf Leser gleichzusetzen.

Semantisierung literarischer Formen

Formorientierte Ansätze der Textinterpretation bestimmen also nicht bloß strukturelle Merkmale literarischer Werke, sondern sie fragen auch nach deren Funktionen. Sie untersuchen damit die sog. ‚Semantisierung literarischer Formen': Sie gehen von der Einsicht aus, dass literarische Darstellungsverfahren und Strukturen als eigenständige Bedeutungsträger fungieren, die bei der Bedeutungszuschreibung durch Rezipienten eine zentrale Rolle spielen können. Die auf den Russischen Formalismus und die Prager Schule zurückgehende Vorstellung einer Semantisierung literarischer Formen fragt nach der Bedeutungsfunktion künstlerischer Verfahren. Sie bezieht sich weniger auf die äußere Gestaltung literarischer Werke, sondern auf die besondere Art und Weise, wie poetische Darstellungstechniken zur Bedeutungskonstitution beitragen. Die Analyse formaler Darstellungsverfahren kann Aufschluss geben über die Sinndimensionen literarischer Werke.

Typen der Textinterpretation

Das breite Spektrum von Typen der Textinterpretation ist mit der Unterscheidung themen- und formorientierter Arten keinesfalls erschöpft. Vielmehr gibt es letztlich ebenso viele Arten der Textinterpretation, wie es literaturwissenschaftliche Theorien und Methoden gibt (vgl. Kap. 2). Diese verschiedenen Ansätze beziehen jeweils ganz andere Faktoren bei der Interpretation mit ein (z. B. den Autor, das Weltbild der Epoche, den kulturellen Kontext). Darüber hinaus unterscheiden sich die verschiedenen Typen der Textinterpretation nicht nur hinsichtlich ihrer jeweiligen Fragestellungen und Ziele, sondern auch im Hinblick auf ihre Argumentationen und impliziten Literaturtheorien. Einige der besonders verbreiteten Typen der Textinterpretation und ihre wichtigsten Merkmale sind in der folgenden Übersicht schematisch zusammengefasst (vgl. STRUBE 1993).

	strukturbestimmende Textinterpretation	**stilbestimmende Textinterpretation**	**psychologische Textinterpretation**
Zweck	Bestimmung des Strukturprinzips	Bestimmung des Stilprinzips	Erklärung (eines Aspekts) des Textes aus dem besonderen psychischen Zustand des Autors
Argumentation	„Nachweis" des Strukturprinzips	„Aufweis" des Stilprinzips	„Deutung" oder psychologisch-genetische Texterklärung
implizite Literaturtheorie	literarisches Kunstwerk = geschlossenes, strukturiertes Ganzes; autonom	literarisches Kunstwerk = einheitliches Gefüge (Organismus); autonom; charakterisiert durch stilistische Einstimmigkeit	literarisches Kunstwerk = Schöpfung eines Autors, insofern nicht autonom

Tabelle 1.1.: Typen der Textinterpretation (vgl. SPREE, in: EICHER/WIEMANN 1997: 180)

Nicht der Text legt den Zweck einer Interpretation fest, sondern der einzelne Interpret und die jeweilige Fragestellung. Bei den genannten Typen der Interpretation handelt es sich um verschiedene Formen des Umgangs mit Literatur, die ganz unterschiedlichen Erkenntnisinteressen dienen: *„Strukturbestimmende, stilbestimmende, psychologische Interpretation usf. sind* [...] *Weisen des Umgangs mit Literatur bzw. Verhaltensformen, die aufgrund bestimmter Interessen geschaffen und nicht sozusagen vom Text abgezogen oder auch vom Text diktiert worden sind. Kein Text nötigt den Literaturwissenschaftler, ihn nur strukturbestimmend zu interpretieren oder aber nur psychologisch; der Text kann das Interesse bzw. die Zwecksetzung des Literaturwissenschaftlers ja nicht determinieren."* (STRUBE 1993: 94) Für die Anfertigung eigener Interpretationen folgt daraus, dass man sich vorher über Ziel, Frage- und Problemstellung, Methoden sowie implizite Voraussetzungen Klarheit verschaffen muss.

Erkenntnisinteresse der Interpreten

6 Teilbereiche und Arbeitsfelder der Literaturwissenschaft

Wie bereits bei der Abgrenzung des Gegenstandsbereichs der Literaturwissenschaft deutlich geworden ist, beschäftigt sich die anglistisch-amerikanistische Literaturwissenschaft keineswegs nur mit der Interpretation von Hauptwerken der englischsprachigen Literaturen. Die Analyse und Interpretation literarischer Texte bilden zwar in der Praxis einen erheblichen Teil des literaturwissenschaftlichen Studiums, aber daneben gibt es noch weitere Sachgebiete, Fragestellungen und Methoden. Zu den weiteren Arbeitsfeldern zählt die Untersuchung sämtlicher Instanzen des Literatursystems, die im oben erläuterten Modell literarischer Kommunikation genannt sind, also die Beschäftigung mit der Produktion, Vermittlung, Rezeption und Verarbeitung von Literatur. Darüber hinaus gibt es in der Literaturwissenschaft eine Reihe grundsätzlicher Fragen, die über die Untersuchung einzelner Texte hinausreichen. Außerdem bildet die geschichtliche Veränderung des Literatursystems und der literarischen Ausdrucksformen eines der wichtigsten Arbeitsfelder.

Arbeitsfelder

Daher kann man grob unterscheiden zwischen systematischen und historischen Fragestellungen. Im ersten Fall stehen grundsätzliche und überzeitliche Aspekte im Vordergrund. Im zweiten Fall geht es hingegen um die geschichtliche Entwicklung der jeweils untersuchten Gegenstände, seien es literarische Texte oder Phänomene innerhalb des Literatursystems. Beide Dimensionen sind aber in der Literaturwissenschaft aufs engste miteinander verknüpft, da die meisten systematischen Fragen nur historisch angemessen zu beantworten sind.

Systematische vs. historische Fragestellungen

Zentrale Bereiche der Literaturwissenschaft

Schematisch vereinfacht kann man die Literaturwissenschaft in drei Teilbereiche untergliedern, die jeweils unterschiedliche Fragestellungen verfolgen und verschiedene Methoden verwenden: Literaturtheorie, Textanalyse bzw. -interpretation sowie Literaturgeschichte. Das weite Feld literaturwissenschaftlicher Arbeit ist damit zwar nicht erschöpft, aber es handelt sich um jene Bereiche, die im Studium im Mittelpunkt stehen. Die drei genannten Teilbereiche sind in sich wiederum keineswegs homogen, sondern vielfach untergliedert.

Literaturtheorie

Generell stehen in der Literaturtheorie systematische Fragen der Literaturwissenschaft im Vordergrund. Dabei geht es um die Klärung von Grundfragen der Literaturwissenschaft (z. B. um die Bestimmung des Literaturbegriffs und die Theorie der Interpretation) und um Kategorien für die planmäßige und strukturierte Anordnung der Gegenstände (z. B. die Gattungstheorie). Zum Bereich der Literaturtheorie zählen die literarische Ästhetik (die Lehre vom Schönen), die Poetik (die wissenschaftliche Beschreibung der Dichtkunst) und die Gattungslehre. Außerdem gibt es innerhalb der Literaturtheorie ein breites Spektrum konkurrierender Ansätze, Modelle und Methoden, die im zweiten Kapitel in Form einer Typologie systematisiert werden.

Textanalyse und Interpretation

Ein zweiter Kernbereich umfasst die bereits ausführlich erläuterte Analyse und Interpretation literarischer Texte. Aufgrund der Unterschiede zwischen den verschiedenen literarischen Gattungen und Medien gibt es in diesem Bereich eine Vielzahl von gattungs- und medienspezifischen Analysekategorien und Methoden, von denen die wichtigsten in den Kapiteln 3 bis 6 vorgestellt werden.

Literaturgeschichte

Den dritten Teilbereich des Faches bildet die Literaturgeschichte. Dabei stehen naturgemäß historische Fragestellungen, also die Entwicklung der englischsprachigen Literaturen, im Vordergrund. Ebenso wie das Fach Anglistik/Amerikanistik insgesamt kann auch das weite Feld der Literaturgeschichte in (mindestens) zwei Hälften – englische und amerikanische Literatur – unterteilt werden, zu denen in den letzten Jahrzehnten noch die Geschichten weiterer englischsprachiger Literaturen hinzugekommen sind (vgl. Kap. 7).

Weitere Arbeitsfelder: Textkritik und Editionswissenschaft

Neben diesen Hauptteilbereichen gibt es eine Reihe weiterer Arbeitsfelder in der Literaturwissenschaft. Von besonderer Bedeutung sind etwa die Textphilologie, die Textkritik und die Editionswissenschaft. Deren Hauptaufgaben bestehen darin, sich der Zuverlässigkeit von Textausgaben zu vergewissern bzw. diese sicherzustellen, was v. a. bei älteren Texten sehr wichtig ist. Außerdem verdanken wir ihnen kommentierte Werkausgaben (‚historisch-kritische Ausgaben'), die mit textkritischen Erläuterungen und ausführlichen Kommentaren (z. B. Hinweisen zur Entstehung und Überlieferung, einer Auswahl der Varianten, Dokumenten zur Wirkungsgeschichte und interpretierenden Erläuterungen) versehen sind.

Literaturtheorie, Textanalyse und Interpretation sowie Literaturgeschichte stehen im Übrigen nicht unvermittelt nebeneinander, sondern sind aufs engste miteinander verknüpft. So hat es etwa gute Gründe, Literaturtheorie an erster Stelle zu nennen, denn jede Textinterpretation und jede Literaturgeschichte beruht (oftmals stillschweigend) auf bestimmten theoretischen Voraussetzungen. Für das Studium der drei Teilbereiche gibt es keine empfehlenswerte Reihenfolge, zumal sie gleichermaßen wichtig sind. Die Devise lautet also nicht ‚entweder-oder', sondern ‚sowohl-als-auch'. Bei einer Konzentration auf nur einen der drei Teilbereiche läuft man unweigerlich Gefahr, entweder vor lauter literaturtheoretischen Ansätzen, Modellen und Methoden die Texte und die Literaturgeschichte aus dem Blick zu verlieren oder ‚begriffslos mit offenem Munde' vor der Literatur zu stehen und sie in bloß subjektiver und impressionistischer Manier zu interpretieren.

Zum Verhältnis der Teilbereiche

In allen drei Teilbereichen der Literaturwissenschaft ist es wichtig, möglichst frühzeitig ein mentales Modell (*mind map*) vom jeweiligen Sachgebiet zu entwickeln. Solche Modelle ähneln insofern Landkarten, als sie es ermöglichen, sich im Dickicht der Sachgebiete, Ansätze, Fragestellungen und Literaturgeschichten besser zurechtzufinden. Nur wer weiß, wo sie oder er sich jeweils befindet, und nur wer das Terrain überblickt, kann aus der Vielfalt des Lehrangebots eine gezielte Auswahl treffen und die Gegenstände der besuchten Lehrveranstaltungen in größere Zusammenhänge einordnen. Obgleich man sich in den ersten Semestern des (zumeist leider berechtigten) Eindrucks kaum erwehren kann, lediglich über sehr wenige winzige Wissensinseln zu verfügen, können Modelle dabei behilflich sein, diese gezielt zu vermehren, Brücken zwischen ihnen zu bauen und weiteren Boden unter den Füßen zu gewinnen. Die in den folgenden Kapiteln vorgestellten Modelle verstehen sich daher als praktische Orientierungshilfen, die es Studierenden ermöglichen sollen, Sachgebiete und Themen von literaturwissenschaftlichen Lehrveranstaltungen in größere fachliche Zusammenhänge einzuordnen und sich Klarheit darüber zu verschaffen, wie sie ihr Wissen und ihre Fähigkeiten systematisch erweitern können.

Mentale Modelle *(mind maps)* von Sachgebieten

7 Literaturwissenschaftliche Ordnungsbegriffe: Gattungen und Epochen

Ordnungsbegriffe

Ebenso wie in anderen wissenschaftlichen Disziplinen gehört es auch in der Literaturwissenschaft zu einem der Ziele, die Untersuchungsgegenstände möglichst präzise und differenziert zu beschreiben, zu klassifizieren und zu deuten. Zu diesem Zweck sind literaturwissenschaftliche Termini entwickelt worden, die als Ordnungsbegriffe fungieren. Diese dienen unter anderem dazu, die Vielzahl der Texte zu klassifizieren, um auf diese Weise literaturwissenschaftliche Ordnung in die zunächst chaotisch wirkende Vielfalt der Literatur zu bringen. Wie ein Blick in jede x-beliebige Literaturgeschichte lehrt, gibt es ganz unterschiedliche Kriterien, um Texte zu unterscheiden und zu untergliedern; einige der gebräuchlichsten und wichtigsten dieser Differenzierungskriterien sind in der folgenden Übersicht genannt.

sprachliche Zugehörigkeit	deutschsprachige, englischsprachige, romanische Literaturen
nationale Zugehörigkeit	deutsche, englische, schottische, amerikanische, irische, französische etc. Nationalliteratur
ästhetische Wertmaßstäbe	‚Hoch-' vs. ‚Trivial-' bzw. ‚Populärliteratur'
soziologische Kategorien	Jugend-, Frauen-, Arbeiterliteratur
historische Kategorien	antike, mittelalterliche, Gegenwarts-Literatur
medienorientierte Kategorien	mündliche, schriftliche, audiovisuelle Literatur
Wirklichkeitsbezug	realistische bzw. mimetische (von ‚Mimesis', d. h. ‚Nachahmung') vs. phantastische (anti-mimetische) Literatur
Konventionalität der Darstellungsverfahren	traditionelle vs. innovative bzw. experimentelle Literatur

Tabelle 1.2.: Differenzierungskriterien für literarische Texte

Gattungen und Textsorten

Eine der wichtigsten Ordnungskategorien der Literaturwissenschaft ist der Begriff der literarischen Gattung. Die Unterscheidung von Gattungen (*genres*) bildet ein grundlegendes Hilfsmittel, um literarische Texte einzuteilen. Im Falle von nicht-literarischen Texten spricht man hingegen meist von ‚Textsorten'. Allerdings handelt es sich im Objektbereich bei den theoretisch getrennten Gattungen und Textsorten meist um ein Kontinuum von Erscheinungsformen, zwischen denen die Übergänge fließend sind. Das folgende Baumdiagramm veranschaulicht, wie eine Typologie der wichtigsten literarischen Gattungen etwa aussehen könnte.

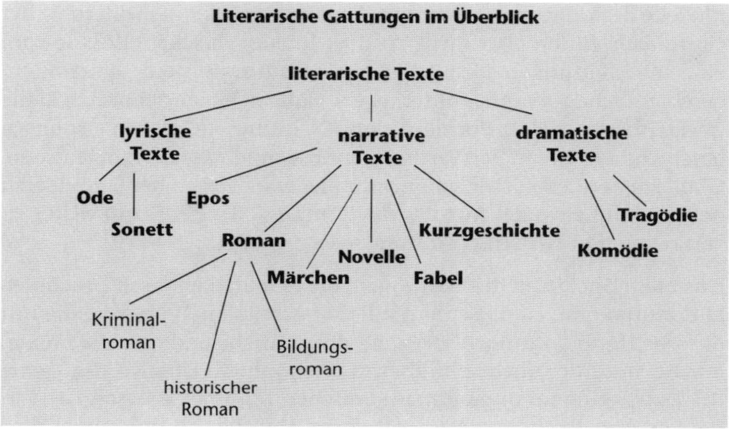

Modell 1.4.: Typologie literarischer Gattungen
(vgl. NÜNNING/JUCKER 1999: 66)

Gattungsmerkmale

Was versteht man unter der aus der Biologie entlehnten Wissenschaftsmetapher ‚Gattung'? Der Gattungsbegriff bezieht sich auf Gruppen von literarischen Werken, zwischen denen signifikante inhaltliche, formale und/oder funktionale Gemeinsamkeiten bestehen. Diese werden als ‚Gattungsmerkmale' bzw. ‚Gattungskonventionen' bezeichnet. Solche Gattungskonventionen bilden nicht nur die Grundlage, um Einzelwerke bestimmten Textgruppen zuzuordnen, sondern sie erfüllen auch wichtige Orientierungsfunktionen für Autoren und Rezipienten. Bei Gattungen handelt es sich um *„soziokulturelle, literarisch-soziale Konsensbildungen"* (VOSSKAMP 1992: 256), die sich in Form von Gruppen von Texten manifestieren.

Kriterien zur Differenzierung von Gattungen

Zur Differenzierung und Klassifikation von Gattungen werden ganz unterschiedliche Kriterien herangezogen, z. B. die äußere Form (z. B. Länge, Vers oder Prosa) und das Medium (z. B. Buch, Bühne, Hörfunk, Film; vgl. Kap. 6). Eine verbreitete, aber auch recht problematische Möglichkeit der Textgruppenbildung besteht darin, sich an der Themenselektion zu orientieren. Der Nutzen von inhaltsorientierten Gattungstypologien besteht vornehmlich darin, dass sie einen ersten Überblick über thematische Schwerpunkte und Aufschluss über den Wirklichkeitsbezug sowie die dominanten Probleme der jeweiligen Zeit geben. Problematisch sind stoffbezogene Klassifikationen v. a. deshalb, weil die Vielfalt der Themen potentiell grenzenlos ist und weil die jeweiligen Darstellungsverfahren und damit das spezifisch Literarische auf der Strecke bleiben. Im Unterschied zu thematischen Klassifikationen zeichnen sich Typologien, die von der Schreibweise ausgehen, dadurch aus, dass sie sich an formalen Merkmalen – und damit auch spezifisch literarischen Aspekten – orientieren.

Gattungssystem und Gattungswandel

Modelle des Gattungssystems wie die skizzierte Typologie literarischer Gattungen dürfen aber nicht darüber hinwegtäuschen, dass sowohl einzelne Gattungen als auch das Gattungssystem dauerndem geschichtlichem Wandel unterliegen. Gattungen sind nämlich keine überzeitlichen ‚Naturformen der Dichtung' (GOETHE), sondern geschichtlich bedingte Verständigungs- und Konventionsformen. Obgleich es auch vorher schon verschiedene Formen der Erzählprosa gab, beginnt etwa der Aufstieg des Romans – der heute am weitesten verbreiteten literarischen Gattung – erst im 18. Jh.

Genres und Textsorten jenseits der ‚drei Hauptgattungen'

Das breite Spektrum der Gattungen, die es in den englischsprachigen Literaturen gibt, ist außerdem mit der skizzierten Typologie, die nur die drei ‚Hauptgattungen' (lyrische, dramatische und narrative Texte) erfasst, natürlich nicht annähernd erschöpft. So ist etwa das Genre des Essays eine im anglo-amerikanischen Kulturkreis besonders verbreitete und geschätzte Ausdrucksform. Darüber hinaus gibt es eine Vielzahl von Genres, die im Grenzbereich von fiktionalen Werken und Gebrauchstexten liegen und die in der Anglistik/Amerikanistik in den letzten Jahren verstärkt Beachtung gefunden haben. Dazu zählen etwa Predigten und religiöses Schrifttum, Ratgeber und Erziehungsschriften, moralische Wochenschriften und Magazine, Geschichtsschreibung, Reiseberichte (*travelogues*), Briefe, Tagebücher und Memoiren, fiktionale und nicht-fiktionale Biographien und Autobiographien, Straßenballaden, Pamphlete und andere Flugschriften sowie unterschiedlichste Formen von *popular literature* und *popular culture* (z. B. Romanverfilmungen, *soap operas, cyberpunk*).

Schreibweisen

Neben dem Begriff der Gattungen dient außerdem die Unterscheidung verschiedener Schreibweisen zur Klassifizierung unterschiedlicher Texttypen. ‚Schreibweisen' ist ein uneinheitlich und oft vage gebrauchter Terminus, der in mindestens zwei verschiedenen Bedeutungen verwendet wird: In einem engen und präzisen Sinne sind Schreibweisen definiert als *„ahistorische Konstanten wie das Narrative, das Dramatische, das Satirische"* (HEMPFER 1973: 27); in einem weiten und relativ unspezifischen Sinne fungiert der Terminus ‚Schreibweisen' dagegen als Sammelbegriff zur Bezeichnung ganz unterschiedlicher Aspekte der Textgestaltung (z. B. Stil, Metaphern, rhetorische Figuren, Erzählformen; vgl. Kap. 3 bis 5) und wird oft weitgehend synonym mit ‚literarische Darstellungsverfahren' verwendet. Im Gegensatz zu dieser vorherrschenden Verwendung des Begriffs erlaubt es die engere Bedeutung, Schreibweisen klar abzugrenzen von Begriffen wie Gattungen oder Untergattungen, die *„historisch konkrete Realisationen dieser allgemeinen Schreibweisen wie z. B. Verssatire, Roman, Novelle, Epos usw."* (HEMPFER 1973: 27) bezeichnen. ‚Primäre Schreibweisen' zeichnen sich dadurch aus, dass sie *„nur in einer bestimmten Sprechsituation möglich sind (das Narrative in der berichtenden, das Dramatische in der performativen), während sekundäre Schreibweisen (das*

Komische, das Satirische usw.) in verschiedenen Typen von Sprechsituationen vorkommen können" (ebd.: 225).

Epochen

Neben dem Konzept der literarischen Gattungen gehört der Begriff ‚Epochen' zu den wichtigsten Ordnungskategorien der Literaturwissenschaft. Durch die Unterscheidung von Epochen wird die Geschichte der Literatur in historischer bzw. chronologischer Hinsicht untergliedert. Der Epochenbegriff bezeichnet (mehr oder weniger große) Zeiträume oder Phasen einer Literatur- oder Gattungsgeschichte, innerhalb derer viele Werke bestimmte geistesgeschichtliche, thematische, formale oder stilistische Ähnlichkeiten (‚Epochenstil') aufweisen.

Aufbau des Bandes

Die genannten Ordnungsbegriffe prägen auch den Aufbau dieses Bandes, der sich an den wichtigsten Gattungen orientiert. Das zweite Kapitel gibt in Form einer Typologie literaturwissenschaftlicher Ansätze einen einführenden Überblick über die wichtigsten Theorien, Modelle und Methoden und erläutert deren Nutzen. Die vier nachfolgenden Kapitel geben eine Einführung in die Analyse der drei ‚Hauptgattungen' (Lyrik, Drama und Erzähltexte) sowie in die Untersuchung von Mediengattungen. Im abschließenden Kapitel werden die wichtigsten Grundbegriffe, Probleme und Formen der Literaturgeschichtsschreibung erläutert und die Epochen der englischen und amerikanischen Literaturgeschichte skizziert.

2 KAPITEL Literaturwissenschaftliche Theorien, Modelle und Methoden

Hostility to theory usually means an opposition to other people's theories and an oblivion of one's own. One purpose of this book is to lift that repression and allow us to remember.

TERRY EAGLETON

1 Notwendigkeit und Nützlichkeit von Theorien

Boom der Theoriebildung

Eine wichtige Voraussetzung dafür, den Zusammenhang zwischen den verschiedenen Teilbereichen und Sachgebieten der anglistisch-amerikanistischen Literaturwissenschaft zu durchschauen, besteht darin, sich einen ersten Überblick über die wichtigsten Ansätze und Fragestellungen der Literaturtheorie zu verschaffen. Dies ist allerdings ein schwieriges Unterfangen, bei dem die nachfolgende Typologie literaturwissenschaftlicher Theorien, Modelle und Methoden eine Hilfestellung bieten soll. Die seit den 1960er Jahren zu beobachtende Theoretisierung der Literaturwissenschaft hat inzwischen auch in der Anglistik/Amerikanistik zur Entwicklung einer Vielzahl miteinander konkurrierender Ansätze und Methoden geführt. Ob es sich bei der verstärkten Theorie- und Modellbildung um eine begrüßens- oder beklagenswerte Entwicklung handelt, ist eine Frage, über die sich trefflich streiten lässt. Die Meinungen reichen von der Betonung der unverkennbaren Nützlichkeit und Unverzichtbarkeit von Theorien über ein nüchternes Abwägen der Vorzüge und Nachteile bis hin zu einer ebenso offenen wie militanten Theoriefeindlichkeit.

Haltung gegenüber Theorien

Es mag zwar nahe liegen, mit der zuletzt genannten Position zu sympathisieren, aber sonderlich hilfreich ist das nicht. Eine Ablehnung von Theorien und Methoden ähnelt vielmehr der Vogel-Strauß-Politik, die bekanntlich den Nachteil hat, dass das Bedrohliche, vor dem man den Kopf in den Sand steckt, durch das Weggucken allein nicht verschwindet. Obgleich es sicherlich verständlich ist, Berührungsängste gegenüber Theorien zu haben und ihnen skeptisch gegenüberzustehen, ist eine solche Haltung für ein erfolgreiches Studium aus mehreren Gründen kontraproduktiv.

Unvermeidbarkeit von Theorien

Inzwischen hat sich die Einsicht durchgesetzt, dass jede Form von Erkenntnis und Beobachtung theoriegeleitet ist. Für die Beschäftigung mit Literatur leitet sich daraus ab, dass jeder Form von Literaturwissenschaft, Literaturgeschichtsschreibung und Textinterpretation – auch und gerade vermeintlich ‚theoriefreien' Ansätzen – eine Vielzahl theoretischer Annahmen zugrunde liegt. Wenn die Analyse und Interpretation eines literarischen Textes den im ersten Kapitel genannten Kriterien (z. B. Intersubjektivität, Plausibilität und Kohärenz) genügen soll, dann muss sie theoretisch fundiert sein. Was sich hinter der Attitüde der Theoriefeindlichkeit oft verbirgt, hat TERRY EAGLETON (1983: viii), einer der bedeutendsten englischen Literaturtheoretiker, in dem diesem Kapitel vorangestellten Zitat pointiert formuliert: In der Tat heißt Ablehnung von Theorien nicht selten Feindschaft gegenüber den Theorien anderer, was oft damit einhergeht, dass die eigenen theoretischen Vorannahmen in Vergessenheit geraten oder zumindest nicht hinreichend bewusst sind.

Bewusstheit und Explizität des Theoriengebrauchs

Der von Theoriegegnern gern herausgestellte Gegensatz zwischen einem theorielastigen und einem ‚direkten' oder ‚unverstellten' Zugang zu literarischen Texten erweist sich daher als eine falsch formulierte Alternative: Die Frage lautet nicht, *ob* sich Literaturwissenschaftler bestimmter Theorien, Modelle und Methoden bedienen oder nicht, sondern wie bewusst sie sich ihrer theoretischen und methodischen Prämissen sind und wie explizit sie die verwendeten Kategorien darlegen: *„The question must be put whether the model is merely a set of the scholar's assumptions, that is, relatively unconscious. Or does it consist of a set of consciously chosen categories, collected in a scheme which allows reflection, criticism, and thus development?"* (BONHEIM 1990: 37)

Notwendigkeit von Theorien

Außerdem können Studierende in den Literatur- und Kulturwissenschaften heutzutage aus verschiedenen Gründen gar nicht umhin, sich mit theoretischen Ansätzen und Grundbegriffen zu beschäftigen. Erstens beweist ein Blick in die Vorlesungsverzeichnisse, dass dieser Bereich in Lehrveranstaltungen der Anglistik eine immer größere Rolle spielt. Zweitens erschließt sich ein zunehmend großer Teil der Sekundärliteratur nur auf der Basis von Grundkenntnissen neuerer Literatur- und Kulturtheorien. Theoriekenntnisse und Methodenbewusstsein sind somit für selbständiges wissenschaftliches Arbeiten notwendig, zumal man nur mit ihrer Hilfe literaturwissenschaftliche Bücher und Aufsätze einschätzen und beurteilen kann. Darüber hinaus können sich Studierende in Seminar- und Examensarbeiten die Vorzüge von leistungsstarken Theorien und klar definierten Analysekategorien selbst zunutze machen, indem sie verschiedene Ansätze prüfen, um diejenigen Modelle und Methoden auszuwählen, die für das eigene Thema, die behandelten Texte und die jeweilige Fragestellung am besten geeignet sind.

Nützlichkeit von Theorien

Die nahe liegende Frage, warum es bereits im Grundstudium ebenso wichtig wie nützlich ist, sich mit grundlegenden Theorien, Modellen und Methoden vertraut zu machen, lässt sich leicht beantworten: Der Hauptgrund dafür besteht darin, dass es sich um unentbehrliche analytische Hilfsmittel (*analytic tools*) handelt, mit deren Hilfe die Prämissen und Fragestellungen literaturwissenschaftlicher Untersuchungen formuliert, textuelle Phänomene differenziert beschrieben, die Analyseverfahren transparent und die interpretatorische Ergebnisfindung nachvollziehbar gemacht werden können. Die Erarbeitung von theoretischen Grundlagen und Methoden ist somit deshalb so wichtig, weil sie aufgrund der weitreichenden Übertragbarkeit der Verfahren auf eine eigenständige Erschließung literarischer Texte vorbereitet. Ein theorie- und methodenorientiertes Studium ist somit weder Selbstzweck noch ein Mittel, um literaturbegeisterte Anfänger zu vergraulen, sondern eine wichtige Voraussetzung dafür, sich transferierbare Fähigkeiten anzueignen und selbständig zu weiterführenden Fragestellungen zu gelangen.

2 Theorien, Modelle und Methoden: Begriffsklärungen

Theorien

Die Begriffe ‚Theorien', ‚Modelle' und ‚Methoden', die auch im Teilgebietskatalog einiger Lehramtsprüfungsordnungen aufgeführt sind, werden in der Literaturwissenschaft oft synonym verwendet, obgleich sie sich klar unterscheiden lassen. Der Begriff ‚Theorie' bezeichnet explizite, elaborierte, geordnete und konsistente Kategoriensysteme, die der Erforschung und Erklärung der Sachverhalte ihres jeweiligen Objektbereichs dienen. Von Theorien erwartet man, dass sie ihre Konzepte und Strukturen vollständig explizieren und dass sie widerspruchsfrei, systematisch und intersubjektiv nachvollziehbar sind. In der Literaturwissenschaft gibt es zum einen Theorien, die sich auf literarische Gegenstände (z. B. die Produktion und Rezeption literarischer Werke, Beziehungen zwischen Literatur und Kontext, das System der Gattungen) beziehen. Zum anderen wird man mit Theoriekonzepten konfrontiert, die in anderen geistes- oder sozialwissenschaftlichen Disziplinen entwickelt und in die Literaturwissenschaft übernommen worden sind.

Modelle

Modelle sind formale, graphische oder bildliche Darstellungen einer Theorie oder eines Teilbereichs einer Theorie. Obgleich die Verwendungsweisen des Modellbegriffs uneinheitlich sind, hat dieser eine Reihe von definierten Merkmalen: Modelle sind stets Abbildungen bzw. Repräsentationen von etwas; sie erfassen nur eine begrenzte Anzahl als relevant erachteter Aspekte bzw. Eigenschaften des abgebildeten Bereichs; und sie sind daher abhängig von den zugrunde gelegten Relevanzkriterien. Wie andere Modelle beruhen auch literaturwissenschaftliche auf Komplexitätsreduktion, denn sie abstrahieren vom Einzelfall und versuchen, generalisierend und vereinfachend komplexe Sachverhalte schematisch darzustellen. Einflussreiche literaturwissenschaftliche Modelle sind das bereits erläuterte Kommunikationsmodell (vgl. Modell 1.2.), diagrammartige Darstellungen literarischer Gattungen (vgl. Modell 1.4.) sowie der von FRANZ STAN-

ZEL (1995 [1979] im Anhang) entwickelte Typenkreis der Erzählsituationen (vgl. auch Kap. 5.4.).

Methoden

Der Begriff der Methode, der im Griechischen so viel wie ‚Weg zu etwas hin' bedeutet, bezeichnet definierte, planmäßige und damit auch kontrollierbare Vorgehens- und Behandlungsweisen. Er bezieht sich auf die Art und Weise, wie man zu einem bestimmten Ziel gelangt. Methoden sind definiert durch eine systematische Abfolge von bestimmten Regeln, Prinzipien oder Analyseschritten, die von gewissen Fragestellungen und Ausgangsbedingungen zu einem vorgegebenen Ziel führen. Unterschiedliche Methoden führen zu unterschiedlichen Resultaten. Wodurch sich verschiedene theoretische Ansätze oder Methoden voneinander unterscheiden lassen, hat JOCHEN VOGT (2001: 209) prägnant formuliert: *„In systematischer Hinsicht grenzt sich eine ‚Methode' der Interpretation dadurch von anderen ab, daß sie bestimmte Aspekte ihres Gegenstandes, also des Textes, als wesentlich heraushebt und in einen Argumentationszusammenhang bringt, während sie andere (die vielleicht von einer konkurrierenden ‚Methode' privilegiert werden) ignoriert oder vernachlässigt."*

‚Zugänge', ‚Verfahren' und ähnliche Begriffe

Darüber hinaus gibt es eine Reihe weiterer Begriffe, die sich ebenfalls auf die theoretischen und methodischen Grundlagen beziehen. So spricht man statt von Theorien häufig auch von ‚Ansätzen', ‚Richtungen' oder ‚Bezugsrahmen'. Methoden werden oft auch als ‚Zugriffe', ‚Vorgehensweisen', ‚Interpretationsverfahren', ‚Zugänge' (*approaches*) oder schlicht ‚Verfahren der Textanalyse' (vgl. ARNOLD/DETERING 1996) bezeichnet. Gleichgültig mit welchen dieser Begriffe sie konfrontiert werden, ist es für Studierende zunächst einmal wichtig, sich einen allerersten Überblick über die Vielfalt der Ansätze, Fragestellungen und Methoden der Literaturwissenschaft zu verschaffen. Ihnen dabei eine erste Orientierungshilfe zu geben ist der Hauptzweck des nächsten Teilkapitels.

3 Typologie literaturwissenschaftlicher Ansätze und Methoden

Methodenpluralismus

Wie bereits im ersten Kapitel bei der Erläuterung der verschiedenen Typen der Textinterpretation deutlich geworden ist, gibt es in der Literaturwissenschaft eine Vielzahl unterschiedlicher Ansätze und Methoden. Daher spricht man von einem ‚Methodenpluralismus'. Um verschiedene Fragestellungen beantworten und Ziele erreichen zu können, bedarf es der Anwendung ganz unterschiedlicher Theorien und Methoden, wobei viele der im Folgenden skizzierten Ansätze auch für die Untersuchung von Mediengattungen relevant sind (vgl. Kap. 6). Der gegenwärtige Methodenpluralismus ergibt sich daher zum Teil allein schon aus der Vielfalt von Gegenständen und Erkenntnisinteressen. Außerdem ist selbst das gleiche Etikett keineswegs ein Garant dafür, dass den darunter subsumierten Arbeiten eine einheitliche Theorie oder Methodologie zugrunde liegt.

Nutzen einer typologischen Übersicht

Eine Typologie (d. h. eine Einteilung nach verschiedenen Arten) der vorherrschenden literaturtheoretischen Ansätze kann dazu beitragen, die Orientierung im Methodenpluralismus der Literaturwissenschaft zu erleichtern. Sie ermöglicht die Einordnung der verschiedenen Strömungen und verdeutlicht, welche Fragestellungen man an einen literarischen Text herantragen kann und welche Aspekte dabei jeweils in den Vordergrund rücken. Der folgende kurze Überblick über die wichtigsten Typen von literaturwissenschaftlichen Ansätzen und Methoden hat v. a. zwei Ziele: Erstens versucht er herauszustellen, welche Aspekte des im ersten Kapitel dargestellten Gegenstandsbereichs der Literaturwissenschaft in den jeweiligen Ansätzen in den Mittelpunkt gerückt werden. Zweitens werden jeweils einige der wichtigsten Merkmale der verschiedenen Zugangsweisen und Methoden stichwortartig genannt und erläutert.

Bezugsrahmen: Kommunikationsmodell

Die verschiedenen literaturtheoretischen Ansätze lassen sich (grob vereinfacht) nach ihren Untersuchungsgegenständen systematisieren. Einen Bezugsrahmen für die Systematisierung der ansonsten kaum überschaubaren Vielfalt literaturwissenschaftlicher Ansätze liefert das im ersten Kapitel (vgl. Kap. 1.2.) entworfene Modell literarischer Kommunikation. Die Fragestellung und der Fokus literaturwissenschaftlicher Untersuchungen hängen davon ab, auf welche der darin vertretenen Elemente sie sich konzentrieren bzw. welche sie in Beziehung zueinander setzen.

Textzentrierte vs. kontextorientierte Ansätze

Je nachdem, ob das Augenmerk dem literarischen Werk selbst oder seiner Beziehung zu den verschiedenen Kontexten, in die jeder Text eingebettet ist, gilt, kann man eine erste Einteilung in textzentrierte und kontextorientierte Ansätze vornehmen. Die Unterscheidung verschiedener kontextbezogener Ansätze hängt davon ab, auf welche der verschiedenen Bezugsebenen (Autor-Text, Text-historische Wirklichkeit, Text-andere Texte oder Text-Leser) sich die Aufmerksamkeit jeweils richtet. Außerdem können sowohl autor- als auch leserorientierte Ansätze primär psychologisch, soziologisch oder historisch ausgerichtet sein. Das folgende Diagramm verdeutlicht, auf welche Aspekte des Beziehungsgefüges Autor-Text-Leser-historische Wirklichkeit sich die verschiedenen Ansätze und Methoden vorrangig konzentrieren.

historische Wirklichkeit als Bezugsfeld

- literatursoziologische und marxistische Ansätze
- feministische Ansätze
- *New Historicism*
- *Cultural Materialism*

Autorbezogene Ansätze	**Textbezogene Ansätze**	**Leserbezogene Ansätze**
• biographische Ansätze • psychoanalytische Ansätze • entstehungs- und werkgeschichtliche Studien	• werkimmanente Ansätze • formalistisch-strukturalistische Ansätze • feministische Ansätze • Poststrukturalismus/ Dekonstruktion	• Rezeptionsästhetik • Rezeptions- und Wirkungsgeschichte • empirische Rezeptionsforschung • *reader-response criticism* • kognitive Narratologie

andere Texte als Bezugsfeld

- Quellen- und Einflussforschung
- Intertextualitätsforschung
- Intermedialitätsforschung

- *Gender Studies*
- postkoloniale Literaturkritik
- Empirische Literaturtheorie

Modell 2.1.: Theoretische Ansätze und Methoden der Literaturwissenschaft (vgl. NÜNNING/JUCKER 1999: 60)

Text-zentrierte Ansätze

Im Falle von textzentrierten Ansätzen stehen Fragestellungen im Vordergrund, die sich auf die Analyse thematischer, formaler oder sprachlicher Merkmale literarischer Werke beziehen. Aufgrund ihrer Textbezogenheit werden einige solcher Methoden als ‚werkimmanente Ansätze' bezeichnet. In England und Amerika war der *New Criticism* lange die einflussreichste Methode, die sich auf den Text selbst konzentrierte. Zu den textzentrierten Ansätzen gehören auch die Textkritik, stilistische Interpretationen sowie alle Ansätze, die sich mit inhaltlichen Fragestellungen befassen. Zu letzteren sind etwa bestimmte Richtungen der feministischen Literaturwissenschaft zu zählen, die sich kritisch mit der literarischen Darstellung von Frauenbildern auseinandersetzen (*images-of-women criticism*).

Struktura-listische Ansätze

Ebenfalls dominant textzentriert sind formalistische und strukturalistische Ansätze, die dem Typus der strukturbestimmenden Interpretation zuzuordnen sind (vgl. Kap. 1.5.). Sie lassen kontextuelle Aspekte bewusst außer Acht und konzentrieren sich auf die möglichst exakte Beschreibung literarischer Textstrukturierungsverfahren, etwa auf Handlungsstrukturen von dramatischen und narrativen Texten oder

Erzählverfahren (vgl. Kap. 4 und 5). Strukturalistische Ansätze interessieren sich also weniger für die Bedeutung literarischer Texte als für Darstellungstechniken bzw. Verfahren der Bedeutungserzeugung.

Poststrukturalistische Ansätze

Primär am Text selbst interessiert sind auch die unter den Begriffen ‚Poststrukturalismus' und ‚Dekonstruktion' zusammengefassten neueren Richtungen der französischen Literaturtheorie, die v. a. die amerikanische Literaturwissenschaft nachhaltig beeinflusst haben. Im Gegensatz zur werkimmanenten Interpretation und zu allen strukturalistischen Ansätzen, die zwar die Ambiguität von Literatur betonen, die aber von der Einheit des Textes und einer geschlossenen Struktur ausgehen, fungiert in der Lektürepraxis der von JACQUES DERRIDA geprägten Dekonstruktion ‚Differenz' (*différance/différence*) als neuer Leitbegriff. Demzufolge geht es weder um die Ermittlung ‚der' Bedeutung eines Textes noch um die Bestimmung von dessen Struktur, sondern um die möglichst genaue Beschreibung von textinternen Differenzen, Brüchen und Widersprüchen sowie um die Auflösung der Vorstellung einer einheitlichen Bedeutung.

Autor- bzw. produktionsbezogene Ansätze

Im Gegensatz zu text- bzw. werkzentrierten Methoden steht bei autor- bzw. produktionsorientierten Ansätzen der Bereich der Literaturproduktion, also der Entstehung von Literatur, im Zentrum. Ein typisches Beispiel für diese Art der Literaturbetrachtung, die heute als etwas veraltet gilt, sind etwa biographische Ansätze, die die Bedeutung der Lebensgeschichte eines Autors für ein bestimmtes Werk untersuchen oder literarische Texte als biographische Quellen heranziehen. Dominant autororientiert sind auch psychoanalytische Ansätze, die entweder nach der Bedeutung prägender Kindheitserlebnisse und der Psyche eines Autors für einen bestimmten Text fragen oder umgekehrt aus textuellen Äußerungen Rückschlüsse auf das Unbewusste des Autors ziehen. Auch die Rhetorik (die Lehre von der Redekunst) sowie entstehungs- und werkgeschichtliche Studien, die die Produktion und Überarbeitung eines Textes erforschen oder die Stellung eines Textes im Gesamtwerk eines Schriftstellers zu bestimmen versuchen, stellen den Autor und Aspekte der Textproduktion in den Mittelpunkt.

Leser- bzw. rezeptionsbezogene Ansätze

Während autorbezogene Fragestellungen heute eine eher untergeordnete Rolle spielen, sind Ansätze, die die Beziehung zwischen Text und Leser erforschen, erst seit den 1970er Jahren entwickelt worden. Rezeptionsorientierte Ansätze lenken den Blick von der reinen Textanalyse auf die Verarbeitung eines Werkes im Leseprozess. Dabei kann man grob zwei verschiedene Fragerichtungen unterscheiden: Die eine geht vom Text aus, fragt nach dem im Text angelegten Wirkungspotential und stellt Hypothesen darüber auf, wie dieses beim Lesen realisiert werden könnte; die andere geht hingegen vom Rezipienten aus und untersucht die tatsächliche Rezeption. Zur ersten Gruppe ist die Rezeptions- und Wirkungsästhetik zu zählen, der es um das in literarischen Werken angelegte Wirkungspotential geht. In der Mitte zwischen den beiden Richtungen ist die Rezeptions- und Wirkungsgeschichte angesiedelt, die den Erwartungshorizont des zeitgenössischen Publikums und die historische Aufnahme von Werken erforscht. Die empirische Rezeptionsforschung untersucht hingegen die tatsächliche Wirkung von Texten auf heutige Leser.

Intertextualitäts- und Intermedialitätsforschung

Einen ähnlich starken Boom wie die Rezeptionsforschung erleben seit einigen Jahren Ansätze, die der Frage nach den Beziehungen eines Werkes zu anderen Texten und Medien nachgehen. Solche Studien werden als ,Intertextualitäts-' bzw. ,Intermedialitätsforschung' bezeichnet. Vorläufer dieser Richtungen sind die Quellen- und Einflussforschung (*sources-and-influence studies*) sowie die Stoff-, Themen- und Motivgeschichte, die die Quellen und literarischen Vorbilder eines Textes bzw. die Verarbeitung bestimmter Stoffe, Themen und Motive untersuchen. Im Gegensatz zu diesen älteren Ansätzen beschäftigen sich Intertextualitätstheorien nicht bloß mit thematischen und formalen Ähnlichkeiten zwischen einzelnen literarischen Werken. Sie zielen vielmehr auf eine systematische Untersuchung der Bezüge zwischen literarischen Texten und Gattungen ab. Der Forschung zur Intermedialität (vgl. Kap. 6.3.) geht es hingegen um die Wechselbeziehungen zwischen verschiedenen Künsten, etwa um die Verarbeitung eines literarischen Textes in anderen Medien (z. B. Romanverfilmungen) oder umgekehrt um die Bezugnahme auf andere Künste oder Medien in der Literatur. Angesichts der enorm gewachsenen Bedeutung der audio-visuellen Massenmedien und der zunehmenden Tendenz zur Überschreitung der Grenzen zwischen verschiedenen Gattungen und Medien eröffnet sich hier ein interessanter neuer Arbeitsbereich, der sowohl für das Studium (vgl. Kap. 6) als auch im Hinblick auf spätere Berufschancen produktive Perspektiven eröffnet.

Kontextorientierte Ansätze

Im Gegensatz zu den bisher genannten Methoden richten kontextorientierte Ansätze ihr Augenmerk auf die Beziehung zwischen literarischen Texten und ihren geschichtlichen Kontexten. Nach dem Ende der Vorherrschaft werkimmanenter Methoden ist es inzwischen wieder hoffähig, die Frage nach dem Wirklichkeitsbezug literarischer Texte zu untersuchen. Wie ein Blick in viele ältere Geschichten der englischen und amerikanischen Literatur zeigt, ist es schon in traditionellen literaturgeschichtlichen Ansätzen weithin Usus, den historischen und politischen Hintergrund literarischer Werke zu berücksichtigen. Ein typisches Beispiel dafür ist etwa der Rekurs auf das sog. Elisabethanische Weltbild, das bei der Untersuchung der Dramen SHAKESPEARES oft eine wichtige Rolle spielt. Ausgehend von der Vorstellung einer Widerspiegelung der sozialen und gesellschaftlichen Realität in der Literatur konzentrieren sich v. a. marxistische und literatursoziologische Ansätze auf die Bezugsebene ,Text-historische Wirklichkeit'. Auch einige Ansätze der feministischen Literaturwissenschaft, die Literatur im Hinblick auf Bezüge zur historischen Situation von Frauen untersuchen, sind stark kontextorientiert ausgerichtet.

New Historicism* und *Cultural Materialism

Seit Anfang der 1980er Jahre sind die Historisierungstendenzen v. a. in der anglo-amerikanischen Literaturwissenschaft stark auf dem Vormarsch. In Nordamerika hat der sog. *New Historicism* maßgeblich zu einer Erweiterung der Literaturwissenschaft hin zu einer theoriebewussten kulturgeschichtlichen Disziplin beigetragen. Der *New Historicism* geht von der Historizität von Texten und der Textualität von Geschichte aus und betont, dass Informationen über ‚Kontexte' textuell zugänglich sind. Er interessiert sich v. a. für die enge Wechselwirkung zwischen literarischen Texten und dem Wissensstand bzw. den kulturellen Diskursen (d. h. gesellschaftlich verbreiteten Rederegeln) ihrer Entstehungszeit. Ähnliches gilt für die in Großbritannien entstandene Richtung des *Cultural Materialism*, die sich ebenfalls durch eine Berücksichtigung des Wirklichkeitsbezugs literarischer Texte von der werkimmanenten Interpretation abhebt, im Gegensatz zum *New Historicism* aber die politisch-ideologische Dimension und die Analyse von Machtbeziehungen stärker in den Vordergrund rückt.

Übergreifende Theorien

Das breite Spektrum von Richtungen in der zeitgenössischen Literaturtheorie ist mit dieser notgedrungen stark vereinfachenden Typologie freilich noch lange nicht erschöpft. Vielmehr gibt es noch eine Reihe weiterer Ansätze, die sich nicht eindeutig einem bestimmten Pol des Diagramms zuordnen lassen. In diesem Zusammenhang sind v. a. innovative und übergreifende Strömungen zu nennen, deren Untersuchungsgegenstand der gesamte Handlungsbereich des Literatursystems ist. Dazu zählen etwa die *Gender Studies*, die postkoloniale Literaturkritik sowie die Empirische Literaturtheorie, die den Anspruch erhebt, alle hermeneutischen Formen der Literaturbetrachtung durch ein neues Paradigma abzulösen. Trotz einiger grundlegender Unterschiede haben diese Ansätze eine Reihe von Gemeinsamkeiten: Sie gehen alle von einem weiten Literaturbegriff aus und erschließen neue Gegenstandsbereiche. Zudem sind sie bestrebt, die ‚traditionelle' Literaturwissenschaft interdisziplinär zu erweitern und die Anglistik durch die produktive Verarbeitung kultur- und medienwissenschaftlicher Ansätze zu integrativen Formen von *Cultural Studies* bzw. (Medien-)Kulturwissenschaft weiterzuentwickeln.

Theorieimporte aus anderen Disziplinen

Neben den bisher genannten Richtungen, die sich unmittelbar auf literaturwissenschaftliche Gegenstände beziehen, gibt es einige einflussreiche theoretische Ansätze, die in anderen Disziplinen entwickelt und später – oftmals eklektisch – in die Literaturwissenschaft übernommen wurden. Als Beispiele für solche übergreifende Theorieimporte aus anderen Disziplinen, die inzwischen auch viele literatur- und kulturtheoretische Diskussionen prägen, seien etwa JACQUES

LACANS Psychoanalyse, MICHEL FOUCAULTS historische Diskursanalyse, PIERRE BOURDIEUS Gesellschaftstheorie, JACQUES DERRIDAS Sprachkritik und Dekonstruktion sowie NIKLAS LUHMANNS Systemtheorie genannt. Die genannten Namen lassen bereits erkennen, dass die zeitgenössische Literaturtheorie nicht nur einen zunehmend interdisziplinären und intermedialen Charakter hat, sondern dass sich das Spektrum der Ansätze auch sehr stark internationalisiert hat.

Methodische Unterschiede

Die einzelnen Ansätze unterscheiden sich jedoch nicht nur im Hinblick auf die jeweiligen Gegenstände, die sie in den Mittelpunkt rücken. Den verschiedenen Untersuchungsobjekten entsprechen vielmehr auch unterschiedliche Verfahren bzw. Methoden. Im Falle der werkimmanenten Interpretation, des *New Criticism* und der Dekonstruktion steht etwa das *close reading* des einzelnen literarischen Textes im Vordergrund. Dabei handelt es sich um eine in Großbritannien bis heute vorherrschende Form der sehr detaillierten, gründlichen und intensiven Lektüre und textnahen Interpretation, die völlig werkzentriert ist, von der Autonomie des Kunstwerks ausgeht, sämtliche Faktoren des Kontexts ausblendet und auf die Erschließung der sprachlichen Besonderheiten, formalen Merkmale und Bedeutungsnuancen des jeweiligen Werks konzentriert ist. Im Gegensatz dazu bedienen sich intertextualitätsorientierte Ansätze und der *New Historicism* vornehmlich des Verfahrens des Vergleichs mehrerer Texte, wobei der *New Historicism* bevorzugt den Dialog zwischen literarischen und nicht-literarischen Texten mit Hilfe der Diskursanalyse untersucht. Hingegen arbeiten die Literatursoziologie, die empirische Rezeptionsforschung und die Empirische Literaturwissenschaft, die Literatur als Sozialsystem untersucht, mit den Methoden der empirischen Sozialforschung.

4 Funktionen von Theorien, Modellen und Methoden

Typologie als Orientierungshilfe

Diese Typologie und die knappen Hinweise reichen zwar für ein genaues Verständnis der Besonderheiten der verschiedenen, zum Teil sehr komplexen Ansätze noch nicht aus, aber sie können die erste Orientierung im Dschungel literaturwissenschaftlicher Theorien, Modelle und Methoden erleichtern. Außerdem ist ein solches Orientierungswissen im Bereich der Literaturtheorie eine Voraussetzung dafür, dass Studienanfänger/innen nicht gleich die Flinte ins Korn werfen, wenn sie in literaturwissenschaftlichen Grundkursen mit einer Vielzahl von Methoden und Fachbegriffen konfrontiert werden. Auch Literaturtheoretiker kochen nur mit Wasser, und es ist gar nicht so schwer, ihnen auf die Schliche zu kommen.

Orientierungswissen

Anstatt sich also vom Pluralismus der Ansätze einschüchtern zu lassen, sollte man sich möglichst schnell einen groben Überblick darüber verschaffen, womit sich die jeweiligen Ansätze vorrangig beschäftigen. Außerdem kann man sich mit Hilfe von entsprechenden Lexika zur Literatur- und Kulturtheorie gezielt über jene Ansätze, Theoretiker und Grundbegriffe informieren, die in Lehrveranstaltungen erwähnt werden. Wer sich ein solches Orientierungswissen angeeignet hat, wird es sehr viel leichter haben, das jeweilige methodische Vorgehen in der Sekundärliteratur und in Seminaren nachzuvollziehen, und sich bewusst sein, wonach jeweils gefragt wird und mit welchen Mitteln diese Fragen am besten zu beantworten sind.

Haltung gegenüber Methodenpluralismus

Natürlich gibt es kein Patentrezept dafür, wie man sich gegenüber der irritierenden Vielzahl konkurrierender literaturtheoretischer Ansätze, Modelle und Methoden verhalten sollte. Dennoch spricht angesichts des Methodenpluralismus vieles dafür, von Anfang an einen vernünftigen Mittelweg zwischen unkritischer Identifikation und übertriebener, weil unbegründeter Berührungsangst einzuschlagen. Wer eine bestimmte Theorie einfach autoritätsgläubig übernimmt, nur weil der jeweilige Dozent sie verwendet, läuft unweigerlich Gefahr, bestenfalls zu einem unkritischen Adepten und schlechtestenfalls zu einem Terminologie dreschenden Papageien zu werden. Wer Theorien und Modelle hingegen von vornherein ablehnt, beraubt sich nicht nur vielfältiger Möglichkeiten, neue Denkstile und Interpretationsverfahren kennen zu lernen, sondern ist auch dazu verdammt, literarische Texte auf Gedeih und Verderb durch die meist arg verzerrende Brille der eigenen Alltagstheorien und Vorurteile zu betrachten.

Offene und kritische Haltung

Ratsam erscheint es hingegen, literaturwissenschaftlichen Theorien, Modellen und Methoden gegenüber eine zugleich offene und kritische Haltung zu entwickeln, unterschiedliche Ansätze zu vergleichen und sich ein eigenständiges Urteil über deren jeweilige Vorzüge und Nachteile zu bilden. Dies ist eine wichtige Voraussetzung dafür, dass man sich für jene Problemlösungsstrategien entscheiden kann, die für den jeweiligen Gegenstand und die Fragestellung der eigenen Arbeit angemessen sind. Da sich der Nutzen eines theoretischen Begriffssystems, einer modellhaften Darstellung und eines methodischen Zugriffs erst bei der Anwendung feststellen lässt, bleibt es jedem Individuum überlassen, welchem Theorieansatz und welcher Vorgehensweise er oder sie im Einzelfall den Vorzug gibt. Der Prüfstein für den Wert von Ansätzen liegt letztlich darin, ob sie sich als produktiv erweisen und ob sie neue Lesarten und neue literaturgeschichtliche Wirklichkeiten erschließen.

Nutzen und Funktionen von Theorien, Modellen und Methoden

Der konkrete Nutzen und die Vorzüge von Theorien, Modellen und Methoden lassen sich am besten durch eine stichwortartige Nennung der verschiedenen Funktionen verdeutlichen. Modelle dienen v. a. der Veranschaulichung komplexer Sachverhalte und können aufgrund ihrer Anschaulichkeit z. B. im Literaturunterricht eine Orientierungshilfe bieten; dies ist auch einer der Gründe, warum sich in diesem

Grundkurs recht viele Modelle finden. Darüber hinaus erfüllen theoretische Ansätze, Methoden und klar definierte Analysekategorien

- explikative bzw. kognitive Funktionen: mit ihrer Hilfe können die Prämissen literaturwissenschaftlicher Untersuchungen formuliert, die grundlegenden Begriffe definiert und die Untersuchungsgesichtspunkte expliziert werden;
- heuristische Funktionen: mit ihrer Hilfe können präzise Fragestellungen für die Textanalyse entwickelt und klare Hypothesen über das Wirkungspotential formuliert werden;
- deskriptive Funktionen: sie ermöglichen es, textuelle Phänomene zu identifizieren und differenziert zu beschreiben;
- kommunikative Funktionen: sie bilden eine wichtige Voraussetzung für die Verständlichkeit und Nachvollziehbarkeit von Textinterpretationen;
- typologische Funktionen: sie erlauben es, Texte und ihre jeweiligen Merkmale systematisch zu klassifizieren;
- literaturgeschichtliche Funktionen: sie ermöglichen es, Texte in größere Zusammenhänge einzuordnen;
- komparatistische Funktionen: sie liefern einen Maßstab für vergleichende Untersuchungen;
- didaktische Funktionen: sie erleichtern die Lehr- und Lernbarkeit und ermöglichen die Übertragbarkeit der Verfahren;
- mnemotechnische Funktionen: sie erleichtern es, sich komplexe Zusammenhänge einzuprägen;
- anwendungsorientierte Funktionen: sie fungieren als analytische Hilfsmittel bei Textinterpretationen.

Von der Theorie zur Praxis der Textanalyse

Dieser knappe Abriss literaturwissenschaftlicher Ansätze und ihrer Funktionen führt zu Überlegungen, wie der Umgang mit Werken der englischsprachigen Literaturen im literaturwissenschaftlichen Teil des Anglistikstudiums konkret aussieht. Ebenso vielfältig wie die literaturtheoretischen Ansätze, Modelle und Methoden sind die Möglichkeiten, literarische Texte wissenschaftlich zu analysieren und zu interpretieren. Jeden der genannten Ansätze kann man im Prinzip auf jedes englischsprachige Gedicht, jedes Drama und jeden Roman anwenden. Durch die Wahl des Ansatzes werden jedoch bestimmte Aspekte hervorgehoben, während andere vernachlässigt oder ganz ausgeblendet werden.

Kriterien für die Auswahl von Methoden

Welchem Ansatz und welchem Analyse- bzw. Interpretationsverfahren man den Vorzug gibt, hängt von der jeweiligen Fragestellung, dem Erkenntnisinteresse, dem Thema und dem Untersuchungsobjekt ab. Überspitzt formuliert: Wer eine Arbeit über das Thema „Formen und Funktionen der Plotstruktur von Spionageromanen“ schreibt, ist schlecht beraten, wenn sie oder er sich eines psychoanalytischen oder rezeptionsästhetischen Ansatzes bedient, weil diese Fragestellung am besten mit einer textzentrierten Methode bearbeitet werden kann. Wer sich hingegen mit themenorientierten Fragestellungen im Grenzgebiet von Literatur- und Kulturgeschichte beschäftigt (z. B. „Die Auseinandersetzung mit der Stellung der Frau in der Gesellschaft in der viktorianischen Literatur"), tut sicher gut daran, wenn sie oder er einen Theorierahmen bzw. Ansatz wählt, der nicht allein textzentriert ist, sondern auch die Bezugsebenen ‚Text-historische Wirklichkeit' oder ‚Text-andere Texte' sowie das besondere Erkenntnisinteresse der feministisch orientierten Literaturwissenschaft berücksichtigt.

Gattungsspezifische Zugänge und Analysekategorien

Darüber hinaus hängt die Vorgehensweise von der jeweiligen Gattung und Epoche ab, zu der die behandelten Texte zu zählen sind. Welche gattungsspezifischen Zugänge und Analysekategorien es gibt, verdeutlichen die folgenden vier Kapitel. Anstatt ‚fertige' Interpretationen zu liefern, zielen die Kapitel darauf ab, Studierenden begriffliche und methodische Hilfsmittel an die Hand zu geben, die es ihnen ermöglichen, unbekannte Werke selbständig zu erschließen. Was das konkret heißt, soll in den nächsten Kapiteln durch die Einführung zentraler Begriffe und Methoden erläutert und an einigen Beispielen aus dem Bereich der Lyrik-, Dramen- und Erzähltextanalyse veranschaulicht werden.

Lektüretipps

Da für eine ausführliche Erörterung der Vielfalt der Richtungen der Literaturtheorie im Rahmen eines Grundkurses der Platz fehlt, seien diejenigen, die ihr Wissen vertiefen möchten und detailliertere Informationen zu einzelnen Ansätzen, Methoden und Konzepten suchen, auf die im Anhang genannten Einführungen sowie auf das *Metzler Lexikon Literatur- und Kulturtheorie. Ansätze – Personen – Grundbegriffe* (1998/2001) verwiesen. Dieses interdisziplinär ausgerichtete Lexikon gibt einen kompakten Überblick über die Vielfalt der literatur- und kulturwissenschaftlichen Ansätze, erläutert die zentralen Grundbegriffe und verschafft einen Zugang zu den Autoren/-innen, die die theoretischen Debatten bestimmt haben. Da alle Beiträge in diesem Lexikon aktuelle Hinweise auf weiterführende Literatur enthalten, die den Einstieg in den jeweiligen Ansatz und das Werk des einzelnen Theoretikers gezielt erleichtern, beschränken sich die Literaturhinweise im Anhang des vorliegenden Bandes auf einige allgemeine Einführungen in die Literaturtheorie, von denen die Titel von Terry Eagleton, Raman Selden und Peter Widdowson sowie Hubert Zapf für Studierende als Einstieg besonders nützlich sind.

3 KAPITEL Einführung in die Lyrikanalyse

The Hippopotamus
Behold the hippopotamus!
We laugh at how he looks to us,
And yet in moments dank and grim
I wonder how we look to him.
Peace, peace, thou hippopotamus!
We really look all right to us
As you no doubt delight the eye
Of other hippopotami.

OGDEN NASH

1 Das Gedicht als überstrukturierter Text: Grundzüge lyrischer Textkonstitution

How to recognize a poem when you see one …

„*Jeder weiß, was ein (lyrisches) Gedicht ist; niemand weiß, was ein (lyrisches) Gedicht ist*" (KNÖRRICH 1992: xii), heißt es in einer Einleitung zu einem Lexikon lyrischer Formen. Diese ebenso treffende wie paradoxe Feststellung trägt der Tatsache Rechnung, dass einerseits wohl jeder ein intuitives Verständnis davon hat, was ein Gedicht ist, dass aber andererseits kaum jemand so recht weiß, wie man ein (lyrisches) Gedicht genau definiert. Aufschluss über einige der Besonderheiten der Lyrik gibt das vorangestellte Gedicht des außergewöhnlichen amerikanischen Lyrikers OGDEN NASH (1902–1971), das trotz des nicht eben poetischen Gegenstandes wohl jeder als ein (kurzes, humoristisches) Gedicht bezeichnen würde, weist es doch einige der typischen gattungsspezifischen Merkmale auf: Dazu zählen relative Textkürze, Tendenz zu sehr selektiver und eingeschränkter Behandlung des dargestellten Themas (was gäbe es über Nilpferde nicht sonst alles noch zu sagen?!), die subjektive Perspektive des Sprechers (bzw. ‚lyrischen Ich') sowie Reime (genauer: Paarreime), ein (fast) regelmäßiges Versmaß (Metrum), die strophische Form, das Fehlen einer Handlung, die zweifache Verwendung von Ausrufen und weitere Abweichungen von der Alltagssprache, in der dieses Gedicht (wie NASHS Gedichte insgesamt) teilweise durchaus gehalten ist. All diese Kennzeichen verleihen Gedichten den Charakter von erhöhter Künstlichkeit, der ebenfalls als lyriktypisch gilt.

Zielsetzung und Inhaltsübersicht

Dieses Kapitel setzt sich zum Ziel, einen einführenden Überblick über einige Grundlagen der Lyriktheorie zu vermitteln und wichtige Kategorien der Gedichtanalyse vorzustellen. Zunächst werden die wichtigsten gattungsspezifischen Merkmale der Lyrik kurz erörtert. Im Anschluss an diesen Überblick über die Grundzüge lyrischer Textkonstitution und die Darstellung eines Kommunikationsmodells lyrischer

Texte werden sodann die wichtigsten Arbeits- und Problemfelder der Lyrikanalyse systematisch vorgestellt und anhand ausgewählter Beispiele erläutert.

Zur Frage nach dem ‚Wesen' der Lyrik

Auf die Frage nach dem ‚Wesen' der Lyrik gibt es bis heute keine befriedigende Antwort. Dafür gibt es mehrere Gründe. Erstens zeichnet sich die Lyrik – übrigens ebenso wie andere literarische Gattungen – durch große Verschiedenartigkeit aus. Zweitens unterliegen sowohl Gedichte als auch Auffassungen von den Besonderheiten der Lyrik historischem Wandel. Drittens sind nicht nur einzelne Gattungen, sondern das gesamte System der Gattungen und Medien in dauernder Veränderung begriffen.

Normative Lyriktheorien

Dennoch hat man lange versucht, das ‚Wesen' der Lyrik zu ermitteln und ein für alle Mal festzuschreiben. Kennzeichnend für viele solcher Versuche ist, dass sie die Lyrik anhand eines einzigen Charakteristikums definieren und damit meist einen bestimmten ‚Typ' bzw. eine Erscheinungsform von Gedichten (v. a. die sog. ‚Erlebnislyrik') verabsolutieren. Das Resultat sind nicht selten recht blumige Umschreibungen, die nicht bloß in der Schule tradiert werden, sondern auch Eingang in Lexika der literarischen Terminologie gefunden haben, wie der folgende Auszug aus dem Eintrag zu dem Stichwort ‚Lyrik' in dem weit verbreiteten *Sachwörterbuch der Literatur* beweist: *„Lyrik (griech.* lyra *= Leier), die subjektivste der 3 Naturformen (→ Gattungen) der Dichtung; unmittelbare Gestaltung innerseelischer Vorgänge im Dichter, die durch gemüthafte Weltbegegnung (→ Erlebnis) entstehen, in der Sprachwerdung aus dem Einzelfall ins Allgemeingültige, Symbolische erhoben werden und sich dem Aufnehmenden durch einfühlendes Mitschwingen erschließen."* (WILPERT 1955: 328)

Deskriptive Differenzierungskriterien

Im Gegensatz zu solchen normativen Bestimmungen von Lyrik ist es zweckmäßiger, einige deskriptive Differenzierungskriterien zu nennen, anhand derer sich Gedichte von anderen literarischen Gattungen unterscheiden lassen. Zu diesem Zweck wird im Folgenden eine Liste der wichtigsten Merkmale erarbeitet, die zwar nicht alle auf jedes Gedicht zutreffen, die aber in ihrer Gesamtheit eine anschauliche Vorstellung von den Charakteristika der Lyrik vermitteln. Der folgende kurze Überblick orientiert sich an dem ebenso differenzierten wie ausgewogenen ‚Mehrkomponentenmodell' von EVA MÜLLER-ZETTELMANN (2000), die eine Vielzahl von Beschreibungskriterien zusammenträgt und in Form eines umfassenden Analyseinstrumentariums systematisiert.

Textkürze, Komprimierung und Reduktion des Dargestellten

Typisch für die meisten Gedichte (einige ‚Langgedichte' sind die Ausnahme, die die Regel bestätigen) ist zunächst einmal eine Tendenz zu relativer Textkürze. Damit einher geht meist eine gewisse Reduktion und Verdichtung des Dargestellten. Die Tendenz, die raum-zeitlichen Bezüge stark zu reduzieren, ist ebenfalls kennzeichnend für lyrische Texte, in denen häufig die Subjektivität des Sprechers im Vordergrund steht.

Die meisten Auffassungen über Lyrik stimmen darin überein, dass die Kategorie der Subjektivität von entscheidender Bedeutung für die Bestimmung des Lyrischen ist. Subjektivität schlägt sich nicht nur in der Sprechsituation und der Perspektive des lyrischen Ich nieder, sondern vielfach auch im individuellen sprachlichen Ausdruck und in der Thematik, die oft um Ichbezogenheit und die Erfahrungen eines Individuums kreist. Ein typisches Beispiel für einen lyrischen Text, der einen hohen Grad an Subjektivität aufweist, ist das sozialkritische Gedicht „London" (1794) des Frühromantikers WILLIAM BLAKE (1757–1827). Bereits die erste der vier Strophen dieses Gedichts illustriert durch die den gesamten Text durchziehende Wiederholung des Personalpronomens der 1. Person Singular und die perspektivisch gebrochene Darstellung der Großstadt beispielhaft jenen ausgeprägten Subjektivismus, der eines der charakteristischen Merkmale der Lyrik der Romantik ist:

Subjektivität

I wander through each chartered street
Near where the chartered Thames does flow,
And mark in every face I meet
Marks of weakness, marks of woe. (Z. 1–4)

Die Etymologie (die Lehre von der Herkunft und ursprünglichen Bedeutung der Wörter) gibt Aufschluss über weitere Merkmale der Lyrik. Das Wort ‚Lyrik' stammt aus dem Griechischen: Die Lyra bzw. Leier war ein Saiteninstrument, und der Begriff der Lyrik bezeichnete ursprünglich jene Lieder, die zur Leier gesungen wurden. Aufgrund dieser Verwandtschaft zwischen Versdichtung und Musik gelten Musikalität und Sangbarkeit als Besonderheiten der Lyrik, aus denen sich weitere gattungsspezifische Merkmale ableiten lassen: *„Metrum, Rhythmus, stark wiederholende (rekurrente) Strukturen, Übersichtlichkeit, Prägnanz in der Formulierung, (relative) Kürze."* (LINK 1992/2000: 86)

Musikalität und Sangbarkeit

Der Ansatz der strukturalen Lyriktheorie hat den Blick dafür geöffnet, dass Gedichte nicht unmittelbarer Ausdruck von Gefühlen und Stimmungen sein müssen, sondern zunächst einmal aus Wörtern bestehen und sich durch besondere Formen der Sprachverwendung auszeichnen. Weiterhin zählt es zu den Einsichten dieses Ansatzes, dass es für die Lyrikanalyse fruchtbar ist, auf sprachwissenschaftliche Kategorien (z. B. die der Phonologie, Semantik und Pragmatik) zurückzugreifen.

Die strukturale Lyriktheorie

Von besonderer Bedeutung für die Theorie und Analyse lyrischer (und auch anderer literarischer) Texte ist die auf strukturalistische Sprachmodelle zurückgehende Unterscheidung von paradigmatischen (griech. *parádeigma*: Vorbild, Muster, Modell) und syntagmatischen (griech. *syntagma*: Zusammengestelltes) Beziehungen. ROMAN JAKOBSON zufolge bezeichnet der Begriff ‚paradigmatisch' Beziehungen zwischen sprachlichen Elementen, die an einer Stelle eines Satzes aus-

Paradigmatische und syntagmatische Beziehungen

tauschbar sind. Da paradigmatische Beziehungen auf Ähnlichkeit (Similarität) aufgebaut sind, ermöglichen sie es, ein Element durch ein anderes zu ersetzen (Substitution). Bei paradigmatischen Beziehungen vollzieht sich die Selektion auf der Grundlage der Ähnlichkeit bzw. Äquivalenz der entsprechenden Elemente. Syntagmatische Regeln bestimmen hingegen die Verknüpfung (Kombination) und die Kombinationsmöglichkeiten von Elementen in einem Satz oder einem Text. Paradigmatische und syntagmatische Beziehungen gibt es nicht nur auf der Ebene der Wörter; vielmehr reichen die Möglichkeiten von phonologischen und rhythmischen Wiederholungen über metrische und grammatische Strukturen bis zum Vers und zur Metaphorik.

Poetische Funktion

Wie bereits im ersten Kapitel erwähnt wurde, zeichnen sich literarische Texte dadurch aus, dass in ihnen die poetische bzw. ästhetische Sprachfunktion überwiegt: Dieser Begriff bezeichnet die Tatsache, dass die Aufmerksamkeit des Rezipienten auf die sprachliche Beschaffenheit eines Textes, also auf die Botschaft selbst, gelenkt wird. Unter Rückgriff auf die gerade erläuterte Unterscheidung von paradigmatischen und syntagmatischen Beziehungen hat JAKOBSON (1979: 94) die Entstehung der poetischen Funktion auf eine einfache Formel gebracht: *„Die poetische Funktion projiziert das Prinzip der Äquivalenz von der Achse der Selektion auf die Achse der Kombination."* JAKOBSON zufolge kommen poetische Strukturen also dadurch zustande, dass das Äquivalenzprinzip, das eigentlich für paradigmatische Beziehungen gilt, auf die Kombination der Elemente auf der syntagmatischen Achse übertragen wird und dass durch solche Wiederholungen bzw. Rekurrenzen auf verschiedenen sprachlichen Ebenen textinterne Elemente in Relation zueinander gesetzt werden. Dies hat zur Folge, dass die sprachliche Strukturiertheit der Nachricht selbst in den Vordergrund rückt (*foregrounding*) und der Rezipient veranlasst wird, Verbindungen zwischen den auf diese Weise verknüpften Elementen herzustellen. Das folgende Modell (vgl. LUDWIG 1981/1994: 19) veranschaulicht das Verhältnis zwischen der paradigmatischen Achse der Selektion und der syntagmatischen Achse der Kombination sowie die Projektion des Äquivalenzprinzips auf die syntagmatische Ebene.

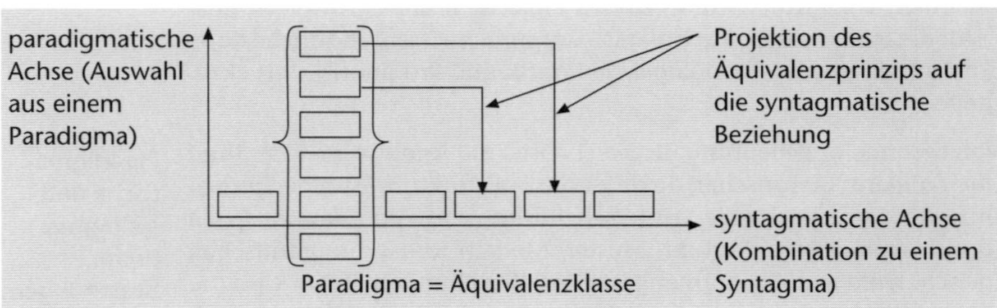

Modell 3.1.: Verhältnis von paradigmatischen und syntagmatischen Beziehungen

Die Tatsache, dass Parallelismen und Äquivalenzen zum konstitutiven Verfahren der Kombination der Elemente auf der syntagmatischen Achse werden, hat zur Folge, dass sich lyrische Texte oft durch eine Tendenz zu erhöhter Artifizialität und ästhetischer Selbstreferentialität (bzw. Autoreflexivität) auszeichnen. Die referentielle Sprachfunktion, d. h. der Bezug auf den Kontext bzw. die Wirklichkeit, ist stark reduziert oder sogar tendenziell aufgehoben, während durch die Häufung von sprachlichen Äquivalenzen der Bezug des lyrischen Textes auf sich selbst sowie auf die Sprache in den Vordergrund rückt.

Erhöhte ästhetische Selbstreferentialität

Der strukturalen Lyriktheorie zufolge handelt es sich bei Gedichten daher um ‚überstrukturierte Texte' (vgl. LINK 1981; 1992/2000), die sich durch ein besonders hohes Maß an sprachlichen Äquivalenzen und Parallelismen von anderen Gattungen und nichtliterarischen Textsorten unterscheiden. Zentrale Merkmale lyrischer Texte lassen sich daher als Formen der Überstrukturierung beschreiben. Das allgemeine Merkmal der Überstrukturiertheit, das als charakteristisch für Lyrik gilt, schlägt sich auf unterschiedlichen sprachlichen Ebenen nieder:

Ebenen der Überstrukturierung

- auf der Ebene des Lautes, des Metrums und Rhythmus sowie der Klangbeziehungen (phonologische Ebene) in Form von Reimen und anderen Klangbeziehungen,
- auf der Ebene der Wörter und Wortbildungen (morphologische Ebene) in Form von Wortwiederholungen,
- auf der Ebene der Sätze (syntaktische Ebene) in Form von parallelen Anordnung von Sätzen oder Satzgliedern
- und auf der Bedeutungsebene (semantische Ebene) in Form von Bildersprache.

Weitere Formen der für die Lyrik spezifischen Überstrukturierung betreffen die äußere Form. So zählen die Versstruktur, das Metrum und die strophische Form zu den Grundformen lyrischer Textkonstitution. Lyriktheoretische Ansätze, die sich an formalen Kriterien orientieren, bezeichnen den Vers bzw. Versbau als spezifisch lyrische Besonderheit: *„Das einzige eindeutig feststellbare Merkmal, das den größten Teil der heute als Gedichte bezeichneten Texte auszeichnet, ist die Versstruktur."* (BURDORF 1995: 11) Mit dem Begriff ‚Metrum' wird das einem Vers oder einem Gedicht zugrunde liegende Schema aus betonten und unbetonten Silben bezeichnet. Durch das Metrum werden nicht bloß Versakzente gesetzt, sondern aufgrund der durch das Versmaß erzeugten Äquivalenzen wird auch die Überstrukturierung verstärkt.

Versstruktur, Metrum und Strophik

Neben der gattungsspezifischen Subjektivität und den genannten formalen Kriterien zählen das Reimschema und die für Gedichte typischen Klangstrukturen zu den weiteren Merkmalen lyrischer Textkonstitution. Zugleich handelt es sich um weitere gattungsspezifische Formen der Überstrukturierung: Durch das Reimschema werden

Reimschema und Klangstrukturen

klangliche Verknüpfungen zwischen Versen und Worten hergestellt. Weitere phonologische Äquivalenzen entstehen durch Klangstrukturen.

Deviation von der Alltagssprache und erhöhte Artifizialität

Sämtliche der bisher genannten Gattungsmerkmale erzeugen den für lyrische Texte typischen Eindruck erhöhter Artifizialität bzw. deutlicher Abweichung (bzw. Deviation) von der Alltagssprache. Dieser Eindruck der Abweichung wird noch erhöht durch die für die meisten Gedichte kennzeichnende Tendenz zu struktureller, phonologischer, morphologischer und syntaktischer Überstrukturierung. Welche gattungsspezifischen Ausdrucksmittel es auf den unterschiedlichen Ebenen im Einzelnen gibt, wird in den nachfolgenden Teilkapiteln anhand ausgewählter Beispiele erläutert.

Gattungsspezifische Merkmale der Lyrik

Im Folgenden sind die wichtigsten gattungsspezifischen Merkmale der Lyrik nochmals stichwortartig zusammengefasst (vgl. Müller-Zettelmann 2000: 64–156):

- Tendenz zu relativer Textkürze,
- Tendenz zur Komprimierung, Verdichtung und Reduktion des Dargestellten,
- Tendenz zu erhöhter Subjektivität,
- Tendenz zu Musikalität und Sangbarkeit,
- Tendenz zu struktureller und phonologischer Überstrukturierung,
- Tendenz zu morphologischer und syntaktischer Überstrukturierung,
- Tendenz zur Deviation von der Alltagssprache und zu erhöhter Artifizialität,
- Tendenz zu erhöhter ästhetischer Selbstreferentialität.

2 Kommunikationsmodell lyrischer Texte: Sprechsituation, Perspektive und lyrisches Ich

Sprechsituation

Einen wichtigen interpretatorischen Ansatzpunkt bildet oft eine Analyse der Kommunikations- bzw. Sprechsituation, die in einem Gedicht vorliegt. Diese ist ein grundlegendes Strukturierungsprinzip literarischer Texte und gibt Aufschluss über die kommunikativen Bezüge eines Gedichts. Die Sprechsituation setzt sich zusammen aus dem Sprecher eines Gedichts und dem Adressaten sowie aus deren räumlicher und zeitlicher Situierung. Im Falle eines lyrischen Textes stellt sich dabei die Frage, wer der textuelle Sprecher ist, an wen er sich mit seinen Äußerungen richtet und in welcher Situation Sprecher und Adressat sich befinden. Aufschluss darüber gibt eine Analyse der Personal- und Possessivpronomina sowie ihrer Bezüge.

Autor vs. lyrisches Ich

Auf der Senderseite ist bei der Analyse der Sprechsituation zu unterscheiden zwischen dem realen Autor und dem Sprecher eines Gedichts (*poetic persona*). In einem Gedicht äußert sich der Dichter nicht direkt, sondern delegiert seine Aussagen und Empfindungen an einen fiktiven (d. h. erfundenen) Sprecher im Text. Unabhängig davon, in welcher grammatischen Form und mit welchem Grad an Explizität sich ein solcher textueller Sprecher zu Worte meldet, bezeichnet man die fiktive Aussageinstanz eines Gedichts als ‚lyrisches Ich' *(lyrical I)*. Dieses Ich kann mehr oder weniger stark als subjektiver Sprecher und Persönlichkeit hervortreten, aber es ist grundsätzlich nicht mit dem historischen Autor gleichzusetzen.

Leser vs. ‚lyrisches Du'

In Analogie dazu besteht auf der Empfängerseite ein ähnlicher Unterschied zwischen dem realen Lesepublikum und dem in einem Gedicht genannten oder implizit angesprochenen fiktiven Adressaten *(addressee)*. Obgleich es für Leser auf den ersten Blick nahe liegend zu sein scheint, solche Anredeformen auf sich selbst zu beziehen, verdeutlicht kurzes Nachdenken, dass diese Gleichsetzung ebenso unberechtigt ist wie die zwischen Autor und lyrischem Ich. In beiden Fällen besteht ein Unterschied zwischen den historischen Personen, die als lebende Individuen literarische Texte schreiben bzw. lesen, und jenen erfundenen Instanzen, die in diesen Texten über einen bestimmten Gegenstand sprechen bzw. angesprochen werden. Autoren und Leser sind reale Menschen, während es sich bei einem lyrischen Ich und seinem Pendant auf der Empfängerseite um literarische Gestaltungsmittel – mithin um Textstrategien – handelt.

Kommunikationsmodell lyrischer Texte

Fasst man die genannten Aspekte systematisch zusammen, so ergibt sich ein besonderes Kommunikationsmodell für lyrische Texte. Die für dieses Genre kennzeichnenden Kommunikationsverhältnisse lassen sich graphisch folgendermaßen verdeutlichen:

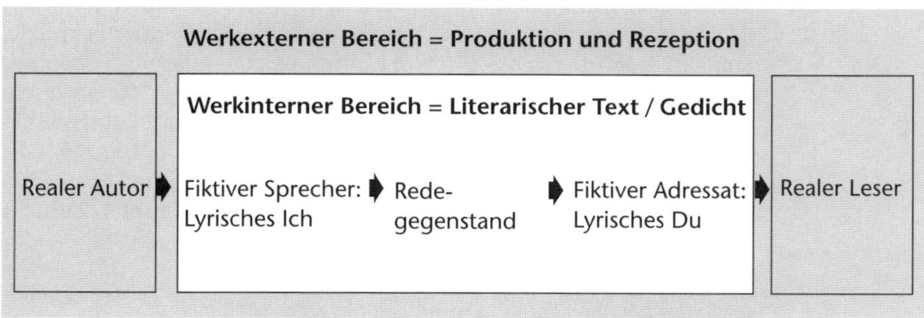

Modell 3.2.: Kommunikationsmodell lyrischer Texte

Pragmatische Figuren

Rhetorische Figuren, die sich auf den Kontext und die Kommunikations- bzw. Sprechsituation beziehen, nennt man ‚pragmatische Figuren'. Beispiele dafür sind etwa die Apostrophe (Hinwendung zum Publikum oder direkte Anrede einer Person oder eines Dings) und die rhetorische Frage (eine Frage, die nicht nach einer Antwort verlangt, weil diese als selbstverständlich vorausgesetzt ist).

Explizite vs. implizite Subjektivität

Das lyrikspezifische Merkmal der Subjektivität bietet Anhaltspunkte, um die jeweilige Gestaltung der Sprechsituation noch präziser zu beschreiben. So bestehen weitreichende Unterschiede im Hinblick auf die Frage, wie deutlich das lyrische Ich im Redevollzug als Sprecher zu erkennen ist. Je nachdem, wie sehr das lyrische Ich als Sprecher in Erscheinung tritt, kann man zwischen impliziter und expliziter Subjektivität unterscheiden (vgl. MÜLLER 1995/1998). Grundlage dieser Unterscheidung, die sich an textuellen Merkmalen belegen lässt, ist *„eine Skala der Faßbarkeit einer Ich-Präsenz* […], *die von einer subjektiven Färbung des Gesagten bis zur Konstruktion einer plastischen, in ihren sozialen Bezügen und inneren Umständen klar definierten, ‚ich'-sagenden Figur reicht"* (MÜLLER-ZETTELMANN 2000: 110). Die beiden Pole dieser Skala sind eine ‚verdeckte', kaum in Erscheinung tretende Aussageinstanz auf der einen Seite und ein ‚manifestes', deutlich spürbares und mehr oder weniger stark individualisiertes lyrisches Ich auf der anderen.

Explizite Subjektivität

Im Falle von expliziter Subjektivität ist die Präsenz des lyrischen Ich deutlich spürbar, weil sich der Sprecher durch Pronominalformen der 1. Person Singular selbst nennt, als kommunizierendes Individuum hervortritt und seinen innersten Gedanken, Gefühlen und Eindrücken Ausdruck verleiht. Solche Gedichte zeichnen sich durch ausgeprägte ‚Ichhaftigkeit' und intensiven Selbstausdruck aus. Zahllose Beispiele dafür finden sich etwa in den Sonetten SHAKESPEARES, in vielen Gedichten der *metaphysical poets* sowie in der Dichtung der Romantik, wie am Beispiel von BLAKES Gedicht „London" bereits deutlich geworden ist. Ein lyrisches Genre, das sich in besonderem Maße durch explizite Subjektivität auszeichnet, ist der dramatische Monolog *(dramatic monologue),* in dem meist ein stark individualisierter Sprecher ein Geschehen aus seiner subjektiv gefärbten Sicht schildert. Ein typisches Beispiel ist etwa ROBERT BROWNINGS dramatischer Monolog „My Last Duchess" (1842), in dem sich eine historisch spezifizierte Sprechergestalt in einer klar definierten Situation an einen bestimmten Zuhörer wendet:

That's my last Duchess painted on the wall,
Looking as if she were alive. I call
That piece a wonder, now: […].

Beispiele für explizite Subjektivität

Die folgenden drei Gedichtanfänge vermitteln exemplarisch einen Eindruck von den verschiedenen Möglichkeiten, durch explizite Subjektivität ganz private spirituelle Erfahrungen („The Collar"), erotische

Begegnungen („The Canonization") oder Naturerlebnisse (WORDSWORTHS *Daffodils*-Gedicht) zum Ausdruck zu bringen:

I struck the board and cried, „No more;
I will abroad!
What? shall I ever sigh and pine? [...]."
(GEORGE HERBERT, „The Collar")

For God's sake hold your tongue, and let me love,
Or chide my palsy, or my gout, [...].
(JOHN DONNE, „The Canonization")

I wandered lonely as a cloud
That floats on high o'er vales and hills,
When all at once I saw a crowd,
A host, of golden daffodils; [...].
(W. WORDSWORTH, „I wandered lonely as a cloud")

Implizite Subjektivität

Hingegen liegt implizite Subjektivität in solchen Gedichten vor, in denen der textuelle Sprecher nicht als individualisiertes lyrisches Ich hervortritt, sondern sich nur in der Auswahl und perspektivisch gefärbten Wahrnehmung des Dargestellten sowie in der Art des sprachlichen Ausdrucks manifestiert. Implizite Subjektivität entspricht dem Ideal der ‚Unpersönlichkeit' *(impersonality)*, das für die Ästhetik, die Romane und die Dichtung des Modernismus *(modernism)* charakteristisch ist. Ein interessantes Beispiel für implizite Subjektivität ist EZRA POUNDS berühmtes Metro-Gedicht, das typisch ist für die anglo-amerikanische Bewegung des Imagismus *(imagism)*, eine lyrische Richtung der 1910er Jahre, die sich v. a. durch größtmögliche Knappheit und andeutungsreiche Bildersprache auszeichnet. Da dieses Gedicht nur aus zwei Zeilen besteht, kann es vollständig zitiert werden:

In a Station of the Metro
The apparition of these faces in the crowd
Petals on a wet, black bough.

Zur Subjektivität von EZRA POUNDS Metro-Gedicht

Obgleich bereits der Titel signalisiert, dass in diesem Text ein referentieller Bezug auf eine nicht spezifizierte Metrostation in Paris vorherrscht, ist dieses Gedicht weder eine ‚objektive' Beschreibung der Wirklichkeit noch unpersönlich. Vielmehr verweisen sowohl die perspektivisch gebrochene Wahrnehmung der Metrostation als auch der sprachliche Ausdruck dieses momentanen Eindrucks und das gewählte Bild (wer denkt bei einem Blick auf Gesichter in einer Menschenmenge schon gleich an Blätter auf einem nassen, schwarzen Ast?) implizit *„auf eine Bewußtseinsinstanz, wenn diese sich selbst im Gedicht auch nicht ausdrücklich zur Sprache bringt"* (MÜLLER 1995/1998: 98).

Grade der Explizität des ‚lyrischen Du'

In Analogie zur Senderseite bzw. zum lyrischen Ich kann man auch für den fiktiven Adressaten von einer Skala möglicher Grade an Explizität ausgehen. Auch das ‚lyrische Du' kann mehr oder weniger deutlich markiert sein: Je mehr Anredeformen und Personalpronomina der 2. Person ein Gedicht enthält, desto stärker tritt ein lyrisches Du als Ansprechpartner in Erscheinung. V. a. in Anredegedichten liegt der Akzent primär auf dem jeweiligen Adressaten, der dadurch als ‚explizites lyrisches Du' fassbar wird, wie der Anfang von SHAKESPEARES Sonett 18 zeigt: *„Shall I compare thee to a summer's day? / Thou art more lovely and more temperate."* Ein anschauliches Beispiel für ausgeprägte Explizität des ‚lyrischen Du' ist auch SIEGFRIED SASSOONS (1886–1967) Sonett „Glory of Women", das die Form eines Anredegedichts hat und dessen Thematik beispielhaft für einen Teil der Lyrik des Ersten Weltkriegs ist:

You love us when we're heroes, home on leave,
Or wounded in a mentionable place.
You worship decorations; you believe
That chivalry redeems the war's disgrace.
You make us shells. You listen with delight,
By tales of dirt and danger fondly thrilled.
You crown our distant ardours while we fight,
And mourn our laurelled memories when we're killed.
You can't believe that British troops "retire"
When hell's last horror breaks them, and they run,
Trampling the terrible corpses – blind with blood.
O German mother dreaming by the fire,
While you are knitting socks to send your son
His face is trodden deeper in the mud.

Sprechsituation in „Glory of Women"

Sowohl der erste Vers als auch jeder zweite der ersten zehn Verse beginnt jeweils mit dem Personalpronomen der 2. Person, „you". Dabei bleibt zunächst unklar, wer genau mit diesem wiederkehrenden Pronomen gemeint ist. Dennoch enthält das Gedicht verschiedene Signale, die Aufschluss über Identität und Haltungen des Sprechers und derjenigen geben, an die er sich richtet. So deuten der Plural im Titel und die weiteren Äußerungen des Sprechers an, dass nicht ein individuelles Du angesprochen wird, sondern ein kollektiver Adressat. Adressat dieser desillusionierten Anklage ist eine nicht näher bestimmte Gruppe von Frauen. Diese Hypothese wird durch die durchgehende Kontrastierung zwischen dem Sprecher und den Adressaten bestärkt, die durch den Gegensatz zwischen „you" und „we" auch formal akzentuiert wird. Die siebenfache Wiederholung des Pronomens „you" erzeugt außerdem einen ausgeprägten Adressatenbezug, durch den die Angesprochenen hervorgehoben werden. Ein signifikanter Wechsel der Sprechsituation findet sich in Zeile 12, in der sich das lyrische Ich plötzlich an eine genauer identifizierte Adressatin richtet.

Während in den ersten elf Versen des Gedichts aus dem Kontext (v. a. aus der Zeile „You can't believe that British troops ‚retire'") zu erschließen ist, dass britische Frauen angesprochen werden, wendet sich der Sprecher in den letzten drei Versen an eine deutsche Mutter.

Wechsel von Sprechsituation und Perspektive

Wie dieses Beispiel zeigt, ist die Sprechsituation in einem Gedicht keineswegs immer konstant, sondern kann sich im Textverlauf ändern. Ein typisches Beispiel für einen solchen Wechsel von Sprechsituation und Perspektive findet sich in STEVIE SMITHS (1902–1971) meistzitiertem Gedicht „Not Waving But Drowning", dessen Titel im Englischen zu einem geflügelten Wort geworden ist. Durch den mehrfachen abrupten Perspektivenwechsel vermittelt das Gedicht ein eindrucksvolles Bild menschlicher Isolation und des Missverstehens. Die Hilferufe des Ertrunkenen wurden von den Umherstehenden fälschlicher- und fatalerweise als übermütiges Winken gedeutet, aber die – nach lebensweltlichen Maßstäben natürlich ‚unmögliche' – Perspektive des (toten) lyrischen Ich behält das letzte Wort:

Nobody heard him, the dead man,
But still he lay moaning:
I was much further out than you thought
And not waving but drowning.

Poor chap, he always loved larking
And now he's dead
It must have been too cold for him his heart gave way
They said.

Oh, no no no, it was too cold always
(Still the dead one lay moaning)
I was much too far out all my life
And not waving but drowning.

Inhaltsebene und Vertextung

Ausgehend von der Sprechsituation kann man bei der Beschreibung der Charakteristika von Lyrik unterscheiden *„zwischen einer Inhaltsebene und einer Ebene der Vertextung"* (MÜLLER-ZETTELMANN 2000: 139). Wie der Begriff bereits sagt, umfasst die Inhaltsebene die Gesamtheit der in einem Gedicht dargestellten Sachverhalte wie Personen, Räume, Objekte, Stimmungen, Gedanken, Gefühle, Erlebnisse etc., also das ‚Was' eines Gedichts. Bei der Ebene der Vertextung geht es hingegen um alle Fragen, die das ‚Wie' der sprachlichen, formalen und perspektivisch gefärbten Gestaltung des Dargestellten betreffen.

Distanz zwischen Dargestelltem und Versprachlichung

Eng verknüpft mit den Aspekten der Sprechsituation und dieser Unterscheidung zwischen Inhaltsebene und Ebene der Vertextung ist die Frage nach der raum-zeitlichen und lebensweltlichen Distanz, die in einem Gedicht zwischen den dargestellten Gedanken, Gefühlen und Erlebnissen des lyrischen Ich und dem Akt der Versprachlichung besteht. Je größer diese Distanz ist, desto stärker entsteht der Eindruck, dass die dargestellten Inhalte durch einen Sprecher vermittelt sind: *„Ein unvermitteltes Gedicht inszeniert die Zeitgleichheit von Erleben und Versprachlichung, während ein vermittelter lyrischer Text primär an einer zeitlichen, in zweiter Linie aber auch an der örtlichen, emotional-evaluativen oder lebensweltlichen Distanz des Sprechers zu den versprachlichten Sachverhalten kenntlich wird."* (MÜLLER-ZETTELMANN 2000: 140) Diese Unterscheidung zwischen unvermittelten und vermittelten Gedichten ist nicht als binäre ‚Entweder-oder-Opposition' zu verstehen bzw. misszuverstehen; vielmehr handelt es sich um eine graduelle Skalierung, bei der es zahllose Zwischenstufen zwischen den beiden Polen gibt.

3 Aufbau und Struktur lyrischer Texte: Metrum und Rhythmus, Versfüße, Strophenformen

Metrum und metrisches Schema

Neben der spezifischen Sprechsituation und der Subjektivität zählen das Metrum und der Versbau zu den Grundformen lyrischer Textkonstitution. Das jeweilige metrische Schema aus betonten und unbetonten Silben verleiht Gedichten ein zusätzliches formales Organisationsprinzip, das narrativen und dramatischen Texten (sieht man einmal von einigen Verserzählungen und Versdramen ab) in der Regel fehlt.

Versfüße

Für die Beschreibung des Metrums eines Gedichts gibt es seit der Antike feststehende Begriffe, die zum Grundinventar der Analyse lyrischer Texte gehören und daher kurz erläutert werden sollen. Ausgangspunkt für die Beschreibung des metrischen Aufbaus ist die kleinste zusammenhängende und sich wiederholende Einheit, der Versfuß. Die Abfolge von unbetonter und betonter Silbe, die man als ‚Senkung' und ‚Hebung' bezeichnet und so darstellt ◡ –́, bezeichnet man als ‚Jambus' (*iamb*). Die entgegengesetzte Abfolge von betonter und unbetonter Silbe wird ‚Trochäus' (*trochee*) genannt (–́ ◡). Ferner sind in der englischen Lyrik noch die folgenden Versfüße gebräuchlich: Daktylus (*dactyl*; –́ ◡◡), Anapäst (*anapest*; ◡◡ –́) sowie gelegentlich Spondeus (*spondee*; –́–) und Amphibrach (*amphibrach*; ◡ –́ ◡).

Zahl der Versfüße

Ergänzt wird die Analyse der metrischen Struktur eines Gedichts durch die Anzahl der Hebungen, die das Maß für die Länge eines Verses ist. Für die Bestimmung des Metrums bedarf es sowohl einer Identifikation der Art der verwendeten Versfüße als auch einer Ermittlung der jeweiligen Anzahl der Hebungen. So bezeichnet man einen Vers mit vier betonten Silben etwa als ‚vierhebig' (bzw. als ‚Tetrameter'). Die Beschreibung des Metrums eines Gedichts oder Verses setzt demnach eine Bestimmung des Versfußes und der Anzahl der Hebungen voraus. Das Metrum der 14 Zeilen der traditionellen Sonettform ist beispielsweise in der Regel ein fünfhebiger Jambus, auch ‚jambischer

Pentameter‘ (*iambic pentameter*) genannt. Daneben finden sich in der englischsprachigen Dichtung v. a. der Trimeter (*trimeter*) mit drei Hebungen, der Tetrameter (*tetrameter*) mit vier Hebungen sowie der Hexameter (*hexameter*) mit sechs Hebungen. Folgende Beispiele illustrieren diese unterschiedlichen Metren:

Trimeter	*The kíng I sits in Dúm|ferline tówn* (Volksballade)
Tetrameter	*Behóld I the híp|popó|tamús!* (O. NASH)
Pentameter	*My mís|tress' éyes| are nó|thing líke I the sún* (W. SHAKESPEARE)
Hexameter	*Ánd, as I I líve, you will I sée my he|xámeters I hópping be|fóre you.* (S.T. COLERIDGE, „Hexameters“)

Tabelle 3.1.: Überblick über die wichtigsten Metren

Rhythmus

Der Vers- oder Sprachrhythmus eines Gedichts hängt nicht allein vom Metrum ab, sondern auch von der Länge der Silben, der Wiederkehr lautlicher und syntaktischer Elemente sowie vom jeweiligen Sinn eines Wortes oder Satzes. Ebenso wichtig für die Vorgehensweise bei der Versanalyse wie die metrische Gliederung gemäß der Versfüße ist daher die Beachtung der Wort-, Phrasen- und Satzgliederung. Das Zusammen- bzw. Wechselspiel zwischen Metrum und der sprachlichen Realisierung einer Verszeile bestimmt den Rhythmus eines Gedichts.

Enjambement

Oftmals besteht auch ein Spannungsverhältnis zwischen dem Versbau von Gedichten und der Syntax. Wenn Sätze bzw. syntaktische Einheiten über das Ende von Verszeilen hinausführen, so bezeichnet man solche Inkongruenzen zwischen Satzbau und Versbau als ‚Zeilensprung‘ bzw. ‚Enjambement‘ (*run-on lines*). Fällt hingegen das Ende einer Zeile mit einem Einschnitt in der Syntax und damit meist auch einem Sinnabschnitt zusammen, so handelt es sich um *end-stopped lines*. Besonders auffällig sind Zeilensprünge immer dann, wenn der jeweils folgende Vers notwendige Satzglieder enthält, die im vorhergehenden Vers fehlen. Welche überraschenden Wirkungen sich durch Enjambements erzielen lassen, verdeutlicht MARTIN AMIS' Gedicht „Point of View“, in dem *run-on lines* die Einsicht, dass letztlich alles von der Perspektive des Betrachters abhängt, nachdrücklich unterstützen:

Point of View
Policemen look suspicious to normal
Murderers. To the mature paedophile
A child's incurious glance is a leer
Of intimate salacity; in more
Or less the same way, live people remain
As good as dead to active necrophiles.
[…]

Anyone who has ever walked into
A lamp-post knows that all speeds above nought
Miles per hour are really pretty fast, thanks.
[...]
If you don't feel a little mad sometimes
Then I think you must be out of your mind.
No one knows what to do. Cliches are true.
Everything depends on your point of view.

Zäsur und Alexandriner

Einen metrischen Einschnitt bzw. die daraus resultierende Teilung eines Verses nennt man in der Metrik eine ‚Zäsur' (*caesura*). Das bekannteste Beispiel für ein metrisches Schema, das eine bestimmte Zäsur fest vorschreibt, ist der sog. ‚Alexandriner' (*alexandrine*). Der Begriff bezeichnet einen jambischen Hexameter mit einer Zäsur nach der dritten Hebung bzw. sechsten Silbe. In der englischen Dichtung findet sich der Alexandriner v. a. in der letzten Verszeile der nach EDMUND SPENSER (1552?–1599) benannten ‚Spenserstrophe' (*Spenserian stanza*), bei der auf acht Zeilen in jambischen Pentametern in der Abschlusszeile ein Alexandriner folgt und deren Reimschema ababbcbcc lautet (zum Reimschema vgl. Kap. 3.4.). Oft handelt es sich bei Zäsuren nicht bloß um einen Bruch in der metrischen Struktur eines Gedichts, sondern durch die Spannung im Versfluss werden auch thematische Gegensätze und ein Einschnitt in der gedanklichen Gliederung betont. Ein gutes Beispiel dafür ist der fünfte Vers in SASSOONS bereits zitiertem Sonett „Glory of Women", der durch das Ende des Satzes geteilt wird und in dem das Metrum kurz zum Stillstand kommt. Diese metrische Teilung entspricht insofern dem Inhalt dieses Satzes, als sich nur dieser nicht auf die romantische Verherrlichung des Krieges durch die Frauen bezieht, sondern deren Beitrag zur Fortführung des Krieges thematisiert.

You máke | us shélls. || You lísten wíth | delíght,
By táles | of dírt and | dánger | fóndly | thrílled.

Äußere Gliederung: Strophik

Bei der Analyse des Aufbaus eines Gedichts stellt sich die Aufgabe, die Struktur bzw. Gliederung zu bestimmen, indem man die Teile identifiziert, aus denen es besteht. In vielen Fällen lässt sich die äußere Gliederung bereits anhand des Druckbilds erkennen. Dies ist dann der Fall, wenn die Verse nach bestimmten Bauprinzipien zu Gruppen bzw. Strophen (*stanzas*) angeordnet sind. Fehlt eine solche strophische Gliederung und werden Verse einfach aneinander gereiht, spricht man von ‚stichischen' Versen.

Heroic couplets

Je nach der Anzahl ihrer Verse unterscheidet man verschiedene Strophenformen. Der Zusammenschluss von zwei Versen zu Verspaaren (z. B. Reimpaaren) wird als Zweizeiler (*couplet*) bezeichnet. Von *heroic couplets* spricht man in der englischsprachigen Dichtung, wenn paarweise gereimte Zweizeiler in jambischen Pentametern verfasst sind. Oftmals verleiht das *heroic couplet* den Aussagen einen einprägsamen, prägnanten und epigrammatischen Charakter. Ein typisches Beispiel dafür ist das folgende *heroic couplet* aus ALEXANDER POPES (1688–1744) poetologischem Lehrgedicht *An Essay on Criticism* (1711/1713), in dem der klassizistische Schriftsteller seine Ansicht bekundet, die Aufgabe des Dichters sei es, die universellen und unveränderlichen Naturgesetze sowie allgemeine Gedanken möglichst treffend zum Ausdruck zu bringen:

True wít | is ná|ture tó | advánl|tage dréss'd
What óft | was thoúght, | but né'er | so wéll | expréss'd. (Z. 297f.).

Weitere Versgruppen und Strophenformen

Als Terzette (*tercets*) bzw. Quartette (*quatrains*) bezeichnet man drei- bzw. vierzeilige Versgruppen bzw. Strophen. In vielen Sonetten sind zwei Terzette zu einem Sechszeiler bzw. Sextett (*sestet*), zwei Quartette zu einem Oktett (*octave*) zusammengeschlossen (bzw. sind Sextette bzw. Oktette in zwei Terzette bzw. Quartette unterteilt). Charakteristisches Merkmal der von HENRY HOWARD, EARL OF SURREY (1517–1547) geprägten englischen Sonderform des Sonetts (,*English sonnet*', ,*Shakespearean sonnet*') ist neben dem fünfhebigen jambischen Versfuß die Aufteilung in drei Quartette (mit Kreuzreim) und ein abschließendes Reimpaar, das *heroic couplet*, das oftmals das Fazit des Gedichts in epigrammatischer und pointierter Form zusammenfasst.

Innere Gliederung

Aufschluss über die innere Gliederung eines Gedichts können sowohl formale wie thematische Kriterien geben. Zum einen können die kommunikativen Bezüge und ein Wechsel der Sprechsituation einen Einschnitt markieren. Zum anderen können sowohl Themenwechsel und Änderungen der räumlichen und zeitlichen Bezüge als auch Variationen der formalen Gestaltungsmittel und stilistischen Merkmale (z. B. Wortwahl und Satzbau) Hinweise auf die gedankliche Gliederung geben. Darüber hinaus wird die Gliederung eines Gedichts in vielen Fällen maßgeblich von der Abfolge der Reime geprägt, deren Schema zugleich Sinnabschnitte markiert.

4 Phonologische Überstrukturierung: Reime und andere Klangbeziehungen

Reim und Reimschema

Einen ersten Zugriff für die Analyse der Gliederung eines Gedichts bietet die Bestimmung der Reimfolge. Unter Reim versteht man allgemein den Gleichklang von Wörtern ab dem letzten betonten Vokal, enger bestimmt werden Reime durch ihre Position im Vers, die Anzahl der Silben, das Maß an klanglicher Übereinstimmung und die Verteilung der Reimsilben auf die einzelnen Wörter. ,Reim' im engeren Sinne beschreibt einen Reim, der sich am Ende der Verszeile befindet

(Endreim), bei dem alle Phoneme ab dem letzten betonten Vokal übereinstimmen (reiner Reim) und bei dem alle Reimsilben auf dasselbe Wort entfallen. Anhand bestimmter Kriterien lassen sich verschiedene Reimarten unterscheiden, die in der folgenden Tabelle systematisch dargestellt sind.

Unterscheidung nach Position im Vers
Endreim (*end-rhyme*): Gleichklang vom letzten betonten Vokal an *Tyger! Tyger! burning bright* *In the forests of the night,* […] (W. BLAKE, „The Tyger")
Binnenreim (*internal rhyme/leonine rhyme*): Reim zweier Wörter im selben Vers *And a clatter and a chatter from within* […]. (T.S. ELIOT, „The Waste Land")
Schlagreim: Reim zweier unmittelbar aufeinander folgender Wörter *Sister, my sister, O fleet sweet swallow.* (C. A. SWINBURNE, „Itylus")
Unterscheidung nach Reimfülle
vollkommener/voller/reiner Reim (*full/perfect/true/exact rhyme*): genaue Phonemübereinstimmung der Reimsilben
Unterscheidung nach Silbenzahl
männlicher/stumpfer Reim (*masculine rhyme*): Gleichklang ab dem Vokal der betonten letzten Silbe *As you no doubt delight the eye* *Of other hippopotami.* (O. NASH)
weiblicher/klingender Reim (*feminine/double/disyllabic rhyme*): Gleichklang ab dem Vokal der betonten vorletzten Silbe […] *but when I reached / That tenderest strain of all the ditty,* *My faltering voice* […] */ Disturbed her soul with pity!* (S.T. COLERIDGE, „Love")
dreisilbiger Reim (*triple rhyme*): Gleichklang ab dem Vokal der betonten drittletzten Silbe *Descending rather quickly the declivity,* / […] / *'Midst other indications of festivity* (BYRON, *Don Juan*)
Gleichklang von mehr Lauten als in der Reimdefinition festgelegt
rührender Reim (*rime riche/rich rhyme*): Übereinstimmung auch des/der Konsonanten vor dem Vokal der letzten betonten Silbe
identischer Reim (*identical rhyme*): Wiederholung desselben Wortes im Reim *But I said, 'I've a pretty rose-tree',* / […] / *Then I went to my pretty rose-tree,* […] (W. BLAKE, „My Pretty Rose-Tree")

homophoner/äquivoker/paronomastischer Reim: Verwendung von homophonen (= klanggleichen, aber bedeutungsverschiedenen) Reimwörtern *That crazed that bold and lovely Knight,* / […] / *Nor rested day and night,* […]. (S.T. COLERIDGE, „Love")
Gleichklang von weniger Lauten als in der Reimdefinition festgelegt
unreiner Reim/Halbreim (*slant/approximate/off/imperfect/half/near rhyme/ pararhyme*) (a) **Assonanz** (*assonance/vowel rhyme*): Gleichklang nur der Vokale *The apparition of these faces in the crowd* *Petals on a wet, black bough.* (E. POUND) (b) **Konsonanz** (*consonance*): Gleichklang nur der Konsonanten *'Out of this house' – said rider to reader,* *'Yours never will' – said farer to fearer,* (W.H. AUDEN, „O Where are you Going?")
eye/sight rhyme: die Reimwörter sind Homographen (= gleich geschrieben, aber klangverschieden) *Many times man lives and dies* *Between his two eternities* […] (W. B. YEATS, „Under Ben Bulben")
historischer Reim (*historical rhyme*): Reimwörter, die in der historischen Aussprache gleich klingen *We die and rise the same, and prove,* *Mysterious by this love.* (J. DONNE, „The Canonization")
Unterscheidung nach Aufteilung der Reimsilben
gespaltener Reim (*mosaic rhyme*): Aufteilung des Reims auf mehrere Wörter *Oh, do not ask, 'What is it?'* *Let us go and make our visit.* (T. S. ELIOT, „The Love Song of J. Alfred Prufrock")
gebrochener Reim (*broken rhyme/split rhyme*): Teilung eines Wortes durch den Reim (vgl. Enjambement) […] *on an age old anvil wince and sing* *Then lull, then leave off. Fury had shrieked 'No ling-* *ering!* (G. M. HOPKINS, „No Worst, There Is None")

Tabelle 3.2.: Reimarten

Reim-schemata

Die schematische Darstellung der Abfolge der Endreime einer Strophe oder eines Gedichts bezeichnet man als ‚Reimschema' (*rhyme scheme*). Zur Kennzeichnung des Reimschemas verwendet man Kleinbuchstaben in alphabetischer Reihenfolge, wobei gleiche Buchstaben für sich entsprechende Reime stehen. Es gibt nicht nur den bereits genannten Paarreim, bei dem sich die jeweils letzten Wörter von zwei direkt aufeinander folgenden Verszeilen reimen, sondern noch einige weitere Reimschemata. Welche deutschen und englischen Begriffe dafür im Einzelnen verwendet werden, zeigt die folgende Tabelle:

Bezeichnung (englische Bezeichnung)	*Reimschema*
Paarreim (*rhyming couplets*)	aa bb cc
Kreuzreim/alternierender Reim (*alternate rhyme/cross rhyme*)	abab cdcd
umarmender/umschlingender/umschließender Reim (*embracing rhyme/envelope rhyme*)	abba cddc
Kettenreim/äußerer Reim (*chain rhyme/interlocking rhyme*)	aba bcb cdc
verschränkter Reim	abc abc *oder* abc bac
Schweifreim (*tail rhyme*)	aab ccb

Tabelle 3.3.: Reimschemata

Interpretatorischer Nutzen

Die Analyse des Reimschemas kann unterschiedliche Erkenntnisse über einen lyrischen Text vermitteln. Der interpretatorische Nutzen besteht zum einen darin, dass das Reimschema ein Mittel der Untergliederung eines Gedichts ist. Während sich entsprechende Endreime die jeweiligen Verse miteinander verknüpfen, markiert ein neuer Reim in vielen Fällen zugleich den Beginn eines neuen Sinnabschnitts. Zum anderen erzeugen Reime auf phonologischer (d. h. lautlicher) Ebene Wiederholungen, indem sie die jeweiligen Reimwörter klanglich verbinden. Durch die Herstellung solcher intratextueller Beziehungen betonen sie den Zusammenhalt des Textes. Die Darstellung des Reimschemas in Form von Kleinbuchstaben ermöglicht es, Klangbeziehungen schematisch darzustellen und sich auf diese Weise leicht einen Überblick über die Struktur eines Gedichts zu verschaffen. Selbst wenn Gedichte nicht strophisch untergliedert sind, sondern ganz aus stichischen Versen bestehen, tritt ihre Struktur meist durch das Reimschema deutlich hervor.

Weitere Klangbeziehungen

Neben den verschiedenen Reimarten und Reimschemata gibt es noch weitere Klangbeziehungen, die die für lyrische Texte charakteristische Überstrukturierung auf der phonologischen Ebene verstärken. Nicht nur Endreime und andere Reimarten verknüpfen Elemente eines Gedichts, sondern auch alle anderen Wiederholungen und Häufungen von Lauten bzw. Phonemen und Phonemgruppen. Die beiden wichtigsten sind wiederum in der folgenden Tabelle zusammengefasst:

Alliteration (*alliteration*): Häufung von Wörtern mit gleichem Anlaut, i. d. R. trägt die alliterierende Silbe eine Hebung Nothing is so beautiful as spring – / When weeds, in wheels, shoot long and lovely and lush; / [...]. (G. M. HOPKINS, „Spring")
Lautmalerei/Onomatopoesie/Onomatopöie (*onomatopoeia*): durch die Wortwahl wird eine Lautquelle nachgeahmt Only the stuttering rifles' rapid rattle / Can patter out their hasty orisons. (W. OWEN, „Anthem for a Doomed Youth")

Tabelle 3.4.: Phonologische rhetorische Figuren

Funktionen von Klangbeziehungen

Reime und andere Klangbeziehungen können ein breites Spektrum unterschiedlicher Funktionen erfüllen. Drei der wichtigsten davon sind die Strukturierungs- bzw. Gliederungsfunktion, die als ‚mimetisch-evokative Funktion' bezeichnete Unterstützung inhaltlicher Aussagen durch die Nachahmung von Aspekten der äußeren Wirklichkeit (z. B. Geräusche, Objekte) oder der inneren Erlebnisperspektive (z. B. Wahrnehmungen oder Stimmungen) sowie allgemeine ästhetische Funktionen. Ebenso wie bei der Analyse der morphologischen, syntaktischen und semantischen Ebene geht es bei der Untersuchung von Klangbeziehungen v. a. darum, welchen Beitrag diese zum Sinngehalt eines Gedichtes leisten.

5 Morphologische und syntaktische Überstrukturierung: Wortwiederholungen und poetische Syntax

Rhetorische Figuren

Neben thematischen, strukturellen und metrischen Merkmalen sind es v. a. rhetorische Figuren, die die Gestalt und die Wirkung von Gedichten bestimmen. Obgleich rhetorische Figuren in Gedichten gehäuft auftreten, sind sie keineswegs auf lyrische Texte beschränkt, sondern begegnen einem auch in dramatischen und narrativen Gattungen sowie in Sachtexten. Ebenso wie für die Beschreibung des metrischen Aufbaus gibt es seit der Antike eine Reihe von Fachbegriffen für die Analyse rhetorischer Figuren. Diese Gestaltungsmittel lassen sich verschiedenen Gruppen zuordnen, je nachdem, auf welche Dimension der Sprache sie sich beziehen. Neben den bereits erläuterten ‚phonologischen Figuren', die die lautliche Ebene betreffen, gibt es

- ‚morphologische Figuren', d. h. rhetorische Figuren, die sich auf die Ebene des Wortes und der Wortbildung beziehen,
- ‚syntaktische Figuren', d. h. rhetorische Figuren, deren Bezugsgröße die Satzstruktur (Syntax) ist,

- ‚semantische Figuren', d. h. rhetorische Figuren, die die Ebene der Wortbedeutung betreffen, und
- ‚pragmatische Figuren', d. h. rhetorische Figuren, die die Ebene der Sprachverwendung betreffen.

Kohärenz-erzeugende Mittel

Ebenso wie die Sprechsituation, die metrische und strophische Gestaltung sowie die Klangbeziehungen tragen alle rhetorischen Figuren maßgeblich zur Kohärenz (*coherence*) von Gedichten bei. Da in der Lyrik Figuren und eine Geschichte in der Regel fehlen, beruht der sinnvolle Zusammenhang von Gedichten auf anderen Merkmalen. Zu den kohärenzerzeugenden Mitteln zählen die in einem Text geschilderten Verhältnisse oder Umstände, in denen sich der Sprecher und/oder Adressat befindet, sowie alle wiederkehrenden thematischen und formalen Elemente eines Textes, die seine Sinnabschnitte miteinander verknüpfen.

Wortwieder-holungen

Wie oben bereits kurz erwähnt wurde, sind Wiederholungen bzw. Rekurrenzen nicht auf die Ebene der Klangbeziehungen beschränkt. Vielmehr finden sich analoge Formen der Überstrukturierung auch auf anderen sprachlichen Ebenen. Dazu zählen Wiederholungen auf den Ebenen von Morphemen, Wörter, Wortgruppen, Satzgliedern und Sätzen. Wiederholungen, die sich auf die Ebene des Wortes und der Wortbildung beziehen, werden als ‚morphologische Figuren' bezeichnet. Die folgende Tabelle gibt einen Überblick über die Bezeichnungen für einige der wichtigsten morphologischen Figuren.

Figuren der Wortwiederholung
Wörtliche Wiederholung
Anapher (*anaphora*): Wortwiederholung am Anfang von Sätzen oder Versen *So long as men can breathe or eyes can see,* *So long lives this, and this gives life to thee.* (W. Shakespeare, *Sonnet* 18)
Epipher (*epiphora*): Wortwiederholung am Ende von Sätzen oder Versen *The yellow fog that rubs its back upon the window-panes,* *The yellow smoke that rubs its muzzle on the window-panes,* (T. S. Eliot, „The Love Song of J. Alfred Prufrock")
Epanalepse (*epanalepsis*): Wiederholung eines Wortes in unmittelbarem Kontakt (Geminatio [*immediate repetition*]) oder unter Zwischenschaltung eines weiteren Wortes *Peace, peace, thou hippopotamus!* (O. Nash) *I celebrate myself, and sing myself* (W. Whitman, „Song of Myself")
Anadiplose (*anadiplosis*): Wiederaufnahme des Endes des vorangehenden Satzes/Verses *And gentle wishes long subdued,* *Subdued and cherished long!* (S.T. Coleridge, „Love")

Wiederholung unter Variation der wiederholten Glieder
Polyptoton (*polyptoton*): Wiederholung eines Wortes in verschiedenen Flexionsformen *Thus vainly thinking that she thinks me young* (W. Shakespeare, *Sonnet* 138)
Figura etymologica (*figura etymologica*): Wiederholung eines Wortstammes in verschiedenen Wortarten *I had* […] / *Lit some lighter light of freer freedom* (O. Wilde, „Flower of Love")
Synonymie (*synonymy*): Wiederholung durch Ersatz des ersten Wortes durch ein bedeutungsgleiches Wort *For thee I watch, whilst thou dost wake elsewhere* (W. Shakespeare, *Sonnet* 61)

Tabelle 3.5.: Morphologische rhetorische Figuren

Poetische Syntax als Abweichung

Rhetorische Figuren, die sich auf die Satzstruktur (Syntax) beziehen, werden unter dem Oberbegriff ‚syntaktische Figuren' subsumiert. Ein typisches Beispiel ist etwa der Parallelismus, d.h. die Häufung von parallelen Satzstrukturen. Die linguistisch orientierte Poetik der Lyrik betrachtet solche syntaktischen Äquivalenzen und andere Auffälligkeiten der poetischen Syntax zunächst als ‚Abweichungen' von der ‚Normalsyntax'. Neben der Parallelität in der Anordnung von ganzen Sätzen bzw. von Satzgliedern gibt es besondere Formen ihrer Verknüpfung, Abweichungen von der regulären Anordnung der Satzglieder sowie Figuren der Auslassung. Welche syntaktischen rhetorischen Figuren es im Einzelnen gibt und wie sie bezeichnet werden, verdeutlicht die folgende tabellarische Übersicht (vgl. Ludwig 1981/1994: 115ff.).

Parallelität in der Anordnung von Satzgliedern bzw. ganzen Sätzen
Parallelismus (*parallelism*): aufeinander folgende Satzglieder sind gleich strukturiert *Happy my studies, when by these approved!* *Happier their author, when by these beloved!* (A. Pope, „An Epistle to Dr. Arbuthnot")
Chiasmus (*chiasmus*): Überkreuzstellung von Satzgliedern *With wealth your state your mind with arts, improve* (J. Donne, „The Canonization")

Verknüpfung von Sätzen und Satzgliedern
Asyndeton (*asyndeton*): Aneinanderreihung von gleichgeordneten Satzgliedern ohne Konjunktion *All whom war, dearth, age, agues, tyrannies,* *Despair, law, chance hath slain* [...]. (J. DONNE, *Holy Sonnet* VII)
Polysyndeton (*polysyndeton*): Aneinanderreihung von gleichgeordneten Satzgliedern mit Konjunktionen *After the sunsets <u>and</u> the dooryards <u>and</u> the sprinkled streets, /* [...]. (T. S. ELIOT, „The Love Song of J. Alfred Prufrock")
Abweichung von der regulären Anordnung der Satzglieder
Inversion (*inversion*): Umkehrung normaler Wortstellung *Here <u>rests</u> <u>his head</u> upon the lap of earth /* [...]. (J. GRAY, „Elegy Written in a Country Churchyard")
Hysteron proteron (*hysteron proteron*): Umkehrung der logischen Folge von Ereignissen *I die! I faint! I fail!* (P. B. SHELLEY, „The Indian Serenade")
Figuren der Auslassung
Ellipse (*ellipsis*): Auslassung von Satzteilen *Authors are partial to their wit, 'tis true, / But are not Critics <u>[partial]</u> to their judgment too?* (A. POPE, „An Essay on Criticism")
Aposiopese (*aposiopesis*): Abbrechen vor dem Ende einer Aussage *<u>His dying words –</u> but when I reached* *That tenderest strain of all the ditty,* *My faltering voice and pausing harp* *Disturbed her soul with pity!* (S.T. COLERIDGE, „Love")
Zeugma (*zeugma*): ein Verb regiert mehrere Objekte, zu denen es in verschiedenen semantischen Beziehungen steht *Here thou, great Anna! whom three realms obey,* *Dost sometimes <u>counsel take</u> – and sometimes <u>Tea</u>.* (A. POPE, „The Rape of the Lock")

Tabelle 3.6.: Syntaktische rhetorische Figuren

Funktionen von morphologischen und syntaktischen Figuren

Ähnlich wie bei den Klangbeziehungen ist auch im Falle von Wiederholungen auf Wort- und Satzebene die Frage nach den Funktionen wichtiger als die bloße Benennung und die systematische Klassifikation. Die Semantisierung von Wortwiederholungen und syntaktischen Strukturen besteht darin, dass diese rhetorischen Figuren in einer Wechselbeziehung zur Sinnebene eines Gedichts stehen und selbst zu Bedeutungsträgern werden können. Durch derartige Formen der Überstrukturierung entsteht jeweils ein Überschuss an zusätzlichen

Bedeutungen. Die Hauptfunktion von syntaktischen Figuren besteht *„in der Herstellung von Beziehungen der Entsprechung und der Entgegensetzung“* (LUDWIG 1981/1994: 135). Ebenso wie Äquivalenzen der Klangschicht unterstreichen solche grammatischen Figuren oftmals mit formalen Mitteln die jeweilige inhaltliche Aussage oder stehen in einem spannungsvollen Gegensatz zur Ebene der Semantik:

Form als Ausdruck des Inhalts

„Verbal parallelism resembles free verbal repetition in that it is physically sensible – i.e. audible to the listener, and visible to the reader. This means that the parallelism sets up a special relation between expression and content: the outer form of the message not only expresses underlying meaning but imitates its structure. [...] [v]erbal parallelism says the same thing twice over: the expression hammers home the content.“ (LEECH 1969: 85)

6 Semantische Überstrukturierung: Bildlichkeit

Sprachbilder als ‚uneigentliche' Ausdrucksweise

Ein weiterer zentraler Bereich der Lyrikanalyse, der aufgrund der Allgegenwart von Vergleichen, Metaphern und anderen Sprachbildern (bzw. Tropen) auch für viele andere Gattungen und Medien wie den Film sehr relevant ist, ist die Bildlichkeit (*imagery*). Dieser Terminus fungiert als Oberbegriff für verschiedene Arten von Sprachbildern. Dazu zählen etwa die im Folgenden erläuterten rhetorischen Figuren der Metapher, der Metonymie, der Synekdoche und der Synästhesie. Dabei handelt es sich um verschiedene Arten von ‚uneigentlicher' Ausdrucksweise und um semantische Formen der Überstrukturierung. In literarischen Texten werden diese semantischen Figuren durch Worte ausgedrückt, während sie in Filmen durch Bilder realisiert werden.

Struktur der Metapher

Unter dem Begriff der Metapher (*metaphor*) werden (Wort-)Bilder zusammengefasst, die in einer übertragenen bzw. uneigentlichen Bedeutung verwendet werden. Der eigentlich gemeinte Redegegenstand wird nicht direkt benannt, sondern durch Worte aus einem anderen Vorstellungsbereich ersetzt bzw. umschrieben. Die Metapher wird oft als verkürzter bzw. ‚verdeckter' Vergleich bezeichnet, weil bei ihr im Gegensatz zum direkten Vergleich (*simile*) die Vergleichspartikel (z. B. ‚wie' bzw. *like*) entfallen: *„Simile is an overt, and metaphor a covert comparison.“* (LEECH 1969: 156)

Begriffe der Metaphernanalyse

Im Falle einer Metapher wird ein Wort aus seinem ursprünglichen Herkunfts- oder Bedeutungsbereich auf einen zweiten Sinnbezirk projiziert, der aus einem anderen semantischen Feld stammt. Der Sinnbezirk, aus dem die metaphorische Umschreibung stammt, wird als Bildspender (*vehicle*) bzw. Herkunftsbereich (*source domain, donor field*) bezeichnet, das eigentlich Gemeinte als Bildempfänger (*tenor*) bzw. Zielbereich (*target domain, recipient field*). Zwischen beiden Bereichen muss irgendeine Art von inhaltlicher oder struktureller Ähnlichkeit (ein sog. *tertium comparationis*) festzustellen sein, durch die die beiden in einer Metapher verbundenen Vorstellungen verknüpft werden. Metaphern gehören zu den Sprungtropen (*figures of similarity*), weil sie auf Ähnlichkeit und Substitution beruhen, denn ein Begriff wird durch einen anderen ersetzt.

Merkmalstransfer

Im metaphorischen Prozess findet eine Art von Merkmalstransfer statt, weil zentrale Bedeutungskomponenten (die als *salient features* bezeichneten semantischen Merkmale, die im jeweiligen Zusammenhang relevant sind) vom Herkunftsbereich auf den Zielbereich projiziert werden. Die Substitutionstheorie geht davon aus, dass im Falle von Metaphern ein Begriff durch einen anderen ersetzt wird und dass dabei die semantischen Merkmale des jeweiligen Bildspenders mit dem Bildempfänger in Verbindung gebracht bzw. auf den Zielbereich übertragen werden. Zudem wird der Zielbereich durch eine Metapher in einer neuartigen Weise beschrieben bzw. umstrukturiert.

Bildfeld bzw. semantische Felder

Ähnlich wie der von HARALD WEINRICH eingeführte Begriff des Bildfeldes trägt der Terminus des semantischen Feldes (*semantic field*) der Tatsache Rechnung, dass Metaphern in übergeordneten Strukturen organisiert sind und dass zwischen den verschiedenen Bildelementen bestimmte Relationen bestehen. Die Berücksichtigung dieser Sinnbezirke erlaubt es, die semantischen Strukturen des metaphorischen Prozesses näher zu bestimmen. Im Kontext der Bildfeldtheorie lässt sich plausibel darlegen, dass durch eine Metapher nicht bloß zwei isolierte sprachliche Phänomene miteinander verknüpft werden, sondern auch die jeweiligen Wort- bzw. Begriffsfelder, denen der Bildspender und der Bildempfänger entstammen. Metaphern wirken insofern wie ein ‚Doppelfilter' (DIETMAR PEIL), als sie nur für jene Merkmale des bildspendenden und des bildempfangenden Bereichs durchlässig sind, die für den jeweiligen Zusammenhang relevant sind.

Metaphern als Interaktion semantischer Felder

Daher geht die Interaktionstheorie davon aus, dass durch Metaphern zwei unterschiedliche Bedeutungsbereiche miteinander verknüpft werden und dass es zu einer Interaktion semantischer Felder kommt. Im Gegensatz zur Substitutionstheorie geht die Interaktionstheorie davon aus, dass durch Metaphern übergeordnete semantische Bereiche miteinander verknüpft werden. Außerdem betont die Interaktionstheorie – wie ihr Name bereits andeutet –, dass im metaphorischen Prozess nicht ein einfacher Transfer von Merkmalen von einem Bildspender auf den jeweiligen Bildempfänger stattfindet, sondern eine Wechselwirkung bzw. Interaktion zwischen den beiden semantischen Bereichen, die miteinander in Beziehung gesetzt werden. Im Zuge der Interaktion semantischer Felder überträgt also nicht bloß ein bestimmtes Wort seine relevanten Merkmale auf eines aus einem anderen Bedeutungsbereich, sondern die Zusammenhänge im spendenden semantischen Feld verleihen dem Zielbereich der Metapher auch eine bestimmte Struktur.

Beispiel Empire-metaphorik

Dass durch eine Metapher sowohl der Bildempfänger als auch der Bildspender in ein neues semantisches Licht gerückt wird, verdeutlicht z. B. die in der englischen politischen Lyrik des 19. Jh.s weit verbreitete Metapher des Britischen Empire als Familie. Die Metapher des Mutterlandes verbindet nicht nur die Kolonialmacht mit dem weiblichen Elternteil, sondern durch dieses Sprachbild werden auch die Sinnbezirke der Familie und des Kolonialismus miteinander verknüpft. Durch das so aufgebaute Bildfeld wird etwa den Kolonien konventionellerweise die Rolle von Kindern zugewiesen, und ein politisches Herrschaftsverhältnis wird als eine soziale und persönliche Beziehung dargestellt. Durch die Metapher des Mutterlandes wird also der Bildempfänger – die Beziehungen einer Kolonialmacht zu den von ihr abhängigen Kolonien – in einer neuartigen und ideologisch aufgeladenen Weise strukturiert, gedeutet und bewertet. Die auch im politischen Diskurs des Amerikanischen Unabhängigkeitskrieges weit verbreitete Familienmetaphorik verdeutlicht somit sehr anschaulich, dass derartige Sprachbilder keineswegs bloßer Redeschmuck sind, sondern verwendet wurden, um historisch-politische Zusammenhänge in propagandistischer Weise zu deuten.

Funktionen von Metaphern

Wie dieses Beispiel verdeutlicht, führen die Analyse von Bildfeldern und die Frage nach den Funktionen von Metaphern über die Literatur hinaus in kulturgeschichtliche Zusammenhänge. Das besondere Leistungsvermögen von Metaphern und anderen Formen von Bildersprache besteht somit nicht bloß darin, zusätzliche Bedeutungen zu eröffnen, die sich der begrifflichen Fixierung entziehen. Vielmehr erfüllen Metaphern eine Reihe weiterer Funktionen als Denkmodelle und Mittel der Sinnstiftung. Die gerade genannte Metapher des Britischen Weltreichs als Familie legt z. B. bestimmte Sehweisen nahe, weil der Sinnbezirk der Familie das Empire in einer neuartigen Weise strukturiert, deutet und bewertet. Die schöpferischen Leistungen der Empire-Metaphern betreffen zum einen strukturelle Aspekte, weil die Familienmetaphorik aufgrund ihrer Bildlogik und Denotationen bestimmte Zusammenhänge zwischen den Bildelementen (Eltern-Kind-Beziehung) herstellt. Zum anderen liefern die bevorzugten Sprachbilder aufgrund ihrer Konnotationen inhaltlich bestimmte Konzepte für die Wahrnehmung und Deutung historisch-politischer Zusammenhänge. Solche Deutungsschemata erfüllen nicht bloß kognitive Funktionen, sondern haben auch normative, emotionale und ideologische Implikationen, denn sie stellen eine politische Herrschaftsbeziehung als ein organisch gewachsenes und liebevolles Verhältnis dar, das nicht aufgelöst werden darf.

Denotationen und Konnotationen

Will man die Struktur und Wirkungsweise von Bildersprache interpretatorisch kompetent auswerten, so merkt man schnell, dass man ohne eine präzise semantische Analyse der Denotationen und Konnotationen von Metaphern nicht weit kommt. ‚Denotationen' sind die wörtlichen Grundbedeutungen eines Wortes. Als ‚Konnotationen' bezeichnet man hingegen die auf Assoziationen beruhenden Neben- bzw. Zusatzbedeutungen, die keineswegs bloß subjektiv oder willkürlich sind. Dennoch lassen sich die Assoziationen, die durch einen Bildspender aufgerufen und implizit mit dem Bildempfänger in Verbindung gebracht werden, nicht immer eindeutig oder gar vollständig bestimmen. Gerade darin gründet z.B. die immer wieder beschworene Mehrdeutigkeit (*ambiguity*) literarischer Texte.

Analyse von Metaphern

Bei der Analyse von Metaphern kommt es zum einen darauf an, den bildspendenden und bildempfangenden Bereich zu identifizieren. Zum anderen gilt es, die Denotationen und Konnotationen des jeweiligen Bildspenders zu ermitteln, die durch die Metapher auf den Zielbereich projiziert werden. Erst eine Ermittlung der üblichen Bedeutung (der semantischen Merkmale) des Ausgangsbegriffs ermöglicht es, das Leistungsvermögen bzw. die Funktionen einer Metapher im Einzelfall zu bestimmen. Außerdem sind die jeweiligen Bildfelder zu berücksichtigen, aus denen die Metaphern stammen.

Komplexe Metaphern

Im Übrigen beschränkt sich der Geltungsbereich von Metaphern keineswegs auf die Ersetzung eines Wortes durch ein anderes. Vielmehr sind viele Metaphern so komplex, dass sie aus mehreren Teilbildern bestehen, in übergeordneten Strukturen organisiert sind und nicht bloß Worte, sondern zwei unterschiedliche Sinnbezirke bzw. semantische Felder miteinander verknüpfen. Ein Beispiel für eine komplexe Metapher ist etwa die Formulierung *„When hell's last horror breaks them"*, mit der in SASSOONS oben zitiertem Gedicht „Glory of Women" die Flucht britischer Truppen vor dem sicheren Tod in einer Schlacht bildlich dargestellt wird. Um die damit verbundenen grauenvollen Erlebnisse angemessen zum Ausdruck zu bringen, werden das Substantiv ‚Hölle' und die Qualen, die damit assoziiert werden, auf den Bedeutungsbereich der Kriegsführung übertragen. Diese komplexe Metapher ist insofern besonders wirkungsvoll, als die Assoziationen, die mit dem Wort ‚Hölle' verknüpft sind, individuell, historisch und kulturspezifisch sehr variabel sind. Je nachdem, was der oder die Einzelne mit diesem Begriff verbindet, wird jedes Individuum seine eigenen Vorstellungen von den Erfahrungen der Soldaten entwickeln. Das folgende Modell veranschaulicht nochmals die Struktur einer Metapher.

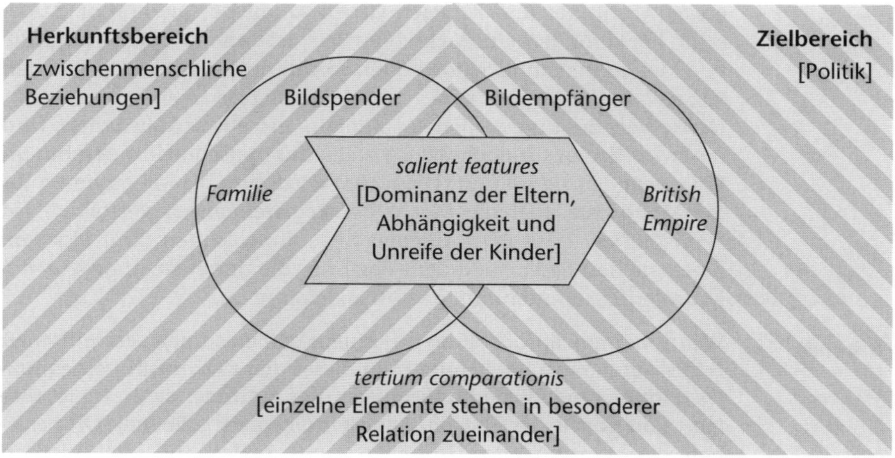

Modell 3.3.: Struktur einer Metapher

Metonymie und Synekdoche

Eine Metonymie (*metonymy*) liegt dann vor, wenn das eigentlich gemeinte Wort durch ein anderes ersetzt wird, das in einer sachlichen, logischen oder ursächlichen Beziehung zu ersterem steht. Im Unterschied zur Metapher beruht eine Metonymie nicht auf sprachlicher Ähnlichkeit der verknüpften Elemente, sondern auf einer realen Berührung bzw. sachlichen Angrenzung (‚Kontiguität') der beiden Phänomene. Eine Sonderform der Metonymie ist die Synekdoche (*synecdoche*), bei der ein Begriff durch einen engeren (*pars pro toto*: ein Teil repräsentiert ein größeres Ganzes) oder durch einen weiteren (*totum pro parte*: das Ganze steht für den Teil) ersetzt wird. Während bei Metaphern Bedeutungen aus einem Sinnbezirk in einen anderen übertragen werden, kommt es bei der Synekdoche zu einer Ersetzung des eigentlichen Begriffs durch einen enger oder weiter gefassten, der aber zum gleichen Begriffsfeld gehört. Metonymie und Synekdoche gehören daher zu den sog. ‚Grenzverschiebungstropen' (*figures of contiguity*).

Synästhesie

Unter einer ‚Synästhesie' (*synaesthesia*) versteht man die sprachliche Vermischung verschiedenartiger Sinneswahrnehmungen bzw. Reize, die unterschiedlichen Sinnesorganen zuzuordnen sind. Bei der Synästhesie handelt es sich um eine rhetorische Figur, die auf der Ebene der Wortbedeutung beruht. Im Falle von Synästhesien verschmelzen mehrere Sinneseindrücke innerhalb eines sprachlichen Ausdrucks miteinander bzw. wird eine sinnliche Empfindung einem anderen Sinnesorgan zugeordnet. Zwei komplexe Beispiele für Synästhesien finden sich in BLAKES Gedicht „London": In der Zeile *„The mind-forged manacles I hear"*, die wörtlich als ‚die durch Gesinnung geschmiedeten Handschellen höre ich' übersetzt werden kann, wird etwas Abstraktes und zugleich Gegenständliches als hörbar dargestellt. Ein besonders eindrucksvolles Beispiel dafür, wie BLAKE mit Hilfe von Metonymien und Synästhesien Sozialkritik übt, findet sich in den Versen *„And the hapless soldier's sigh/ Runs in blood down palace walls."* Der Seufzer des unglücklichen Soldaten, also etwas Akustisches, wird als etwas Gegenständliches dargestellt, das optisch wahrnehmbar an Palastwänden herabläuft. Diese sind wiederum als Metonymien für die Monarchie oder die Macht der Regierenden zu verstehen. Da Synästhesien in ihrer wörtlichen Bedeutung keinen Sinn ergeben, regen sie den Leser außerdem dazu an, die durch sie angedeuteten kausalen Zusammenhänge selbst zu erkennen.

Isotopie

Wenn mehrere Sprachbilder aus einem gemeinsamen semantischen Feld stammen, so bezeichnet man dieses den Gesamtsinn eines Textes dominierende Bedeutungsmuster als sinntragende ‚Isotopie' (*isotopy*, von griechisch *iso-topos*: gleicher Ort/gleiche Ebene). Oft bestehen die sinntragenden Isotopien eines Textes aus semantischen Gegensätzen oder aus parallelen Bedeutungsmustern. In EDMUND SPENSERS Sonett 15 aus dem Zyklus „Amoretti", dessen hochgradig konventionalisierte Beschreibung der Augen, Lippen, Zähne, Stirn, Haare und Hände der Geliebten zu jenem festen Inventar der traditionellen Beschreibung gehört, das als ‚elisabethanischer Schönheitskatalog' bezeichnet wird, finden sich etwa mehrere Vergleiche, die alle aus einem gemeinsamen Bildspendebereich stammen: In diesem Fall sind Edelsteine, Schmuck und Kostbarkeiten somit der vorherrschende Bedeutungsbereich bzw. die dominante Isotopieebene, die die Schönheit der verehrten Dame als Vollendung der Schönheiten der Natur erscheinen lässt:

Ye tradeful merchants, that with weary toil
Do seek most precious things to make your gain,
And both the Indias of their treasures spoil,
What needeth you to seek so far in vain?
For lo! my love doth in herself contain
All this world's riches that may far be found.
If sapphires, lo! her eyes be sapphires plain;
If rubies, lo! her lips be rubies sound;
If pearls, her teeth be pearls both pure and round;
If ivory, her forehead ivory ween;
If gold, her locks are finest gold on ground;
If silver, her fair hands are silver sheen.
But that which fairest is, but few behold:
Her mind, adorned with virtues manifold.

Weitere semantische Figuren

Neben den ausführlicher behandelten Arten von Sprachbildern gibt es noch weitere semantische Figuren. Dazu zählen etwa der Euphemismus (beschönigende Umschreibung), der Pleonasmus (überflüssige Aneinanderreihung sinngleicher Worte, z. B. der berühmte weiße Schimmel), das Oxymoron (Verbindung zweier Worte, die sich widersprechen bzw. die einander sachlich oder logisch ausschließen) und die Personifikation (die Vermenschlichung und Belebung abstrakter Begriffe oder Dinge). Die wichtigsten semantischen Figuren sind mit weiteren Beispielen in der folgenden Tabelle genannt und stichwortartig erläutert.

Tropen (tropes)
Sprungtropen (figures of similarity)
Vergleich/Simile (*simile*): ein Begriff wird mit einem anderen mittels eines Vergleichspartikels verglichen *My love is like a red, red rose* (R. Burns, „A Red Red Rose")
Metapher (*metaphor*): Merkmale eines Bildspenders (*vehicle*) werden ohne Vergleichspartikel auf einen Bildempfänger (*tenor*) übertragen (vgl. Modell 3.3.) *The apparition of these faces in the crowd;* *petals on a wet, black bough.* (E. Pound, „In a Station of the Metro")
Synästhesie (*synaesthesia*): Bildspender und -empfänger werden durch unterschiedliche Sinneswahrnehmungen gefüllt *And the hapless soldier's sigh* *Runs in blood down palace walls.* (W. Blake, „London")
Personifikation (*personification*): Belebung oder Vermenschlichung eines Dings oder Abstraktums *Fair Science frowned not on his humble birth,* *And Melancholy marked him for her own.* (J. Gray, „Elegy Written in a Country Churchyard")
Grenzverschiebungstropen (figures of contiguity)
Metonymie (*metonymy*): Ersetzung eines Begriffs durch eine räumliche, zeitliche oder ursächliche Assoziation *When I consider how my light* [= vision] *is spent,* [...] (J. Milton, *Sonnet* XIX)
Synekdoche (*synecdoche*): Ersetzung des engeren Begriffs durch den umfassenderen oder umgekehrt *Fair stood the wind for France,* *When we our sails* [= ships] *advance,* [...]. (M. Drayton, „The Battle of Agincourt")
Antonomasie (*antonomasia*): Ersetzung eines Gattungsnamens durch einen Eigennamen; eines Eigennamens durch einen Beinamen *I had trod the road which Dante treading saw the suns of seven circles shine, /* *Ay! perchance had seen the heavens opening, as they opened to the Florentine.* (O. Wilde, „Flower of Love")

Sonstige Tropen
Periphrase/Umschreibung (*periphrasis/circumlocution*): Umschreibung eines Begriffs durch Angaben, die die Merkmale des gemeinten Begriffs zum Inhalt haben *the bleating kind* [= *sheep*] (J. Thomson, „The Seasons“)
Euphemismus (*euphemism*): beschönigende Umschreibung *You can't believe that British troops 'retire'* (S. Sassoon, „Glory of Women“)
Hyperbel/Übertreibung (*hyperbole*): unglaubwürdige über- oder untertriebene Ausdrucksweise *An hundred years should go to praise* *Thine eyes* […]. (A. Marvell, „To His Coy Mistress“)
Ironie (*irony*): das Gegenteil des Gesagten ist gemeint *Two vast and trunkless legs of stone / Stand in the desert.* […] */ And on the pedestal these words appear: / 'My name is Ozymandias, King of Kings: / Look on my works, ye mighty, and despair!' / Nothing beside remains.* (P. B. Shelley, „Ozymandias“)
Litotes (*litotes*): Umschreibung eines Ausdrucks durch Verneinung des Gegenteils *Words at once true and kind,* *Or not untrue and not unkind.* (P. Larkin, „Talking in Bed“)
Weitere semantische rhetorische Figuren
Oxymoron (*oxymoron*): pointierte Verbindung zweier sich widersprechender Begriffe *O heavy lightness! serious vanity!* (W. Shakespeare, *Romeo and Juliet*)
Paradoxon (*paradox*): scheinbar widersinnige Behauptung, die sich bei näherer Betrachtung als richtig erweist *We die and rise the same* (J. Donne, „The Canonization“)
Antithese (*antithesis*): Gegenüberstellung logisch entgegengesetzter Begriffe *Resolved to win, he meditates the way, / By force to ravish, or by fraud betray;* / […]. (A. Pope, „The Rape of the Lock“)
Hendiadyoin (*hendiadys*): Ausdruck einer Idee durch zwei Wörter, die durch Konjunktionen verbunden sind *From rest and sleep* […]. (J. Donne, *Holy Sonnet* X)
Paronomasie/Wortspiel (*paronomasia/pun*): Wortspiel durch Zusammenstellung klanggleicher/-ähnlicher Wörter verschiedener/gegensätzlicher Bedeutung *Therefore I lie with her, and she with me, / And in our faults by lies we flattered be.* (W. Shakespeare, *Sonnet* 88)

Tabelle 3.7.: Semantische rhetorische Figuren

Lektüretipps zur Lyrikanalyse

Einen sehr guten Überblick über die Grundlagen, Problemfelder und Kategorien der Lyrikanalyse gibt HANS-WERNER LUDWIG in seinem *Arbeitsbuch Lyrikanalyse* (1981/1994). Wer sich genauer über die verschiedenen Ansätze der Lyriktheorie informieren möchte, der oder dem sei EVA MÜLLER-ZETTELMANNS *Lyrik und Metalyrik* (2000) empfohlen. Einen systematischen Überblick über die Vielzahl rhetorischer Figuren findet man z. B. in HEINRICH F. PLETTS lesenswertem Buch *Systematische Rhetorik* (2000). Einen guten Einstieg in die für Studienanfänger zunächst ‚erschlagende' Vielzahl von Fachbegriffen gibt das nach Sachgebieten aufgebaute Fachwörterbuch *Terminologie der Literaturwissenschaft. Ein Handbuch für das Anglistikstudium* (1998) von RUDOLF BECK, HILDEGARD KUESTER und MARTIN KUESTER. Ideal zur Vertiefung und Anwendung ist PETER HÜHNS ausgezeichnete zweibändige *Geschichte der englischen Lyrik* (1995), die auch eine Vielzahl vorzüglicher Beispielanalysen enthält.

4 KAPITEL Einführung in die Dramenanalyse

Suit the action to the word, the word to the action, with this special observance, that you o'erstep not the modesty of nature. For anything so o'erdone is from the purpose of playing, whose end, both at the first and now, was and is to hold as 'twere the mirror up to nature.

WILLIAM SHAKESPEARE, *Hamlet*, III, ii, 17–22

1 Das Drama als für die Aufführung geschriebener Text: Grundzüge dramatischer Textkonstitution

Beziehung zwischen Text und Aufführung

Wenn Hamlet in dem vorangestellten Zitat den Schauspielern, die das Spiel-im-Spiel in *Hamlet* aufführen, rät, Wort und Handlung, Sprache und Gebärde aufeinander abzustimmen, so verweist er damit auf die enge Beziehung, die zwischen dem niedergeschriebenen Text eines Dramas und der Aufführung im Theater besteht. Hamlets Bemerkung, der erste und letzte Zweck der Schauspielerei bestehe darin, der Natur einen Spiegel vorzuhalten, ist zwar historisch bedingt und verweist auf eine bestimmte Dichtungskonzeption, derzufolge Literatur die Natur nachahmt; mit seinem Hinweis auf das Wechselverhältnis zwischen Wort und Gebärde spricht er jedoch einen zentralen Aspekt der Dramentheorie an und benennt zugleich zwei wichtige Bauelemente von Theaterstücken.

Zielsetzung und Inhaltsübersicht

Die Hauptziele dieses Kapitels bestehen darin, Grundzüge dramatischer Textkonstitution zu bestimmen, einen ersten Überblick über die Grundlagen der Dramenanalyse zu vermitteln und wichtige Kategorien und transferierbare Verfahren der Dramenanalyse vorzustellen. Ausgehend von dem Spannungsverhältnis zwischen Drama und Theater werden zunächst einige konstitutive Gattungsmerkmale dramatischer Texte erörtert. Sodann wird ein Kommunikationsmodell für das Drama skizziert, das auch den Besonderheiten der Theaterkommunikation Rechnung trägt. Es folgt eine kurze Einführung in Grundgedanken der Theatersemiotik, die den Blick für außersprachliche Theatercodes geschärft hat. In den weiteren Teilkapiteln werden die wichtigsten Begriffe und Modelle zur Beschreibung der verschiedenen Elemente und Strukturen dramatischer Texte vorgestellt.

Der dramatische Text als Spielvorlage und das Theaterstück

Ein wichtiger Unterschied zwischen dramatischen Texten und anderen literarischen Gattungen besteht in den kommunikativen Besonderheiten. Im Gegensatz zu einem Essay oder Gedicht ist bei dramatischen Texten zu berücksichtigen, dass diese nicht primär zur Lektüre gedacht, sondern als Spielvorlagen für Theateraufführungen zu verstehen sind. Dramen sind also ‚Theaterstücke', d.h. für die Inszenierung und Aufführung geschriebene Texte. Um ein Bühnenstück aufzuführen, bedarf es nicht nur eines dramatischen Textes als Spielvorlage, sondern sämtlicher Gegebenheiten einer Theaterproduktion, so dass in der Regel aufwendige personelle und organisatorische Mittel erforderlich sind.

Kollektivität von Produktion und Rezeption

Dramatische Texte werden zwar wie Gedichte und Romane in der Regel von einem Schriftsteller geschrieben und von Rezipienten individuell gelesen, aber die Kommunikationssituation einer Theateraufführung gestaltet sich ganz anders. An der Inszenierung eines Bühnenstücks sind mehrere Menschen (z. B. Regisseur, Dramaturg, Bühnenbildner, Schauspieler) beteiligt, und Aufführungen werden auch von einer größeren Menge von Zuschauern verfolgt. Daher spricht man von der *„Kollektivität von Produktion und Rezeption"* (PFISTER 1977: 29). Obgleich es auch spezifische Lesedramen gibt, ist eigentlich nicht das Lesen die dem Theaterstück angemessene Form der Rezeption, sondern das Zuschauen.

Theateraufführungen als plurimediale Darstellungsform

Bei der Bearbeitung eines Dramas für eine Inszenierung handelt es sich insofern um eine Form von Literaturadaption, als Literatur dadurch in ein anderes Medium überführt wird (vgl. Kap. 6.3.). Während dramatische Texte nur in schriftlicher Form vorliegen, zeichnen sich Theateraufführungen dadurch aus, dass sie sich neben der Sprache auch nichtsprachlicher Kommunikationsmittel bedienen. Bei der szenischen Umsetzung eines dramatischen Textes kommen die akustische (Stimmen, Geräusche, Musik) und die optische Dimension (z. B. Bühnenbild, Aussehen der Figuren, Gestik, Mimik) sowie im Einzelfall noch weitere Formen von sinnlicher Wahrnehmung hinzu. Eine Theateraufführung kann man somit als eine *„plurimediale Darstellungsform"* (PFISTER 1977: 24) bezeichnen, weil bei der szenischen Realisierung eines Bühnenstücks ein breites Repertoire der genannten sprachlichen und außersprachlichen Zeichensysteme (bzw. Codes) und verschiedene Formen der Wahrnehmung (bzw. Kanäle der Kommunikation) eine Rolle spielen.

Wechselverhältnis zwischen Drama und Theater: das Drama als aufzuführender Text

Zwischen Drama und Theater besteht somit ein enges Wechselverhältnis: Der dramatische Text fungiert als Spielvorlage, auf der wiederum die Aufführung beruht. Dabei ist von einer grundsätzlichen Gleichwertigkeit von Text und Aufführung als Kunstwerken auszugehen. Es erscheint daher angebracht, das Drama *„als* aufzuführenden Text *zu betrachten, als ein im Hinblick auf seine Inszenierung konzipiertes literarisches Artefakt"* (HÖFELE 1991: 11). Demzufolge gibt es kein hierarchisches Wertgefälle zwischen Drama und Theater, sondern es handelt sich um zwei unterschiedliche mediale Ausdrucksformen.

Variationsbreite von Aufführungen und Inszenierungen

Jede Aufführung ist auch deshalb als eigenständiges ‚Theaterkunstwerk' aufzufassen, weil die meisten Komponenten der Bühnenrealisierung in hohem Maße variabel sind und den Akteuren einen großen Gestaltungsspielraum lassen. Wie jeder Vergleich verschiedener Aufführungen ein und desselben Dramas zeigt, weisen unterschiedliche Inszenierungen oft eine bemerkenswerte Variationsbreite auf. Besonders groß ist der Spielraum im Bereich der Figuren- und Raumdarstellung sowie der Körpersprache, während das Handlungs- und Zeitgerüst eines Dramas in stärkerem Maße durch den Text vorgegeben ist. Vom Drama als geschriebenem Text unterscheidet sich das aufgeführte Theaterstück noch durch weitere Besonderheiten. Dazu zählen der Ereignischarakter und die Vergänglichkeit jeder Aufführung, die nie einer anderen genau gleicht.

Erkenntnisinteresse von Theaterwissenschaft und Anglistik

Obgleich sich Theaterwissenschaft und Anglistik somit beide mit dem großen Bereich ‚Drama und Theater' beschäftigen, bestehen unübersehbare Unterschiede im Hinblick auf das jeweilige Erkenntnisinteresse und die Methoden. Seit der Institutionalisierung der Theaterwissenschaft als selbständiger Universitätsdisziplin hat sich eine Art Arbeitsteilung zwischen ihr und der Anglistik eingebürgert. Das Hauptaugenmerk der Theaterwissenschaft gilt dem multimedialen ‚Theaterkunstwerk' bzw. dem ‚theatralen Text', also allen Aspekten, die mit der Aufführung und Inszenierung von Theaterstücken auf der Bühne zu tun haben. Ausgehend von den Einsichten der Theatersemiotik (vgl. Kap. 4.3.) geht es dabei v. a. um die Aufführungsanalyse. Im Gegensatz dazu stehen im Studium der Anglistik nach wie vor die Analyse und Interpretation von Dramen als gedruckten Texten im Vordergrund. Als Textwissenschaft schenkt die Anglistik den literarischen Vorlagen von Bühnenrealisierungen, den gattungsspezifischen Bauformen dramatischer Texte sowie der Interpretation einzelner Dramen und ihrer thematischen und formalen Eigenheiten besondere Beachtung.

Performance criticism

Allerdings haben Interpretationsansätze, die sich primär an der Aufführung orientieren und als *performance criticism* bezeichnet werden, auch in der Anglistik seit den 1980er Jahren einen erheblichen Aufschwung erfahren (vgl. FIELITZ 1999). Der *performance criticism* umfasst ein Spektrum verschiedener Ansätze, die sich v. a. mit der in einem Dramentext angelegten oder implizierten Inszenierung oder mit der Analyse von Aufführungen befassen; er analysiert Dramen also im Hinblick auf ihr Potential für szenische Umsetzungen bzw. Bühnenrealisierungen. Der bekannte deutsche Literaturwissenschaftler und Theaterkritiker ANDREAS HÖFELE (1991: 18f.) bestimmt die *„implizierte Aufführung* [...] *als das Ensemble von Anweisungen, die das Drama für den Fall seiner Inszenierung bereithält: dem Dramentext eingeschriebener Verweis auf den zu erstellenden ‚Text' der Aufführung, jedoch nicht dieser selbst"*.

Die Besonderheiten von Theateraufführungen hängen stark von der jeweiligen Bühnenform ab, die auch das Erlebnis des Zuschauens, die Distanz zwischen Schauspielern und Zuschauern sowie die Schauspielstile beeinflusst. In der griechischen Antike wurden Theaterstücke in Theatern aufgeführt, die von der Größe und Zuschauerzahl her eher modernen Fußballstadien als heutigen Theatern glichen. Das Publikum war in einem Halbrund um die Bühne gruppiert, und ein realistisches Spiel konnte schon wegen mangelnder Kulissen und großer Distanz zu den Zuschauern nicht stattfinden. Ein sehr enger Kontakt zwischen Schauspielern und Publikum kennzeichnete hingegen das Theater der Shakespearezeit, in dem eine dicht gedrängte, auf unterschiedlichen Ebenen angesiedelte Schar von Zuschauern die Bühne von drei Seiten aus umringte. Dass Bühne und Zuschauerraum gleichermaßen vom Tageslicht ‚beleuchtet' wurden, forderte ebenso wie der geringe szenische Aufwand die Einbildungskraft des Publikums heraus; einer realistischen Nachahmung der Wirklichkeit waren die Gegebenheiten des Theaters der Shakespearezeit jedenfalls kaum zuträglich. Die heutige Standardbühne, die sog. ‚Guckkastenbühne', sowie die Lichtregie, der Gebrauch von Kulissen und Requisiten fördern hingegen die Illusionsbildung: Die Schauspieler können so agieren, als trenne eine unsichtbare ‚vierte Wand' das Geschehen auf der Bühne von den Zuschauern. Im 20. Jh. zeugen verschiedene Experimente mit unterschiedlichen, teils auf alte Muster zurückgreifenden Bühnenformen von einer Unzufriedenheit mit der Guckkastenbühne.

Bühnenformen

2 Kommunikationsmodell dramatischer Texte: Besonderheiten der Theaterkommunikation

Bei der Erörterung der Besonderheiten der Gattung ‚Drama' ist bereits deutlich geworden, dass sich die Kommunikationsverhältnisse im dramatischen Text grundsätzlich von der Kommunikationsstruktur lyrischer Texte unterscheiden. Einerseits ist in beiden Fällen zwischen der Ebene der werkexternen Kommunikation, auf der der historische Autor und die jeweiligen Rezipienten angesiedelt sind, und einer textinternen Kommunikationsebene zu differenzieren. Andererseits bestehen neben der bereits erörterten Kollektivität von Produktion und Rezeption, die für die Theateraufführung (und den Kinofilm) kennzeichnend ist, auch im Hinblick auf die textinterne kommunikative Grundsituation deutliche Unterschiede zwischen dramatischen und lyrischen Texten. Diese gattungsspezifischen Besonderheiten sind für die besondere Wirkung des Dramas von großer Bedeutung.

Kommunikationsstruktur lyrischer und dramatischer Texte

Kommunikationsmodell des dramatischen Textes

Ein auf das Drama bezogenes Kommunikationsmodell ermöglicht es, einige der Hauptunterschiede, die zwischen dramatischen Texten und anderen literarischen Gattungen bestehen, graphisch zu veranschaulichen. Das Kommunikationsmodell des dramatischen Textes stellt in stark vereinfachter Form dar, wer mit wem spricht, und verdeutlicht drei Besonderheiten der Kommunikation im Drama. Erstens gibt es im werkinternen Bereich auf der Ebene der Figuren in der Regel mehrere Sender und mehrere Empfänger. Zweitens können im Drama auf der Figurenebene die Rollen von Sender und Empfänger beliebig oft wechseln. Dies wird in dem Modell durch die Pfeile gekennzeichnet, die in beide Richtungen zeigen. Daraus ergibt sich drittens, dass der Dialog die wichtigste Form dramatischer Informationsvergabe bildet. Ergänzend muss freilich hinzugefügt werden, dass es nicht nur einige lyrische Texte gibt, die durchaus Gebrauch von Dialogen machen, sondern dass auch im Drama verschiedene Formen monologischen Sprechens gebräuchlich sind.

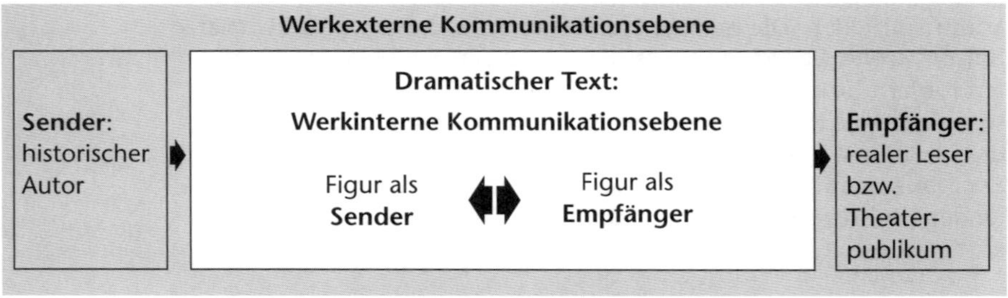

Modell 4.1.: Kommunikationsmodell des dramatischen Textes

Kommunikationssituationen in dramatischen und narrativen Texten

Außerdem verdeutlicht dieses Modell, dass sich die textinterne Kommunikation in den meisten Dramen auf eine textuelle Ebene beschränkt, auf die der handelnden Figuren. Damit unterscheidet sich die Mehrzahl der Dramen auch von narrativen Texten, in denen ein Erzähler das auf der Ebene der Figuren stattfindende Geschehen vermittelt (vgl. Kap. 5.2.). Da dieses Fehlen einer vermittelnden Kommunikationsebene als eines der wichtigsten Differenzierungskriterien zwischen dramatischen und narrativen Texten gilt, spricht man auch von der *„Absolutheit dramatischer Texte“* (Pfister 1977: 22).

Kommunikationssituation im Drama und im Theater

Neben diesen Differenzen zwischen dramatischen und narrativen Texten ist die besondere Kommunikationssituation zu berücksichtigen, die im Gegensatz zum Drama für das Theater kennzeichnend ist. Die Unterschiede zwischen den Kommunikationsverhältnissen der Dramenlektüre und einer Theateraufführung werden im folgenden Modell schematisch dargestellt. Im ersten Fall fungiert der Autor als Sender, der dramatische Text konstituiert die Botschaft und der Leser hat die Rolle des Empfängers. Hingegen übernimmt bei einer Theateraufführung der gesamte Theaterapparat, der aus einem Kollektiv von Produzenten besteht, die Funktion des Senders, die Bühnenaufführung bildet die Nachricht oder Botschaft und der ebenfalls kollektive Empfänger ist das Theaterpublikum. Gleichwohl besteht – wie bereits gesagt – eine enge Beziehung zwischen diesen Kommunikationsprozessen, die sich wechselseitig bedingen.

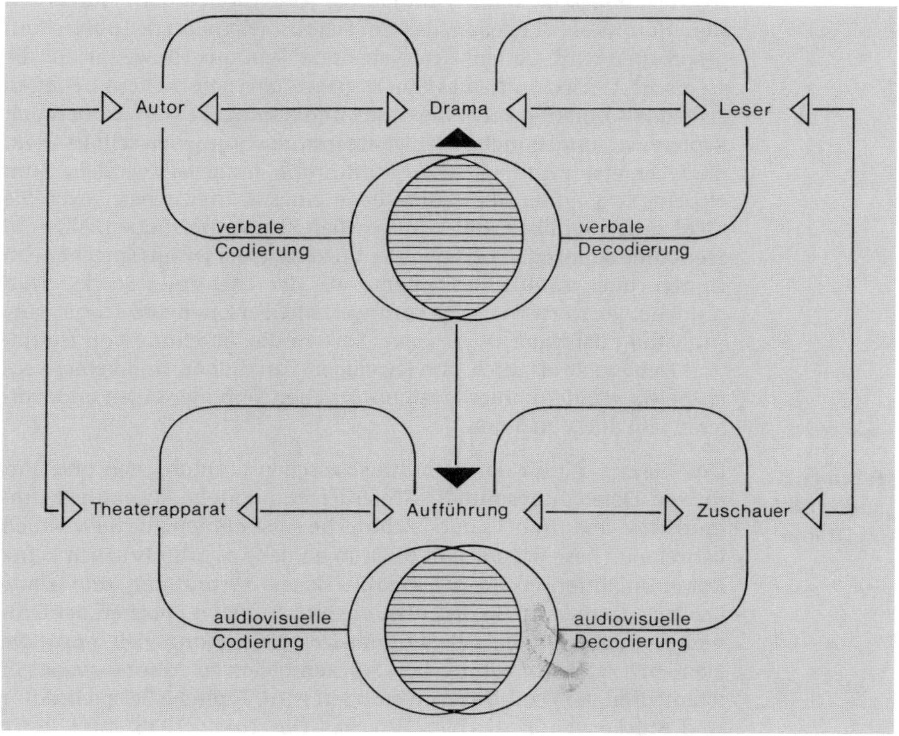

Modell 4.2.: Kommunikationsmodelle von Drama und Theateraufführung (Platz-Waury 1978: 41)

Ebenen der Bedeutungsbildung

Im Gegensatz zur Dramenlektüre handelt es sich bei einer Theateraufführung insgesamt um einen sehr viel komplexeren Kommunikationsprozess, bei dem sich die Bedeutungsbildung auf mehreren sich überlagernden Ebenen gleichzeitig vollzieht: „*einer dramatischen (die Interaktion der Figuren auf der Bühne), einer theatralischen (die Kommunikation zwischen Schauspieler und Publikum) und einer lebensweltlichen Ebene (die gesellschaftliche Kommunikation über die Inszenierung und deren Bezug auf lebensweltliche Normen)*“ (Mahler 1992: 71).

Repliken, Haupttext und Nebentext

Dass dramatische Texte für spätere Aufführungen geschrieben sind, lässt sich bereits an ihrer Aufteilung ersehen. Sie bestehen zum einen aus der Ebene der verbalen Kommunikation, die durch die Äußerungen der Figuren, auch ‚Repliken' genannt, konstituiert wird. Zum anderen enthalten sie meist mehr oder weniger ausführliche Hinweise für die spätere Aufführung, die in der Regel typographisch durch Kursivdruck abgesetzt sind. Während die Äußerungen der Figuren den sog. ‚Haupttext' darstellen, der von Schauspielern auf der Bühne laut gesprochen wird, besteht der ‚Nebentext' v. a. aus Hinweisen für die szenische Umsetzung eines Stücks (*stage directions*). Diese betreffen etwa das Bühnenbild oder die Gestik und Mimik, die vom Autor durch Regieanweisungen mehr oder weniger stark vorgegeben sein können, die aber erst während einer Aufführung festgelegt werden. Zum Nebentext gehören alle Bestandteile eines dramatischen Texts, die nicht zu den Repliken zählen, also neben Regieanweisungen, Akt- und Szenenmarkierungen und der Identifizierung der jeweils sprechenden Figuren auch sämtliche Elemente wie der Titel eines Stücks, Widmungen, Vorwörter und das vorangestellte Personenverzeichnis, eine Auflistung der *dramatis personae*. Sowohl die Verteilung von Haupt- und Nebentext als auch ihre jeweiligen Funktionen sind keineswegs festgelegt, sondern unterliegen historischen Veränderungen und variieren von Stück zu Stück.

Erzählen und Erzähler im Drama

Das Gleiche gilt für das Verhältnis zwischen dramatischen und narrativen Darstellungsmitteln. Trotz der erläuterten ‚Absolutheit dramatischer Texte' gibt es auch zahlreiche Ausnahmen, die die vielfach vertretene These widerlegen, in Dramen gebe es grundsätzlich keine Kommunikationsebene der erzählerischen Vermittlung und keine Erzähler. Gerade im 20. Jh., aber auch in früheren Epochen der Dramengeschichte finden sich v. a. am Drameneingang viele narrative Elemente, wobei in zahlreichen Stücken gleich zu Anfang sogar ein übergeordneter Erzählrahmen etabliert wird. Typische Beispiele dafür sind Stücke wie THORNTON WILDERS *Our Town* (1938) und PETER SHAFFERS Welterfolg *Amadeus* (1979). Anhand dieser Stücke lassen sich beispielhaft jene Gestaltungsformen und Kommunikationstechniken herausarbeiten, die aufgrund ihrer Ähnlichkeiten mit den Merkmalen von Erzähltexten (bzw. der Epik) als ‚episch' bezeichnet werden. Aufgrund der Gestaltung und der Funktionen, die der *stage manager* in *Our Town* und Salieri in *Amadeus* als vermittelnde Erzählinstanzen übernehmen, nähert sich die Kommunikationsstruktur dieser Dramen den für narrative Texte üblichen Verhältnissen an (vgl. Kap. 5).

Episierung durch spielinterne und spielexterne Figuren

Je nachdem, ob die Instanz, die als Erzähler fungiert, an der Handlung beteiligt ist oder nicht, unterscheidet man zwischen ‚Episierung durch spielinterne und durch spielexterne Figuren' (vgl. PFISTER 1977: 109ff.). Ein Beispiel für ein Drama, in dem eine spielinterne Figur in die Rolle einer Erzählinstanz schlüpft, ist SHAFFERS *Amadeus*. Dieses

Stück schildert nicht – wie der Titel vermuten lassen könnte – Mozarts Werdegang, sondern bietet in szenischer Reihung einen Abriss jener Stationen, die aus Salieris perspektivisch gebrochener Rückschau als die entscheidenden Episoden seines Intrigenspiels gegen das verhasste Genie erscheinen. Salieri fungiert in diesem Stück quasi als Ich-Erzähler, der nicht nur zentrale Episoden aus seinem von der Rivalität mit Mozart überschatteten Leben wiedergibt, kommentiert und bewertet, sondern sich auch selbst vorstellt und sich direkt an das Publikum wendet, um sich das Verständnis seiner Zuhörer zu sichern. Hingegen ist die Position der vermittelnden Erzählinstanz in WILDERS *Our Town* von einer spielexternen Erzählerfigur besetzt, die nicht selbst an der Handlung auf der Kommunikationsebene der Figuren beteiligt ist, sondern als ‚Spielleiter' außerhalb des Geschehens steht.

Weitere Techniken epischer Kommunikation

Darüber hinaus gibt es sowohl sprachliche Formen der Episierung wie kommentierende Regieanweisungen, Projektionen und Spruchbänder als auch außersprachliche Episierungstendenzen, von denen das illusionsdurchbrechende Bloßlegen des theatralischen Apparates (z. B. durch das ‚Aus-der-Rolle-Fallen' einer Figur) die wichtigste ist. Bei vielen Spielarten des Erzählens im Drama – z. B. bei spielinternen Erzählinstanzen oder dem Botenbericht – handelt es sich keineswegs um Episierungstendenzen im Sinne von BERTOLD BRECHTS ‚epischem Theater', denn sie fungieren oftmals nicht als Mittel der ‚Verfremdung' bzw. Durchbrechung der ästhetischen Illusion, sondern als narrative Formen der Informationsvergabe.

3 Theatersemiotik und außersprachliche Theatercodes

Zur Analyse szenischer Texte

Da der Akzent im Anglistikstudium auf der Einführung in die literaturwissenschaftliche Analyse von Dramen als szenischen Texten liegt, werden die Aspekte, die primär oder ausschließlich die Aufführung betreffen, oft recht stark vernachlässigt. Zumeist steht die Analyse textueller Merkmale im Vordergrund, die durch Theaterbesuche oder Videoaufzeichnungen entscheidend bereichert werden kann. Natürlich kann eine kurze Einführung den Erkenntnissen im Bereich der Aufführungsanalysen nicht im Einzelnen gerecht werden. Dennoch gilt es, der im ersten Teilkapitel erarbeiteten Tatsache Rechnung zu tragen, dass sich die Theaterkommunikation sowohl hinsichtlich des Mediums und der beteiligten Zeichensysteme als auch in Bezug auf die Aktivitäten des Rezipienten deutlich von der Lektüre eines dramatischen Textes unterscheidet.

Prämissen der Theatersemiotik

Die Wissenschaft von den Zeichen und Codes der Theaterkommunikation wird als ‚Theatersemiotik' bezeichnet. Sie hat nachgewiesen, wie komplex die verschiedenen sprachlichen und außersprachlichen Zeichensysteme des Theaters, die ‚Theatercodes', sind. Die neuere

Dramentheorie geht mit der Theatersemiotik davon aus, dass der gesprochene Text nur eine von vielen Dimensionen bzw. Zeichensystemen ist, die bei einer Aufführung zusammenwirken, und dass die außersprachlichen Codes für die Kommunikation im Theater von großer Bedeutung sind.

Systematik der sprachlichen und außersprachlichen Theatercodes

Bei der Systematisierung der außersprachlichen Zeichensysteme ist zum einen danach zu fragen, ob es sich um schauspielerbezogene Kategorien handelt oder ob sie den Raum, die Bühne bzw. andere Aspekte der szenischen Realisierung betreffen. Zum anderen kann man zwischen akustischen und optischen bzw. visuellen Zeichen unterscheiden. Darüber hinaus können beständige bzw. durative, d.h. länger andauernde, Theatercodes (wie das Bühnenbild) von vorübergehenden bzw. nicht-durativen Zeichen, die sich dauernd verändern (z.B. Mimik, Gestik), unterschieden werden. Das folgende Diagramm, das auf Erkenntnisse des polnischen Theatersemiotikers TADEUSZ KOWZAN zurückgeht, gibt noch einmal in schematischer und systematischer Form einen Überblick über die wichtigsten Theatercodes (vgl. PFISTER 1977: 27; ASTON/SAVONA 1991: 105).

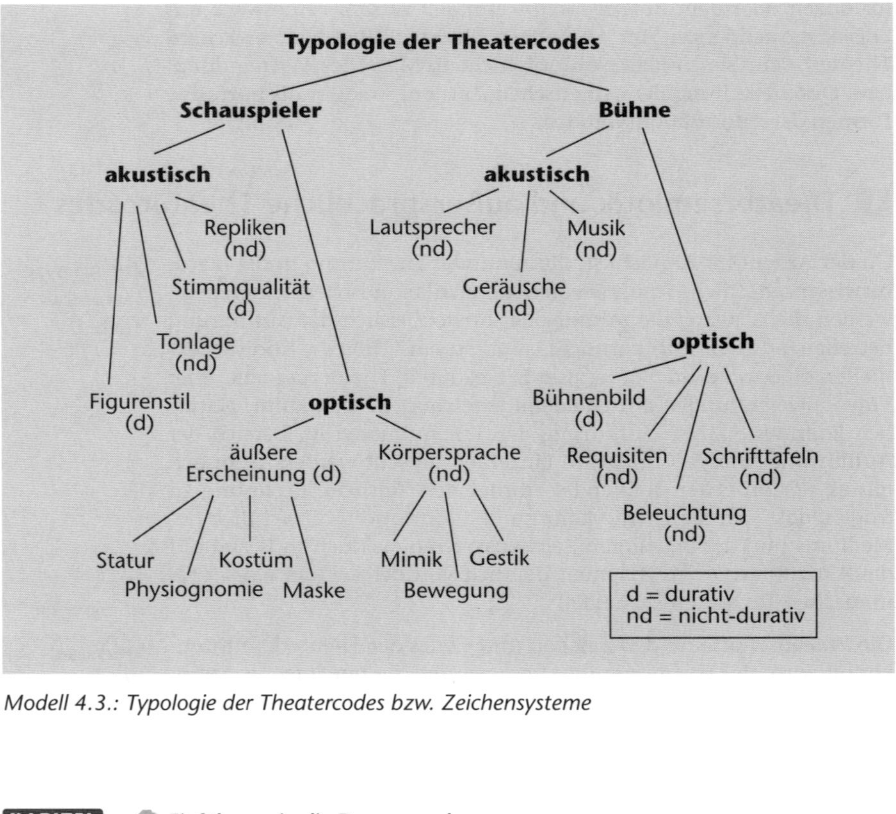

Modell 4.3.: Typologie der Theatercodes bzw. Zeichensysteme

4 Informationsvergabe und sprachliche Kommunikation

Informationsvergabe

Wie das Modell der Theatercodes verdeutlicht, beruht die Informationsvergabe in dramatischen Texten sowohl auf sprachlichen als auch auf außersprachlichen Codes und Kanälen. Die sprachliche Kommunikation zwischen den Figuren treibt nicht nur die Handlung voran, sondern sie vermittelt auch wichtige Informationen über Figuren, Zeit und Raum sowie über sämtliche Aspekte der fiktiven Welt, die dargestellt wird.

Exposition vs. dramatischer Auftakt

Mit dem Begriff der Exposition wird die Vergabe jener Informationen in dramatischen (und auch narrativen) Texten bezeichnet, die für die szenisch dargestellte Situation bedeutsam sind und sich auf Ereignisse beziehen, die ihr zeitlich vorausliegen. Die Exposition unterscheidet sich vom dramatischen Auftakt in funktionaler Hinsicht, denn beide haben unterschiedliche Aufgaben: Der Auftakt erfüllt primär die Aufgabe, den Kommunikationskanal zwischen Bühne und Zuschauern herzustellen (‚phatische Funktion'), die Aufmerksamkeit der Zuschauer zu wecken und sie in die Atmosphäre des Stücks einzustimmen. Im Gegensatz dazu kommt der Exposition in erster Linie die Funktion zu, Leser bzw. Zuschauer über die in der Vergangenheit liegende Vorgeschichte des Geschehens zu informieren und sie in Ort, Zeit und Figuren einzuführen. Dramatischer Auftakt und Exposition können in der Texteingangsphase bzw. im ersten Akt zusammenfallen. Typische Beispiele für deren Nacheinander finden sich hingegen in vielen Dramen SHAKESPEARES, allen voran im Auftritt der Hexen in der ersten Szene von *Macbeth* (1605/06) und bei dem Schiffbruch am Anfang von *The Tempest* (1610/11).

Initial-isolierte vs. sukzessiv-integrierte Exposition

Obwohl sich die Exposition im klassischen Drama meist auf den ersten Akt beschränkt, ist diese Begrenzung auf die Eingangsphase des Textes nicht notwendig. Vielmehr gibt es verschiedene Typen der Exposition, die als ‚initial-isolierte' bzw. ‚sukzessiv-integrierte Exposition' bezeichnet werden: Im ersten Fall erfolgt die expositorische Informationsvergabe blockhaft; sie ist auf den Texteingang beschränkt und von der eigentlichen Handlung isoliert. Im Falle der sukzessiv-integrierten Exposition ist die expositorische Informationsvergabe hingegen über den Textverlauf verteilt, in kleinere Teilmengen aufgelöst und in die fortschreitende Handlung verwoben (vgl. PFISTER 1977: 125f.). Während im antiken Drama der Prolog, auf den das epische Theater oft zurückgreift, die häufigste Form der Exposition ist, wird die Vorgeschichte in neuzeitlichen Dramen meist in Form eines expositorischen Monologs oder im Figurendialog vermittelt.

Analytisches Drama

Eine extreme Ausprägung des Typs der sukzessiv-integrierten Exposition liegt im analytischen Drama vor, in dem sich die Exposition über den gesamten Handlungs- bzw. Textverlauf erstreckt. Das Geschehen besteht in einem analytischen Drama (und in Analogie dazu auch beim analytischen Erzählen) primär darin, die in der Vergangenheit liegenden Voraussetzungen, die zu der szenisch präsentierten Eingangssituation geführt haben, schrittweise aufzudecken.

Dialogisches und monologisches Sprechen

Zu den grundlegenden Kategorien und Fragen der Dramenanalyse, die im Grundstudium vermittelt werden, zählen neben den genannten Besonderheiten der Kommunikation und Aufführung die verschiedenen Formen monologischen und dialogischen Sprechens im Drama. Dabei handelt es sich um gattungsspezifische Theaterkonventionen, die durchaus ‚künstlich' sind und historischem Wandel unterliegen. Dialog und Monolog bilden nicht nur die wichtigsten Mittel der Informationsvergabe in den meisten Dramen, sondern sie können auch ganz unterschiedliche Funktionen erfüllen. Weitere Formen der Informationsvergabe im Drama sind der Botenbericht und die sog. ‚Mauerschau'.

Dialog

Der Begriff ‚Dialog' (*dialogue*) bezeichnet ein Gespräch zwischen zwei oder mehreren Figuren, das aus einer Abfolge von ‚Repliken' bzw. Reden und Gegenreden besteht; dementsprechend unterscheidet man ‚Zwiegespräche' von ‚Mehrgesprächen'. In einem Dialog tauschen die Figuren Gedanken oder Meinungen aus, erörtern ein Thema oder spinnen Intrigen. Dialoge werden oft als Grundform des Dramas bezeichnet, weil sie die wesentlichen Bestandteile der meisten Dramen sind und der Verlauf der Handlung primär auf den Dialogäußerungen der Figuren beruht. Der Dialog ist zwar für das Drama ein konstitutives Element, doch er ist keineswegs auf diese Gattung beschränkt. Vielmehr gehören Dialoge auch zu den Gestaltungsmitteln des Hörspiels sowie des Kino- und Fernsehfilms, und sie werden auch in narrativen Gattungen – etwa in Romanen, Kurzgeschichten, Märchen und Balladen – verwendet.

Kategorien zur Dialoganalyse

Die Kategorien zur Dialoganalyse sind daher für eine Vielzahl von Gattungen und Medien relevant. Bei der Untersuchung von Dialogen spielen z. B. die Länge der Repliken, die proportionale Verteilung der Redeanteile auf die verschiedenen Figuren sowie die Unterbrechungsfrequenz, d. h. die Häufigkeit, mit der in einem Gespräch ein Wechsel der Sprecher erfolgt, eine Rolle. Interpretatorisch aufschlussreich ist oft auch eine Analyse der zeitlichen Relationierung der einzelnen Repliken: Neben dem Regelfall der linearen Sukzession, d. h. des Nacheinanders der Repliken, gibt es etwa das Ins-Wort-Fallen, das ein Zeichen gestörter Kommunikation sein kann. Nicht minder relevant ist die ‚Syntaktik' (bzw. der Aufbau) eines Dialogs; bei deren Untersuchung sind drei Aspekte zu berücksichtigen, um die Redeabsichten und Strategien der Dialogpartner zu erkennen: die Struktur der einzelnen Repliken, das Verhältnis der jeweiligen Replik zu den vorausgehenden Repliken derselben Figur und die Relationen, die zwischen einer Replik und den vorausgehenden Repliken anderer Figuren bestehen (vgl. PFISTER 1977: Kap. 4.6).

Funktionen von Dialogen

Obgleich Dialoge oft durchaus ,lebensecht' wirken, sollte man sich für die Textanalyse klarmachen, dass es sich dabei um literarische Gestaltungsmittel handelt, die mehr oder weniger stark konventionalisiert sind und in einem Stück bestimmte Funktionen erfüllen. Während reale Gespräche im Alltag primär kommunikativen und sozialen Bedürfnissen dienen, kann das dialogische Sprechen im Drama für ganz unterschiedliche Zwecke eingesetzt werden. Dialoge initiieren die Handlung eines Dramas und treiben sie voran: Sie sind somit eine Form von sprachlichem Handeln. Darüber hinaus erfüllen Dialoge wichtige Funktionen im Hinblick auf die Charakterisierung der Figuren und sie dienen der Austragung von Konflikten und der Klärung von Standpunkten. Allerdings unterliegen die Funktionen von Dialogen historischem Wandel.

Wit

Besonders deutlich ist die ,Künstlichkeit' des dialogischen Sprechens in englischen Komödien der Restaurationsepoche (1660–ca. 1700). Seit dieser Zeit zählt die geistreiche, wenngleich stets gekünstelt wirkende Konversation zu den typischen Merkmalen vieler Sitten- und Gesellschaftskomödien (*comedy of manners*). Stücke wie WILLIAM WYCHERLEYS *The Country Wife* (1675) und WILLIAM CONGREVES *The Way of the World* (1700), aber auch die in den 1890er Jahren geschriebenen Komödien OSCAR WILDES (1854–1900) vermitteln eine anschauliche Vorstellung von dem als ,*wit*' bezeichneten Konversationsstil. Damit ist nicht plumper Witz gemeint, sondern der geist- und pointenreiche verbale Schlagabtausch, der ein gewisses intellektuelles Niveau voraussetzt. Die Vorgehensweise der selbst als ,*wits*' bezeichneten geistreichen Figuren zeichnet sich v. a. durch bestimmte rhetorische Merkmale aus, allen voran die wiederholte Verwendung von ungewöhnlichen Vergleichen und Metaphern. Zudem bringt der *wit* häufig Begriffe zusammen, die nach allgemeinem Verständnis nichts miteinander zu tun haben oder sich sogar ausschließen. Dadurch entsteht die rhetorische Figur des Paradoxons.

Monologisches Sprechen

Ein Monolog (*monologue*) ist ein Selbstgespräch, das auf der Bühne an niemanden gerichtet ist. In Monologen sprechen Figuren ihre Gedanken und Gefühle in Form eines Selbstgesprächs auf der Bühne laut aus. Die Perspektive des jeweiligen Sprechers verleiht den Informationen, die in Monologen vergeben werden, einen hohen Grad an Subjektivität. Auch Monologe liefern daher keine ,objektive' Darstellung einer Situation, sondern eine subjektiv gebrochene Sehweise, die von den Eigenarten und der Perspektive des einzelnen Sprechers geprägt ist. Der Umfang solcher Selbstäußerungen kann von wenigen Zeilen bis zu einem ausführlichen Selbstgespräch reichen. Wenn die Figur während ihres Selbstgesprächs alleine auf der Bühne ist, spricht man von einem Soliloquium (*soliloquy*).

Monologisches Sprechen als Dramenkonvention

Beim Monolog handelt es sich um eine besondere Aussageform des Dramas, für die es im Gegensatz zum Dialog in der Alltagskommunikation keine genaue Entsprechung gibt. Da dem monologischen Sprechen die Konvention zugrunde liegt, dass eine Figur im Drama laut denkt, sind Monologe eine spezifisch dramatische Form der Bewusstseinsdarstellung. Glaubhaft wirkt ein Monolog somit nur im Rahmen dieser stillschweigenden Übereinkunft zwischen Autor und Publikum. In realistischen Dramen, die die Illusion erwecken wollen, das Geschehen könne sich tatsächlich so zugetragen haben, werden Monologe aufgrund ihrer offensichtlichen Künstlichkeit oft vermieden. Die Zuschauer über Gedanken, Gefühle und Pläne einer Figur zu informieren, ist aber nicht die einzige Aufgabe, die Monologe in dramatischen Texten erfüllen. Monologe können auch der Verknüpfung der Auftritte von Figuren und der Überleitung zwischen Szenen (Brückenmonolog, Übergangsmonolog) dienen oder in Form eines Berichts über szenisch nicht dargestellte Ereignisse Glieder in der Kette des dramatischen Geschehens bereitstellen (epischer Monolog).

Unterschiede zwischen dialogischem und monologischem Sprechen

Der Unterschied zwischen einem Dialog und einem Monolog betrifft erstens die Anzahl der auf der Bühne anwesenden Figuren; der Einsamkeit des monologisierenden Sprechers eines Soliloquiums steht eine variabel große Zahl von beteiligten Figuren im Dialog gegenüber. Ein zweites Differenzierungskriterium beruht auf der kommunikationstheoretischen Frage, wer die primären Adressaten der jeweiligen Äußerung sind. Während Repliken in Dialogen an ein Gegenüber auf der Bühne gerichtet sind, wenden sich Monologe nicht an Figuren innerhalb des Stücks, sondern allein an die Zuschauer. Drittens unterscheiden sich Monologe von Dialogen vielfach durch den vergleichsweise geschlossenen Zusammenhang und den größeren Umfang einer monologischen Äußerung.

Monologisierung des Dialogs, Dialogisierung des Monologs

Trotz dieser Unterschiede können sich dialogisches und monologisches Sprechen durchaus einander annähern. In solchen Fällen spricht man von einer ‚Monologisierung des Dialogs' bzw. einer ‚Dialogisierung des Monologs' (vgl. PFISTER 1977: 182ff.). Zu einer Monologisierung des Dialogs kommt es etwa im Falle einer Dominanz einer Figur; eine solche Monologisierung liegt dann vor, wenn die Redeanteile und die Länge der Repliken sehr ungleich verteilt sind. Auch wenn in einem Gespräch ein weitreichender Konsens zwischen den Dialogpartnern besteht, ergibt sich eine Tendenz zum Monologischen. Von einer Dialogisierung des Monologs spricht man hingegen dann, wenn sich der Sprecher in Gedanken an eine abwesende Figur oder einen Gegenstand wendet. Ein Beispiel für einen solchen Anredemonolog ist etwa Macbeths Dolch-Monolog.

Eingangsmonolog von Shakespeares *Richard III*

Einen Einblick in einige der Besonderheiten monologischen Sprechens und in die Funktionen, die Monologe erfüllen können, bietet das folgende Selbstgespräch, mit dem sich der Titelheld zu Beginn von *Richard III* (1592/93), einer der bedeutendsten Historien SHAKESPEARES, dem Publikum vorstellt. Da diese Selbstäußerung mit dem Anfang des Stücks zusammenfällt, spricht man von einem ‚Eingangsmonolog' bzw. ‚Selbsteinführungsmonolog'. Im Gegensatz zu den Monologen in SHAKESPEARES Tragödien weist Richards Selbstgespräch noch nicht jene gedankliche Inkohärenz auf, wie sie etwa für Hamlets oder Macbeths Konfliktmonologe charakteristisch ist. Vielmehr entfaltet dieser Monolog die Gedanken und Pläne des Helden, Richard, Duke of Gloucester, in einer sehr geordneten und logisch folgerichtiger Weise.

Now is the winter of our discontent
Made glorious summer by this sun of York;
And all the clouds that loured upon our house
In the deep bosom of the ocean buried.
Now are our brows bound with victorious wreaths;
Our bruised arms hung up for monuments;
Our stern alarums changed to merry meetings,
Our dreadful marches to delightful measures.
Grim-visaged war hath smoothed his wrinkled front;
And now, instead of mounting barbed steeds
To fright the souls of fearful adversaries,
He capers nimbly in a lady's chamber
To the lascivious pleasing of a lute.
But I, that am not shaped for sportive tricks,
Nor made to court an amorous looking-glass;
I, that am rudely stamped, and want love's majesty
To strut before a wanton ambling nymph;
I, that am curtailed of this fair proportion,
Cheated of feature by dissembling Nature,
Deformed, unfinished, sent before my time
Into this breathing world, scarce half made up,
And that so lamely and unfashionable
That dogs bark at me as I halt by them;
Why, I, in this weak piping time of peace,
Have no delight to pass away the time,
Unless to spy my shadow in the sun
And descant on mine own deformity:
And therefore, since I cannot prove a lover,
To entertain these fair well-spoken days,
I am determined to prove a villain
And hate the idle pleasures of these days.
Plots have I laid, inductions dangerous,

By drunken prophecies, libels and dreams,
To set my brother Clarence and the king
In deadly hate the one against the other:
And if King Edward be as true and just
As I am subtle, false and treacherous,
This day should Clarence closely be mewed up,
About a prophecy, which says that G
Of Edward's heirs the murderer shall be.
Dive, thoughts, down to my soul: here Clarence comes.
(*Richard III*, I, i, 1–30)

Funktionen von Monologen

Dieser Eingangsmonolog aus *Richard III* gibt exemplarisch Einblick in viele der Funktionen, die Monologe erfüllen können. Die folgende Übersicht verdeutlicht, dass diese Ausdrucksform des Dramas einige Aufgaben erfüllen kann, die im Dialog nicht in gleichem Maße verwirklicht werden können. Zu den wichtigsten Funktionen des Monologs zählen

- atmosphärische Einstimmung in die Spielwelt und Beschreibung der Landschaft oder Umgebung,
- expositorische Informationsvergabe über Vorgeschichte und Ausgangslage (‚Situationsüberschau') sowie Einführung in Geschehen, Figuren, Raum und Zeit,
- Kommentierung des vorausgegangenen Geschehens aus der Sicht des Sprechers,
- Selbstvorstellung und Selbstcharakterisierung des Protagonisten,
- Gedanken- und Gefühlsausdruck des Sprechers, Vergegenwärtigung von inneren Vorgängen und Konflikten,
- Offenlegung von Plänen, Absichten, Spannungen und Entscheidungsprozessen des Sprechers,
- Einweihung des Zuschauers in die Perspektive des Helden bzw. Schurken (Mittel der Sympathielenkung),
- Weckung von Erwartungen in Bezug auf die zukünftige Entwicklung (spannungserzeugendes Mittel).

Beiseite-Sprechen *(aside)*

Mit dem ‚Beiseite-Sprechen' (*aside*) hat das Drama eine weitere Form des gattungsspezifischen Sprechens ausgebildet. Dabei handelt es sich ebenfalls um eine Konvention, die die Künstlichkeit der Informationsvergabe im Drama verdeutlicht. Häufig sind wie bei einem Monolog nicht die Figuren auf der Bühne Adressat solcher Äußerungen, sondern der Leser bzw. das Theaterpublikum. MANFRED PFISTER (1977: 192–195) unterscheidet drei verschiedene Formen des Beiseite-Sprechens:

- das ‚monologische Beiseite-Sprechen', bei dem ein ansonsten unausgesprochener Gedanke einer Figur so geäußert wird, dass nur die Zuschauer ihn verstehen (die übliche Regieanweisung lautet: ‚*Aside*');

- das ‚dialogische Beiseite-Sprechen', bei dem eine Gruppe eingeweihter Figuren ein komplizenhaftes Gespräch im Flüsterton führt, das von den anderen Figuren auf der Bühne nicht wahrgenommen wird (die übliche Regieanweisung lautet: *‚Aside to X'*);
- das ‚Beiseite *ad spectatores*', bei dem sich eine Figur direkt an das Publikum wendet (die übliche Regieanweisung lautet: *‚Addressing the audience'*).

Zuschauer-orientierte Informationsvergabe

Monologe und *asides* sind ein besonders interessantes Mittel der dramatischen Informationsvergabe, weil sie die Möglichkeit bieten, allein das Theaterpublikum (bzw. den Leser) über einen Sachverhalt zu unterrichten. Während den auf der Bühne anwesenden Figuren die entsprechenden Informationen vorenthalten werden, gewinnen die Zuschauer durch das Beiseite-Sprechen einen Informationsvorsprung gegenüber den übrigen Figuren. Durch monologische *asides* und das Beiseitesprechen *ad spectatores* wird die Informationsvergabe somit einseitig gesteuert, da lediglich die Zuschauer über die wahren Absichten der jeweiligen Figur unterrichtet werden, während die entsprechenden Informationen vor den anderen Figuren verheimlicht werden.

Diskrepante Informiertheit

Die verschiedenen Formen dialogischen und monologischen Sprechens haben somit weitreichende Konsequenzen für die Relationen zwischen der jeweiligen Informiertheit der verschiedenen Figuren und der der Leser bzw. Zuschauer. Wenn Letztere einen Informationsvorsprung oder -rückstand gegenüber den Figuren haben, so spricht man von diskrepanter Informiertheit (*discrepant awareness*). Kongruente Informiertheit liegt hingegen dann vor, wenn die Figuren und die Rezipienten über einen in etwa gleichen Informationsstand verfügen. Auch im inneren Kommunikationssystem können die Informationsstände der verschiedenen Figuren sehr unterschiedlich sein. Oft ist das Missverstehen von Figuren oder das Aneinandervorbeireden ein Resultat diskrepanter Informiertheit.

Dramatische Ironie

Diskrepante Informiertheit ist zugleich eine Voraussetzung für die Entstehung von ‚dramatischer Ironie' (*dramatic irony*). Dramatische Ironie darf nicht verwechselt werden mit bewusst eingesetzter sprachlicher Ironie, bei der ein Sprecher das Gegenteil von dem sagt, was er meint. Vielmehr beruht dramatische Ironie auf einer Überlagerung von innerem und äußerem Kommunikationssystem, d. h. dem Informationsstand auf der Ebene der Figuren und der überlegenen Informiertheit der Rezipienten. Die Voraussetzung für die Entstehung dramatischer Ironie besteht darin, dass der Rezipient einen Informationsvorsprung vor der entsprechenden Figur hat. Diese überlegene Informiertheit ermöglicht es dem Rezipienten etwa, Fehlurteile der Figur zu durchschauen. In solchen Fällen bekommen die Äußerungen der Figur eine ihr nicht bewusste und von ihr daher auch nicht intendierte Zusatzbedeutung für den Leser oder Zuschauer. Im Gegensatz zu ironisch intendierten Äußerungen wird der Sprecher im Falle von dramatischer Ironie selbst das Opfer der Ironie. Ob dramatische Ironie komisch oder tragisch wirkt, hängt von der jeweiligen Situation ab.

5 Figur und Handlung

Konstituenten dramatischer und narrativer Texte

Figuren und Handlung zählen neben Raum und Zeit zu den elementaren Konstituenten dramatischer und narrativer Texte sowie von Filmen. Daher bilden die Figurendarstellung und die Untersuchung der szenisch dargestellten bzw. erzählten Geschichten zentrale Bereiche der Dramen-, Erzähltext- und Filmanalyse. Sowohl im Bereich der Analyse der Figurendarstellung und Handlungsstrukturierung als auch im Hinblick auf die Raum- und Zeitdarstellung gibt es somit zahlreiche Parallelen zwischen dramatischen und narrativen Texten, aber auch gattungsspezifische Charakteristika. Nach einigen grundsätzlichen Informationen über die Begriffe ‚Handlung' und ‚Figur' stehen in diesem Teilkapitel die Besonderheiten der Präsentation von Figuren und Handlung in szenischen Texten im Vordergrund, während es in Kap. 5 um deren narrative Vermittlung geht.

Begriff ‚Handlung'

In Bezug auf literarische Texte und Filme bedeutet ‚Handlung' im weitesten Sinne ‚Situationsveränderung'; der Begriff ‚Handlung' bezieht sich zunächst einmal auf eine von Figuren ausgeführte, subjektiv sinnhafte Zustandsveränderung oder -aufrechterhaltung. Handlungen sind v. a. von vier Faktoren bestimmt: Fähigkeiten, Bedürfnissen, Motivation und Intentionen. Situationsveränderungen können im Drama durch unterschiedliche Faktoren zustande kommen. Einen wichtigen Aspekt bilden die Intentionen der Figuren, aber deren Absichten werden nicht nur in Tragödien häufig durch äußere Mächte vereitelt. Auch in Komödien ist das Erreichen des Ziels meist nicht auf das Gelingen der Pläne der Figuren, sondern auf Zufälle bzw. die ebenfalls fehlschlagenden Handlungen ihrer Widersacher zurückzuführen.

Handlungseinheiten und Handlungsaufbau

Der Begriff der ‚Handlung' bezieht sich im Drama außerdem auf den übergreifenden Handlungszusammenhang des gesamten Stücks. Einer Einteilung von VOLKER KLOTZ zufolge unterscheidet man in Bezug auf die Handlung zwischen einer offenen und einer geschlossenen Form, wobei Letztere eine völlig in sich abgeschlossene Geschichte bildet, die zu einem endgültigen Schluss kommt. Handlungseinheiten bilden der Auftritt, der das kleinste Segment der Handlung darstellt, die Szene und der Akt. Der klassische Aufbau einer Tragödie geht von folgendem Idealtyp einer im Wesentlichen geschlossenen Form von fünf Akten aus: I. Einleitung, II. Steigerung des Konflikts, III. Höhepunkt und Beginn des tragischen Falls des Protagonisten, IV. retardierendes Moment und V. Katastrophe.

Begriff und Status dramatischer Figuren

Die menschenähnlichen Gestalten, die Rezipienten in literarischen Texten und in Filmen begegnen, werden als ‚Figuren' bezeichnet (und nicht als ‚Personen' oder ‚Charaktere', obgleich im Englischen der Begriff *characters* üblich ist). Der Begriff ‚Figur' signalisiert, dass es sich um fiktive bzw. erfundene Gestalten handelt und dass Figuren nicht mit realen Personen gleichzusetzen oder gar zu verwechseln sind. Während sich eine Figur in einem dramatischen Text nur durch ihre Repliken und ihre Handlungen manifestiert, kommen bei einer Bühnenrealisierung und im Film die physische Präsenz des Schauspielers sowie seine Körpersprache hinzu. Grundsätzlich ist zu differenzieren zwischen den (realen) Schauspielern und den (fiktiven) Rollen, die sie auf der Bühne verkörpern.

Darstellungsstile

Dabei lassen sich verschiedene Darstellungsstile bzw. Spielformen unterscheiden, die u. a. nach dem jeweiligen Grad der Illusionsbildung bzw. der Stilisierung skaliert werden können. ‚Klassizistische' Darstellungsstile zeichnen sich etwa dadurch aus, dass sie sich an vorgegebenen Regeln orientieren und die Würde und Feierlichkeit des Spiels betonen, während ‚naturalistische' Spielformen eine ‚Einfühlung' des Zuschauers in die Figur ermöglichen sollen. Berühmt geworden ist Brechts Beharren auf dem ‚Zeigegestus', der die Distanz zwischen Schauspieler und dargestellter Figur erkennbar machen sollte. Auch im Film gibt es eine ähnliche Unterscheidung von Darstellungsstilen, die sich u. a. epochen- und genrespezifisch differenzieren lassen. Dennoch sollte die grundlegende Differenz zwischen den Erfordernissen des Theaters (in dem Gestik und Mimik infolge der größeren Distanz zum Publikum stärker betont werden müssen) und des Films (in dem es bei Detailaufnahmen ausschließlich auf die Mimik und die nuancierte Bewegung einzelner Körperteile ankommt) nicht übersehen werden.

Konzeptualisierungen von Figuren

Bei der Beschäftigung mit Figuren gibt es in der Literaturwissenschaft ganz verschiedene Ansätze, die sich im Hinblick auf die Art und Weise, wie Figuren konzeptualisiert werden, erheblich unterscheiden. In den meisten Interpretationen wird über Figuren wie über real existierende Individuen geschrieben, wobei das Interesse v. a. der psychischen Verfassung und den Beziehungen der Figuren zueinander gilt; in solchen Fällen herrscht eine realistisch-mimetische Auffassung von Figuren vor, d. h. die Ansicht, dass Figuren ‚lebensecht' erscheinen und Menschen nachempfunden sind bzw. diese ‚nachahmen'. Strukturalistische Dramen- und Erzähltheorien legen den Akzent hingegen auf die funktionalen Handlungsrollen von Figuren. Sie betrachten Figuren somit nicht als ‚psychische Entitäten', sondern als Handlungsträger bzw. Funktionsstellen der Handlung; in solchen Ansätzen spricht man von Figuren als ‚Aktanten'. VLADIMIR PROPP hat bei seinen Analysen russischer Volksmärchen eine begrenzte Zahl von Handlungsfunktionen systematisch herausgearbeitet, die er mit bestimmten Rollen des jeweiligen Aktanten bzw. Handlungsträgers verknüpft (z. B. Held, Helfer, Gegenspieler bzw. Schadensstifter). Letztlich sind beide Betrachtungsweisen schon deshalb einseitig, weil es eine wechselseitige Abhängigkeit von Figur und Handlung gibt.

Interdependenz von Figur und Handlung

Seit ARISTOTELES ist das Drama immer wieder als ‚Nachahmung von Handlung' definiert worden. Das dramatische Geschehen ergibt sich aus den Äußerungen der auftretenden Figuren, deren Dialoge die Handlung in Gang setzen und sie vorantreiben. Zwischen Figur und Handlung besteht ein korrelatives Verhältnis: Einerseits führen Figuren Handlungen auf der Basis ihrer notwendig begrenzten Perspektive aus. Andererseits wirken Handlungen zugleich auf die Perspektive einer Figur zurück, weil sich mit jeder Handlung der Informationsstand, die Fähigkeiten und Bedürfnisse sowie die Motivationen und Intentionen einer Figur verändern können.

Personal

Die Gesamtheit aller vorkommenden literarischen Figuren bezeichnet man als das ‚Personal' eines Stücks. Dem ersten Akt von Dramen vorangestellt ist meist ein Personenverzeichnis, das eine Auflistung der *dramatis personae* enthält. Je nach ihrer Wichtigkeit für ein Stück unterscheidet man ‚Haupt-' (*main characters*) und ‚Nebenfiguren' (*minor characters*), wobei die Übergänge fließend sind.

Kontrast- und Korrespondenzrelationen

Ein wichtiges Mittel zur Strukturierung des Personals sind die Gemeinsamkeiten und Unterschiede, die zwischen den Eigenschaften der Figuren bestehen. Diese semantischen Äquivalenzen und Gegensätze werden als ‚Kontrast- und Korrespondenzrelationen' bezeichnet. Durch die Differenzen zu anderen Figuren treten die jeweiligen Besonderheiten der einzelnen Figuren deutlicher hervor. Die Gegenüberstellung mit einem üblen Schurken lässt eine Heldin oder einen Helden in viel hellerem Glanz erstrahlen als der Vergleich mit einer Reihe positiv gezeichneter Figuren.

Figurenkonstellation

Ein einfaches Mittel, um die Struktur des Personals in Dramen, Erzähltexten und Filmen herauszuarbeiten, besteht in der graphischen Darstellung der Beziehungen der Figuren zueinander, die als ‚Figurenkonstellation' bezeichnet werden. Dieser Begriff bezieht sich auf das Verhältnis bzw. die Stellung der Figuren zueinander; er bezeichnet die dynamische Struktur des Personals in einem Drama, Roman oder Film. Es geht dabei also nicht bloß um die Merkmale bzw. Eigenschaften der Figuren, sondern auch um die Anordnung der Figuren und die sich im Textverlauf wandelnden Beziehungen zwischen ihnen. In der Konstellation der Figuren und der Unversöhnlichkeit ihrer Motive sind oft bereits der zu erwartende Widerstreit und das Konfliktpotential angelegt, aus dem sich die dramatische Handlung entwickelt. Bestimmte Gattungen wie die Sittenkomödie zeichnen sich durch relativ festgelegte Figurenkonstellationen aus. Auch in vielen Tragödien gibt es eine klare Gegenüberstellung von ‚Protagonisten' (Hauptfiguren) und ‚Antagonisten' (Widersachern). Dennoch weisen die Gestaltung und Entwicklung von Figurenkonstellationen innerhalb der verschiedenen dramatischen und narrativen Gattungen ein hohes Maß an historischer und kultureller Variabilität auf.

Figurenkonfiguration

Das wichtigste Kriterium für die Gliederung von Szenen ist der Auftritt bzw. Abgang einer oder mehrerer Figuren. Dadurch verändert sich jeweils die als ‚Konfiguration' bezeichnete Zahl der Figuren, die zu einem bestimmten Zeitpunkt auf der Bühne anwesend sind. Die Analyse der Konfigurationsstruktur gibt außerdem Aufschluss über die Bedeutung, die den einzelnen Figuren für ein Stück zukommt, weil die Anzahl der Konfigurationen, an denen Figuren beteiligt sind, Rückschlüsse auf ihren Stellenwert und die Beziehungen zwischen den Figuren zulässt. Außerdem hängt der unterschiedliche Informationsstand der Figuren von den Konfigurationen ab, an denen sie jeweils beteiligt sind.

Figurenperspektive

Der von Pfister (1977: 90) geprägte Begriff der ‚Figurenperspektive' bietet sinnvolle Möglichkeiten, um den Perspektivebegriff für die Analyse der Figurendarstellung in dramatischen (und narrativen) Texten fruchtbar zu machen. In Anlehnung daran lässt sich die individuelle und stets mehr oder weniger begrenzte Wirklichkeitssicht jeder Figur mit dem Terminus ‚Figurenperspektive' bezeichnen, der durch drei Faktoren determiniert ist: (1) den Informationsstand der Figur; (2) die psychologische Disposition der Figur; (3) die ideologische Orientierung der Figur. Der jeweilige Informationsstand und die psychologischen Voraussetzungen bestimmen in ihrer Gesamtheit das Eigenschaftsspektrum und die Persönlichkeitsstruktur einer Figur. Da der unscharfe Begriff ‚ideologische Orientierung' nicht zuletzt aufgrund der vielfältigen Konnotationen des Wortes ‚Ideologie' problematisch ist, kann er durch den Terminus ‚Werte und Normen' ersetzt werden. Diese soziologischen Begriffe sind zum einen präziser definiert, zum anderen sind Werte und Normen der Figuren zum Teil explizit im Text formuliert und können daher leichter ermittelt werden. Der Begriff der Figurenperspektive umfasst also den Merkmalssatz, der eine Figur konstituiert und ihre Sicht der fiktionalen Welt bzw. ihr subjektives Wirklichkeitsmodell bestimmt.

Perspektivenstruktur

Zur Bezeichnung der Gesamtheit aller Figurenperspektiven und ihrer Relationen zueinander hat sich in der Dramentheorie der Begriff der Perspektivenstruktur etabliert (vgl. Pfister 1974, 1977), der sich auch für die Erzähltextanalyse als sehr fruchtbar erwiesen hat (vgl. Kap. 5.3.). Da die Perspektivenstruktur eines Textes auf der Selektion und Kombination von Einzelperspektiven beruht, sind zwei Aspekte bei ihrer Untersuchung zu berücksichtigen: Die paradigmatische Dimension besteht in der Auswahl von Figurenperspektiven, während die syntagmatische Dimension durch die Zuordnung der Perspektiven zustande kommt.

Geschlossene vs. offene Perspektivenstruktur

Bündelt man die verschiedenen Analysekategorien zur Relationierung der Figurenperspektiven, so eröffnet dies die Möglichkeit, Dramen (und auch Romane und Filme) zwischen den Typen einer geschlossenen und einer offenen Perspektivenstruktur zu klassifizieren (vgl. PFISTER 1977: 99). Im Falle der geschlossenen Perspektivenstruktur konvergieren die verschiedenen Figurenperspektiven letztlich in einem gemeinsamen Fluchtpunkt; dabei entsteht der Eindruck, dass es ein einheitliches Weltbild gibt. Im Gegensatz dazu zeichnen sich Dramen mit einer offenen Perspektivenstruktur dadurch aus, dass in ihnen ein gemeinsamer Fluchtpunkt fehlt und dass die Einzelperspektiven auseinander laufen.

Figurenkonzeption

Hinsichtlich der Figurenkonzeption stellt sich zum einen die Frage, ob Figuren unverändert bleiben oder sich entwickeln (‚statische' vs. ‚dynamische Figuren'). Zum anderen ist danach zu fragen, ob es sich um eindimensionale ‚Typen' handelt, die durch einen kleinen, in sich stimmigen Satz von Merkmalen gekennzeichnet sind und vom Individuellen abstrahieren, oder um mehrdimensional konzipierte Figuren, die durch eine Fülle von Eigenschaften individualisiert sind. Je nach dem Grad der Individualisierung ergibt sich ein Spektrum von Möglichkeiten: Die Pole dieser Skala werden von ‚Personifikationen' (Figuren verkörpern bzw. ‚personifizieren' nur eine einzige Eigenschaft) und Individuen (Figuren sind ähnlich stark individualisiert wie reale Menschen) gebildet, wobei dazwischen verschiedene Formen und Grade von Typisierung anzusiedeln sind.

Individuum und Typ

Als Bezeichnungen für unterschiedliche Konzeptionen literarischer Figuren haben sich die Begriffe ‚Individuum' und ‚Typ' eingebürgert. Unter einem ‚Typ' versteht man eine Figur, die kaum individuelle Züge aufweist und stattdessen bestimmte allgemeinmenschliche Züge oder eine soziale Schicht repräsentiert. Gemäß ihrer Herkunft lassen sich verschiedene Arten von Typen und Typisierung unterscheiden: Während der psychologische Typ bestimmte menschliche Verhaltensweisen verkörpert (z. B. der Griesgram oder der Geizhals), ist der soziale Typ (z. B. Höfling, Städter, Bauer etc.) einer bestimmten Berufsgruppe oder Gesellschaftsschicht nachgebildet. Daneben gibt es ethnische, regionale und nationale Stereotype sowie Geschlechterstereotype. Im Unterschied zu solchen Typen zeichnen sich komplex strukturierte literarische Figuren dadurch aus, dass sie mit einer Vielzahl von Eigenschaften ausgestattet sind. Da bei einem Individuum die Betonung auf der persönlichen Eigenart und Unverwechselbarkeit des Einzelnen liegt, steht es einer realen Person am nächsten; derartige

Figuren sind vielschichtig angelegt und durch eine Fülle charakterisierender Merkmale individualisiert.

flat characters vs. *round characters*

Der Gegensatz von Typ und Charakter entspricht E. M. FORSTERS Unterscheidung von ein- und mehrdimensionalen Figuren (*flat* und *round characters*). In Gattungen wie dem Roman und der Tragödie überwiegen meist individuell gezeichnete Figuren; hingegen neigt die Komödie – ebenso wie die Satire, die Romanze und bestimmte Filmgenres wie z. B. der Western – zu typisierender Figurendarstellung. Besonders ausgeprägt ist der Grad an Typisierung etwa in der englischen Restaurationskomödie. Zum Personal vieler Restaurationskomödien zählen der adlige Libertin, der lüsterne, heuchlerische und puritanische Bürger, der tumbe Tölpel vom Lande und die mannstolle ältere Frau.

Historischer Abriss

Zwischen den Polen der Typisierung und der Individualisierung entfaltet sich eine Skala abgestufter Schematisierung mit vielen Zwischenformen, wobei in literaturgeschichtlicher Hinsicht eine fortschreitende Tendenz zur Individualisierung von Figuren unübersehbar ist. Beispielfiguren (*exempla*) in der spätantiken Literatur und im mittelalterlichen Moralitätendrama verkörpern einen abstrakten Begriff, ein Laster oder eine Tugend und entsprechen somit Personifikationen. Im Gegensatz dazu repräsentieren typisierte Figuren in den Komödien der Renaissance und des 17. bis 20. Jh.s nicht eine einzige Eigenschaft, sondern ein begrenztes Bündel psychologischer oder soziologischer Merkmale. Im späten 17. und frühen 18. Jh. erhebt die Poetik des Klassizismus die Typisierung von Figuren sogar zur normativen Regel. Mit ihrer als ‚Decorum' bezeichneten Forderung nach ‚angemessener' Figurendarstellung knüpft sie an die Kategorisierungen des Menschen nach Alter, Geschlecht, Stand und Nationalität an, die aus der Rhetorik des ARISTOTELES und der Poetik des HORAZ abgeleitet wurden. Seit der Romantik (ca. 1780–1830) ist diese klassizistische Charaktertypologie zunehmend entwertet und durch eine individualisierende und psychologisierende Figurendarstellung ersetzt worden, die die Komplexität und Verschiedenartigkeit menschlicher Individualität betont.

Techniken der Figurencharakterisierung

Neben der Konstellation, Konfiguration und Konzeption von Figuren bildet die Figurencharakterisierung, also die Techniken der Informationsvergabe, einen zentralen Bereich der Analyse der Figurendarstellung in Dramen, narrativen Texten und Filmen. Dabei geht es um die Frage, wie Figuren charakterisierende Eigenschaften bzw. semantische Merkmale zugewiesen werden. Im Drama gibt es ein breites Spektrum von Techniken der Figurencharakterisierung, die sich anhand bestimmter Kriterien systematisieren lassen (vgl. PFISTER 1977: 250ff.). Je nachdem, ob bei der Informationsvergabe über die Eigenschaften von Figuren die Figuren selbst oder der Autor als

‚Sender' fungieren, unterscheidet man zwischen ‚figuralen' und ‚auktorialen Charakterisierungstechniken'. Während die charakterisierenden Informationen im ersten Fall von den Figuren als Sprechenden oder Handelnden vergeben werden, gehen sie im zweiten auf die Gesamtstruktur eines Stücks zurück. Die zweite Unterscheidung betrifft die Explizität der Informationsvergabe: Im Falle von expliziter Charakterisierung werden die jeweiligen Eigenschaften oder Wesenszüge einer Figur durch entsprechende Adjektive oder Attribute direkt sprachlich genannt. Im Gegensatz dazu wird das charakteristische Verhalten bei der impliziten Charakterisierung lediglich dargestellt, und es bleibt dem Rezipienten überlassen, Rückschlüsse auf den Charakter einer Figur zu ziehen.

Figurale Charakterisierungstechniken

Zu den figuralen Formen der Charakterisierung zählen alle Techniken der Figurendarstellung, bei denen die Figuren die charakterisierenden Informationen selbst vergeben. Zum einen können sich die Figuren durch ihre sprachlichen Äußerungen selbst charakterisieren, eine Technik, die man als ‚explizite figurale Eigen- bzw. Selbstkommentare' bezeichnet; zum anderen können Figuren andere charakterisieren (‚explizite figurale Fremdkommentare'). Bei beiden Arten ist allerdings zu berücksichtigen, dass solche charakterisierenden Äußerungen immer perspektivisch gebrochen sind und allein schon deshalb keineswegs zuverlässig sein müssen. Außerdem charakterisieren sich Figuren durch ihr Verhalten, ihre Handlungen und ihre Sprechweise fortwährend implizit selbst. Grundsätzlich ist davon auszugehen, dass jede explizite figurale Fremdcharakterisierung insofern immer auch eine implizite figurale Selbstcharakterisierung ist, als das, was eine Figur über andere sagt, zugleich Rückschlüsse auf ihre eigenen Werte, Normen und Eigenschaften zulässt.

Auktoriale Charakterisierungstechniken

Zu den auktorialen Techniken der Figurencharakterisierung zählen hingegen Beschreibungen im Nebentext sowie der Gebrauch sprechender und implizit charakterisierender Namen. Auch die Gemeinsamkeiten und Unterschiede, die zwischen den Figuren bestehen, also die ‚Kontrast- und Korrespondenzrelationen', tragen maßgeblich dazu bei, die Figuren implizit zu charakterisieren. Das folgende Modell fasst die wichtigsten Techniken der Figurencharakterisierung noch einmal auf einen Blick zusammen.

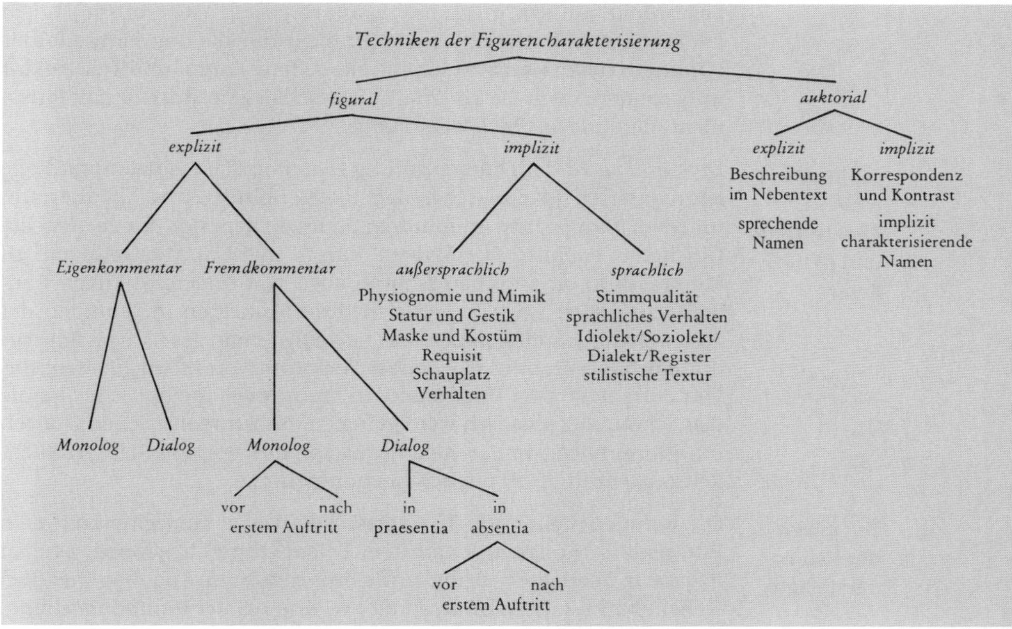

Modell 4.4.: Techniken der Figurencharakterisierung (PFISTER 1977: 252)

6 Raumdarstellung und Zeitstruktur

Die Norm der Einheit von Raum und Zeit

Unter Bezug auf die Poetik des ARISTOTELES, die allerdings nur die Einheit der Handlung explizit gefordert hatte, ging man lange davon aus, dass sich Dramen auch durch eine Einheit von Raum und Zeit auszeichnen sollten. Dies wurde häufig mit der vermeintlichen Pflicht zur Illusionsbildung begründet, denn sonst – so klassische Theorien – könne der Zuschauer sich das Geschehen nicht ausreichend vorstellen: Der reale Raum verändere sich während der Vorstellung schließlich auch nicht, und die reale Zeit stelle ebenfalls ein Kontinuum dar. Die Einheit der Handlung, der Zeit und des Ortes wurde oft in einem Atemzug gefordert, aber es handelt sich natürlich um unterschiedliche Regeln, die auch auf verschiedene Weisen durchbrochen werden können.

Geschlossene vs. offene Raum- und Zeitstruktur

Die dramatische und dramaturgische Praxis wich in vielen Epochen erheblich von der klassizistischen Norm ab. Die Dramen SHAKESPEARES etwa zeichnen sich durch eine offene Raum- und Zeitstruktur aus: Der Ort des Geschehens wechselt sehr häufig, und auch die Zeit ist nicht, wie im Gefolge von ARISTOTELES gefordert, auf einen Tag beschränkt. Mit der Anerkennung SHAKESPEARES als herausragendem Dramatiker änderte sich im 18. Jh. nicht nur die dominante Praxis (Dramen wiesen nun zunehmend eine offene Raum- und Zeitstruktur auf), sondern auch die Theorie: Eine geschlossene Struktur galt fortan nicht mehr als das Maß aller Dinge.

Bühnen- bzw. Theaterraum und fiktiver Raum

In Analogie zu der Differenzierung zwischen Schauspieler und Rolle ist zu unterscheiden zwischen dem realen Bühnen- bzw. Theaterraum und dem fiktiven bzw. imaginären Raum, in dem sich das dargestellte Geschehen ereignet. Der fiktive Raum ist meist nur teilweise optisch konkretisiert; oft sprechen Figuren etwa von anderen fiktiven Räumen, an denen sie sich zwischen ihren Auftritten im Rahmen der Spielwelt aufgehalten haben. Bei der Realisierung des fiktiven Raumes auf der Bühne gibt es ein ganzes Spektrum von Möglichkeiten, das von einer neutralen Umsetzung, in der nur wenige optische Signale den Schauplatz plastisch werden lassen, bis zur realistischen Darstellungsform reicht, in der viele Requisiten den dargestellten Wirklichkeitsausschnitt illusionistisch nachahmen.

Techniken der Raumdarstellung

Die Raumdarstellung in Theaterstücken beruht zum einen auf dem Bühnenbild (Kulissen, Requisiten, Beleuchtung etc.), wobei es dem Regisseur überlassen bleibt, inwiefern er sich an Angaben aus dem Nebentext hält. Zum anderen gibt es eine Art der Raumdarstellung, die als ‚Wortkulisse' (*word-scenery*) oder ‚gesprochener Raum' bezeichnet wird und die der Imagination der Zuschauer manchmal einiges abverlangt. Die Wortkulisse kann sich sowohl auf den Schauplatz der Handlung als auch auf bestimmte Requisiten oder imaginäre Gestalten (etwa geisterähnliche Erscheinungen) beziehen, die nicht direkt auf der Bühne zu sehen sind. Im Gegensatz zum Bühnenbild sind Wortkulissen nicht ‚objektiv' vorgegeben, sondern von der Perspektive und der momentanen Gestimmtheit derjenigen Figuren abhängig, deren Repliken Aufschluss über den jeweiligen Schauplatz geben. Außerdem können Wortkulissen viele Angaben enthalten, die sich auf der Bühne gar nicht konkretisieren lassen.

Kategorien der Raumdarstellung

Für die Analyse der Raumdarstellung sind die Struktur und die Präsentation des Raumes von großer Bedeutung. Durch sie kommt es zu einer Semantisierung des Raumes: Der Raum wird zu einem eigenständigen Bedeutungsträger. So ist es etwa für die Charakterisierung einer Figur sehr wichtig, an welchem Ort sie sich vorzugsweise aufhält oder ob sie räumliche Grenzen überschreitet. Interpretatorisch aufschlussreich sind v. a. die ‚Relationen innerhalb eines Schauplatzes', ‚Relationen zwischen Schauplatz und *off-stage*' im Theater, ‚Relationen zwischen mehreren Schauplätzen' sowie das Verhältnis zwischen ‚fiktivem Schauplatz und realem räumlichen Kontext' (vgl. PFISTER 1977: 339ff.).

Von der Erzählforschung entwickelte Kategorien der Zeitdarstellung wie chronologische und achronische Darstellung, Vorausdeutungen und Rückwendungen, Pausen und Ellipsen (vgl. Kap. 5.7.) werden auch für die Analyse von Dramen und Filmen verwendet. Im Falle dieser plurimedial vermittelten Genres unterscheidet man zwischen realer Spielzeit und fiktiver gespielter Zeit. Unter der realen Spielzeit versteht man die konkrete Dauer des Films oder der Aufführung (abzüglich der Pausen). Bei der fiktiven gespielten Zeit ist hingegen zu unterscheiden zwischen der Zeit, die szenisch realisiert wird, und jener Zeitspanne, über die die Zuschauer im Verlaufe einer Aufführung (etwa während der Exposition oder im Zuge der Aufklärung zunächst rätselhafter Geschehnisse) wichtige Informationen erhalten. Häufig finden sich auch Zeitaussparungen zwischen dramatischen Szenen oder Akten bzw. zwischen filmischen Sequenzen.

Reale Spielzeit vs. fiktive gespielte Zeit

Weiterführende Hinweise zu allen Aspekten der Dramenanalyse finden sich in MANFRED PFISTERS Einführungsbuch *Das Drama. Theorie und Analyse* (1977/2000), das ein umfassendes Repertoire von Kategorien für eine systematische Analyse dramatischer Texte entwickelt. Da dieses Standardwerk zum Drama für eine gründliche Beschäftigung mit dieser Gattung unentbehrlich ist, empfiehlt es sich wärmstens zur Anschaffung, zumal in diesem Kapitel aus Platzgründen nur einige der wichtigsten Analysekategorien, die dort ausführlich dargelegt und anhand von vielen Beispielen illustriert werden, vorgestellt werden konnten. Einen ausgezeichneten Überblick über die Unterschiede zwischen den Konventionen des realistischen, expressionistischen, epischen und absurden Dramas gibt PAUL GOETSCH in seinem Buch *Bauformen des modernen englischen und amerikanischen Dramas* (1977/1992). Nicht minder empfehlenswert ist ein ausgezeichnetes Nachschlagewerk, das umfassende Antworten auf (fast) alle Fragen gibt, die SHAKESPEARES Werke und deren kulturgeschichtliche Kontexte betreffen: das von INA SCHABERT herausgegebene *Shakespeare-Handbuch. Die Zeit – Der Mensch – Das Werk – Die Nachwelt* (1972/2000). Hinweise auf weitere Literatur zur Dramenanalyse und Geschichte des englischen und amerikanischen Dramas finden Sie im 4. Abschnitt des Literaturverzeichnisses.

Lektüretipps zur Dramenanalyse

5

KAPITEL **Einführung in die Erzähltextanalyse**

That cannibal, the novel, which has devoured so many forms of art will by then have devoured even more. We shall be forced to invent new names for the different books which masquerade under this one heading.

VIRGINIA WOOLF, „The Narrow Bridge of Art"

1 Der Roman als narrativ vermittelter Text: Grundzüge narrativer Textkonstitution

Wandlungsfähigkeit des Romans

In ihrem Essay „The Narrow Bridge of Art" bezeichnet VIRGINIA WOOLF den Roman metaphorisch als einen ‚Kannibalen', der sich im Laufe der Gattungsgeschichte schon viele Kunstformen einverleibt hat und auch weiterhin neue integrieren wird. Sie umschreibt damit sehr anschaulich, dass sich diese seit dem 18. Jh. so populäre Gattung als bemerkenswert wandlungsfähig erwiesen hat. Auch die Vielfalt der Genres macht es schwer, den Roman zu definieren. Sie reicht von dominant inhaltlich bestimmten Genres wie Universitätsroman, Spionage- und Agentenroman, Abenteuerroman, Kriegsroman, Künstlerroman, Gesellschaftsroman und Frauenroman bis zu Genres, die sowohl inhaltlich als auch formal definiert sind. Dazu gehören etwa der neopikareske Roman, der Bildungs- und Entwicklungsroman, der Detektiv- und Kriminalroman, der neue Schauerroman, der historische Roman und der Science-Fiction-Roman.

Vielfalt und Gattungsmerkmale der Short Story

Ähnlich groß ist die Wandlungsfähigkeit der Kurzgeschichte bzw. Short Story. Auch deren Erscheinungsformen sind so vielfältig, dass HANS BENDER sie einmal treffend als *„das Chamäleon der literarischen Gattungen"* bezeichnet hat. Dennoch gibt es eine Reihe von Merkmalen, die als konstitutiv für die Kurzgeschichte gelten. Dazu zählen das Prinzip der erzählerischen Ökonomie bei der Stoffgestaltung, die Selektion, Reduktion und Komprimierung bei der Figuren-, Raum- und Zeitdarstellung, die Konzentration auf die Wiedergabe einzelner Ereignisse, Episoden, Szenen oder Situationen sowie die Tendenz zu stilistischer Verknappung und andeutungsreichem Erzählen.

Frage nach der Narrativität

Diese Vielfalt und Wandlungsfähigkeit literarischer Erzählgenres stellt die Literaturwissenschaft vor die Aufgabe, die wesentlichen Elemente des Erzählens und ihre strukturellen Zusammenhänge herauszuarbeiten. Im Mittelpunkt des Interesses steht daher die Narrativität, d. h. die spezifisch narrative Dimension von Erzähltexten, also jene Merkmale, die sie von anderen Gattungen unterscheiden. Da nicht nur Erzähltexte Geschichten erzählen, sind viele der im Folgenden vorgestellten Kategorien auch für die Analyse von Filmen, Comics und anderen narrativen Gattungen relevant.

Zielsetzung und Inhaltsübersicht

Dieses Kapitel setzt sich daher zum Ziel, einen einführenden Überblick über einige Grundlagen der Erzähltheorie zu vermitteln und wichtige Kategorien, Modelle und Methoden der Erzähltextanalyse vorzustellen. Zunächst werden die wichtigsten gattungsspezifischen Merkmale narrativer Texte kurz erörtert und ein Kommunikationsmodell narrativer Texte entworfen. Die nachfolgenden Teilkapitel geben eine Einführung in die zentralen Bereiche der Erzähltextanalyse (Figur, Handlung, Plot, erzählerische Vermittlung, Bewusstseinsdarstellung sowie Zeit- und Raumdarstellung).

Erzähltheorie bzw. Narratologie

Grundlage der Erzähltextanalyse bilden die Erkenntnisse, Kategorien und Modelle der Erzähltheorie bzw. Narratologie (*narratology*). Deren Gegenstand sind die komplexen Strukturen, die das Erzählen einer Geschichte konstituieren. Die strukturalistisch ausgerichtete Erzähltheorie bemüht sich um eine möglichst genaue, systematische und rationale Beschreibung von Textstrukturen. Zu diesem Zweck hat sie eine klar definierte Meta- bzw. Fachsprache sowie schlüssige Beschreibungsmodelle und Analysekategorien entwickelt. Da diese eine differenzierte, systematische und intersubjektiv nachvollziehbare Analyse der Elemente und Strukturen narrativer Texte überhaupt erst ermöglichen, bilden die Beschreibungsmodelle der Erzähltheorie mehr als konzeptionelle Hilfsmittel; sie sind die Grundlage der Interpretation von Erzähltexten.

Story* vs. *discourse

Ausgangspunkt für die Analyse der Struktur von Erzähltexten und Filmen ist die Differenzierung von Kommunikationsebenen, für die es verschiedene Begriffe gibt. Viele Ansätze legen eine Opposition von ‚Sujet' und ‚Fabel' bzw. von *story* und *discourse* zugrunde, die auf den russischen Formalismus und den Strukturalismus zurückgeht. Während der Begriff der *story* die Abfolge der erzählten Ereignisse nach ihrem zeitlichen Ablauf meint, bezieht sich *discourse* auf die Gestaltung der Geschichte durch den Erzähler. Die beiden Grundfragen, die sich aus dieser Unterscheidung ergeben, lauten: (1) Was wird erzählt? (2) Wie wird eine Geschichte erzählerisch (oder auch filmisch) vermittelt? Die Unterscheidung zwischen der Ebene der *story* und der des *discourse* trägt der Tatsache Rechnung, dass ein und dieselbe Geschichte im Hinblick auf Auswahl und Betonung einzelner Ereignisse, sprachliche Gestaltung sowie Wahl der Perspektive und bestimmter Erzählmuster ganz unterschiedlich erzählt werden kann.

Konstituenten narrativer Texte

Die Unterscheidung zwischen *story* und *discourse* liefert einen Bezugsrahmen, um die verschiedenen Konstituenten narrativer Texte zu bestimmen. Der Bereich der erzählten Geschichte wird weiter aufgegliedert in Ereignisse (*events*) und in der Fiktionswelt existierende Phänomene (*existents*), bei denen wiederum zwischen den Figuren (*characters*) und dem Schauplatz (*setting*) unterschieden wird (vgl. CHATMAN 1978: 19). Bei der Analyse der Ebene des Diskurses wird danach gefragt, wer erzählt und aus wessen Sicht die dargestellte Welt geschildert wird.

Story-orientierte Definition von Narrativität

Das Bündel von formalen und/oder inhaltlichen Merkmalen, durch das sich Erzählungen bzw. narrative Texte auszeichnen und von anderen, nicht-narrativen Gattungen und Textsorten unterscheiden, wird als ‚Narrativität' bezeichnet. Definitionen von Narrativität variieren, je nachdem ob sie von der Ebene des Erzählten (der *story*) oder der des Erzählens (*discourse*) ausgehen. In der strukturalistischen Erzähltheorie herrscht die Auffassung vor, dass Erzählungen (im Gegensatz zu Beschreibungen, Abhandlungen und anderen Texttypen) durch eine zeitlich organisierte Handlungssequenz definiert sind, in der es durch ein Ereignis zu einer Situationsveränderung kommt. Von lyrischen und anderen nicht-narrativen Gattungen unterscheiden sich Erzähltexte somit dadurch, dass sie eine Handlung aufweisen.

Discourse-orientierte Definition von Narrativität: Mittelbarkeit

Hingegen sehen am Erzählvorgang interessierte Ansätze in der ‚Mittelbarkeit' des Erzählens das wesentliche Gattungsmerkmal narrativer Texte (vgl. STANZEL 1979: 15ff.). Demzufolge gilt die erzählerische Vermittlung als konstitutives Kennzeichen von Narrativität. Schon deshalb gehört die Untersuchung der Erzählperspektive bzw. des *point of view* zu den zentralen Fragen der Erzähltextanalyse.

Experientiality

Ein dritter Ansatz sieht das Besondere narrativer Texte eher in einem primär inhaltlichen Merkmal: in der grundsätzlichen Möglichkeit von Erzählungen, durch ihre narrative Struktur menschliche Erfahrungen zum Ausdruck zu bringen. Im Gegensatz zu handlungs- bzw. diskursorientierten Bestimmungen des Begriffs definiert MONIKA FLUDERNIK (1996: 12) Narrativität als „*experientiality*", als die ‚quasi-mimetische Evokation lebensweltlicher Erfahrung'. Diese Definition schärft wiederum den Blick dafür, dass in Geschichten stets Erfahrungen und Erlebnisse wiedergegeben werden. Damit rückt die Frage nach der Bedeutung von Narrativität für die Auffassung und Darstellung von Wirklichkeit in den Mittelpunkt.

Merkmalbündel

Anstatt sich auf eine dieser Definitionen zu versteifen, ist es sinnvoller, ähnlich wie im Falle der Lyrik und des Dramas von einem Merkmalbündel auszugehen, durch das sich narrative Texte auszeichnen. Nicht jeder Erzähltext muss alle drei Merkmale aufweisen, sondern in bestimmten Genres, Epochen oder Werken kann eines überwiegen: In Abenteuerromanen steht z. B. die Handlung im Vordergrund, in Romanen mit einer komplexen erzählerischen Vermittlung die Mittelbarkeit und in psychologischen Romanen des Modernismus (*modernism*) das Element der *experientiality*.

2 Kommunikationsmodell narrativer Texte: *story*- vs. *discourse*-orientierte Narratologie

Kommunikationsstruktur narrativer Texte

Das Kommunikationsmodell narrativer Texte liefert einen systematischen Bezugsrahmen für die Untersuchung narrativer Texte, weil es die Einbeziehung aller Instanzen ermöglicht, die im werkexternen und werkinternen Bereich an der Kommunikation eines fiktionalen Erzähltextes beteiligt sind. Die verschiedenen Ausprägungen des Modells, die bis zu fünf Kommunikationsebenen unterscheiden, geben in vereinfachter Form die Kommunikationsstruktur narrativer Texte wieder, indem sie die jeweiligen Sender- und Empfängerinstanzen auf verschiedenen außertextuellen und textuellen Kommunikationsebenen erfassen. In der vertikalen Anordnung werden die Hierarchisierung der Kommunikationsebenen und die funktionalen Einbettungsverhältnisse veranschaulicht, während die horizontale Dimension die *„Binnenstruktur der Kommunikationsniveaus"* (KAHRMANN et al. 1977: 38) aufzeigt. Die folgende Darstellung veranschaulicht die Struktur des Kommunikationsmodells narrativer Texte.

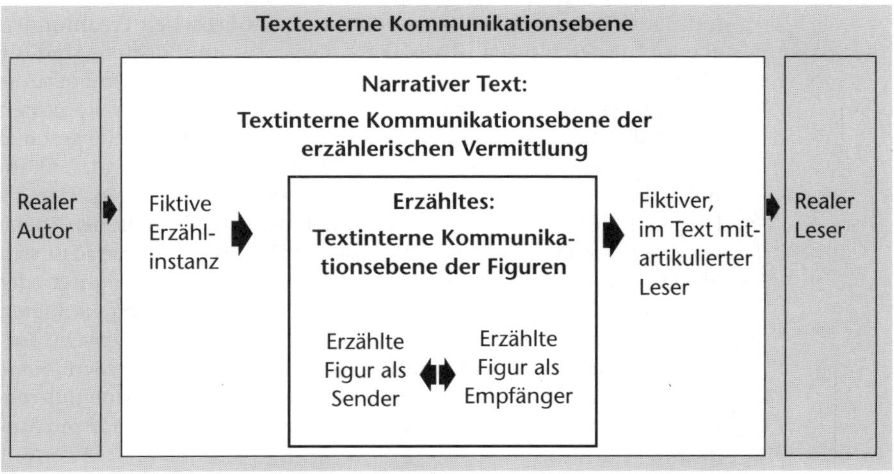

Modell 5.1.: Kommunikationsmodell narrativer Texte

Ebenen und Instanzen des Kommunikationsmodells

Das Kommunikationsmodell narrativer Texte ist kompatibel mit der Unterscheidung zwischen der Ebene des Erzählten (*story*) und der der erzählerischen Vermittlung (*discourse*). Die Kommunikationsebene der fiktiven Handlung, auf der die Sender- und Empfängerrollen wechseln können, wird in dramatischen und narrativen Texten ebenso wie in Filmen durch den Dialog zwischen den Figuren der Geschichte konstituiert. Im Gegensatz zum Drama (vgl. Kap. 4) ist die Sprechsituation der Figuren im Falle von Erzähltexten allerdings in die

Kommunikationsebene der erzählerischen Vermittlung eingebettet. Auf dieser übergeordneten Ebene wendet sich eine fiktive Erzählinstanz (*narrator*) an einen ebenfalls fiktiven, oftmals im Text direkt angesprochenen Leser (*narratee*). Von diesen beiden werkinternen, fiktionalen Kommunikationsebenen ist die werkexterne Ebene der empirischen Kommunikation zu unterscheiden, auf der ein realer Autor als Sender und reale Leser als Empfänger fungieren. Durch die Differenzierung dieser drei Kommunikationsebenen werden die Unterschiede zwischen dem Erzähler und dem historischen Autor sowie zwischen dem fiktiven Adressaten und dem realen Leser eines Erzähltextes verdeutlicht.

Einbettung

Außerdem veranschaulicht das Modell das Konzept der ,Einbettung' der Kommunikationsebenen. Dieser Begriff bezeichnet eine Abfolge erzählerischer Abschnitte, bei der eine Erzählung in eine zweite, hierarchisch übergeordnete eingefügt ist. Das Phänomen der narrativen Einbettung ist durch drei formale Kriterien definiert: Erstens gibt es einen Übergang von einer Erzählebene zur darin eingebetteten Erzählung; zweitens steht die eingefügte Erzählung in einem Unterordnungsverhältnis zur höheren Ebene, so dass eine Umkehrung des Verhältnisses zwischen den beiden Ebenen in realistischen Erzählungen ebenso ausgeschlossen ist wie deren Gleichsetzung; drittens sind die übergeordneten und eingefügten Erzählungen insofern homogen, als sie beide derselben Klasse von Phänomenen – im Falle von Romanen fiktionalen Erzählungen – angehören. Das Kommunikationsmodell narrativer Texte verdeutlicht somit die hierarchischen und funktionalen Einbettungsverhältnisse zwischen den Erzählebenen. Das als Diegese bezeichnete Verhältnis zwischen der extradiegetischen Ebene des Erzählvorgangs und der diegetischen Ebene der Figuren lässt sich als eine Subjekt-Objekt-Relation beschreiben, da die Figuren der erzählten Welt Objekt im Redevollzug des auf einer übergeordneten Ebene situierten erzählenden Subjekts (Erzähler) sind. Typische Formen von narrativer Einbettung sind etwa Rahmenerzählungen (*frame tales*) und eingefügte Erzählungen auf der Handlungsebene (*interpolated tales*), bei denen Figuren passagenweise als Erzählinstanzen fungieren.

***Story*- vs. *discourse*-orientierte Narratologie**

Die verschiedenen Ansätze der Erzählforschung lassen sich danach unterscheiden, welchen Ebenen und Konstituenten von Erzähltexten jeweils ihr besonderes Interesse gilt, kurz: ob sie sich mehr mit dem ,Was' der erzählten Welt oder dem ,Wie' der erzählerischen Vermittlung beschäftigen. Modelle der *story*-orientierten Narratologie beschäftigen sich mit der Struktur der erzählten Geschichte, beziehen sich also auf die Frage, *was* Erzähltexte darstellen. Hingegen gehen Ansätze, die zur *discourse*-orientierten Erzähltheorie zu zählen sind, der Frage nach, *wie* die erzählerische Vermittlung, die Handlungsstruktur oder die Zeitstruktur in narrativen Texten beschaffen sein können.

3 Figur, Handlung und erzählte Welt: Kategorien der *story*-orientierten Narratologie

Zusammen mit Zeit, Raum und allen in der fiktiven Welt ‚existierenden' Objekten konstituieren die Figuren und die Handlung die erzählte Welt. Für die Analyse dieser Konstituenten hat die *story*-orientierte Narratologie verschiedene Kategorien entwickelt. Die Grundfragen, die sich bei der Analyse der erzählten Geschichte stellen, beziehen sich auf die Darstellung der Figuren sowie die Präsentation der Handlung und des Raumes. Für den Bereich der Figurendarstellung können die Erzähltext- und die Filmanalyse auf ein differenziertes Repertoire von Kategorien zurückgreifen, das die Dramentheorie entwickelt hat (vgl. Kap. 4). Ein geeigneter Einstieg für die Ermittlung der Konstituenten einer Geschichte und ihrer Relationen zueinander ist die Anfertigung eines Inhaltsresümees eines narrativen Textes. Als Anhaltspunkte dienen die Bestimmung der Figurenkonstellation, die Erarbeitung der Kontrast- und Korrespondenzrelationen zwischen den Figuren und die Segmentierung der Geschichte in Handlungseinheiten und Handlungsstränge.

Konstituenten der erzählten Welt

Obgleich Figuren in narrativen Texten letztlich nur aus textuellen Elementen bestehen, entsteht im Rezeptionsprozess der Eindruck, dass es sich um menschenähnliche Gestalten handelt. Die Frage, wie aus Worten und Sätzen auf dem Papier überhaupt Personen(vorstellungen) werden können, ist erst durch rezeptionsorientierte und kognitive Ansätze gestellt und beantwortet worden. Zu den Voraussetzungen für die Entstehung solcher Personen(vorstellungen), die Teil bzw. Ergebnis ästhetischer Illusionsbildung sind, zählen nicht bloß die im Text enthaltenen Informationen, sondern auch das Voraussetzungssystem und allgemeine Weltwissen des Rezipienten, v. a. dessen implizite Persönlichkeitstheorien (vgl. GRABES 1978; SCHNEIDER 2000).

„Wie aus Sätzen Personen (und erzählte Welten) werden"

Bei der Anwendung auf die Analyse von Erzähltexten bedürfen einige der dramentheoretischen Konzepte jedoch einer Modifizierung bzw. Ergänzung, weil bei narrativen Texten die Ebene der erzählerischen Vermittlung zu berücksichtigen ist. Während die Begriffe zur Beschreibung von Figurenkonzeptionen und Figurenkonstellationen (vgl. Kap. 4.5.) auch für narrative Texte Gültigkeit haben, ist das Repertoire der Techniken der Figurencharakterisierung differenzierungsbedürftig. Ergänzt werden die auch im Drama gebräuchlichen Techniken der expliziten und impliziten figuralen Selbst- und Fremdcharakterisierung v. a. durch die charakterisierenden Äußerungen der Erzählinstanz. Diese kann durch expositorische Informationsvergabe, Kommentare und Wertungen in vielfältiger Weise zur Charakterisierung der Figuren und zur Rezeptions- und Sympathielenkung beitragen.

Figurencharakterisierung

Narrative Techniken der Figurencharakterisierung

Bei der Frage nach den Techniken der Figurendarstellung ist erstens wesentlich, von welchem textuellen Sprecher die charakterisierenden Informationen vergeben werden. Dabei ist zum einen zu fragen, ob eine Figur vom Erzähler oder von einer anderen Figur charakterisiert wird; zum anderen besteht ein Unterschied zwischen Selbst- und Fremdcharakterisierung. Zweitens ist zwischen expliziter und impliziter Charakterisierung zu unterscheiden, je nachdem ob die jeweiligen Attribute direkt sprachlich genannt oder aus dem Verhalten einer Figur indirekt erschlossen werden müssen. Drittens ist zu berücksichtigen, wie verlässlich bzw. unzuverlässig explizite Selbst- oder Fremdcharakterisierungen jeweils sind. Grundsätzlich ist davon auszugehen, dass jede explizite Fremdcharakterisierung immer auch eine implizite (oftmals unbewusste) Selbstcharakterisierung ist, weil die Art und Weise, wie ein Sprecher andere beurteilt, zugleich Rückschlüsse auf dessen eigene Einstellungen und Werte zulässt. Darüber hinaus ist zu fragen, welche der Figuren sich in direkter Rede äußern, von welchen Figuren Wahrnehmungs- und Bewusstseinsvorgänge dargestellt werden und ob bzw. welche Informationen über das Äußere und den biographischen Hintergrund einer Figur vergeben werden.

Figurenperspektive und Erzählerperspektive

Die traditionelle Frage nach der Charakterisierung literarischer Figuren lässt sich durch einen Rückgriff auf das im vorigen Kapitel erläuterte Konzept der ‚Figurenperspektive' analytisch präzisieren. Dieser Begriff bezeichnet das Eigenschaftsspektrum und die individuelle Wirklichkeitssicht einer Figur und ist inhaltlich durch drei Faktoren bestimmt: den Informationsstand, die psychologische Disposition sowie die Werte und Normen einer Figur. In Analogie dazu kann man auch von einer Erzählerperspektive sprechen, denn auch bei einem Erzähler, der sich persönlich zu Wort meldet und als Sprecher fassbar wird (vgl. Kap. 5.5.), erhalten Rezipienten Einblick in dessen psychologische Disposition sowie Werte und Normen. Im Gegensatz zu dem Begriff ‚Erzählperspektive', der meist synonym mit ‚Erzählsituation' gebraucht wird, bezieht sich das Konzept der Erzähl*er*perspektive jedoch nicht auf das ‚Wie' der erzählerischen Vermittlung, sondern auf das Persönlichkeitsbild, das Rezipienten auf der Grundlage der im Text enthaltenen Informationen von der Erzählinstanz entwerfen. Die Perspektive eines Erzählers wird v. a. an den Werten und Normen deutlich, die er vertritt.

Perspektivenstruktur narrativer Texte

Aus dem Verhältnis aller Einzelperspektiven zueinander ergibt sich die ‚Perspektivenstruktur eines narrativen Textes'. Im Unterschied zur Perspektivenstruktur dramatischer Texte (vgl. Kap. 4.5.) bezeichnet dieser Begriff im Falle von Erzähltexten nicht nur das übergeordnete System von Kontrast- und Korrespondenzrelationen zwischen allen Figurenperspektiven, sondern erfasst auch die Gemeinsamkeiten und Unterschiede zwischen den Werte- und Normensystemen der Figuren und der Perspektive des Erzählers. Daher ist er von grundlegender

Bedeutung, um Aufschluss über so zentrale Phänomene wie die Sympathielenkung oder die Rekonstruktion des Werte- und Normensystems eines Textes zu gewinnen. Die Perspektivenstruktur lässt sich durch die Selektion der Einzelperspektiven, den quantitativen Aspekt des Umfangs und den qualitativen Aspekt der Streuung des Perspektivenangebots (z. B. Breite des gesellschaftlichen und kulturellen Spektrums der Figurenperspektiven) sowie durch die Strukturierung des Ensembles von Perspektiven charakterisieren (vgl. NÜNNING/NÜNNING 2000).

Story vs. plot

Aufgrund der im Dramenkapitel bereits erläuterten Interdependenz von Figur und Handlung sind Figuren auch Träger der Handlung. Zur Bezeichnung der übergeordneten, auf den Inhalt des Textes als Ganzen bezogenen Handlung gibt es verschiedene Begriffe. Nach einer vielzitierten Unterscheidung von E.M. FORSTER differenziert man zwischen Geschichte (*story*) und Plot (*plot*). Der Begriff ‚*story*' bezieht sich dabei auf die Ereignisse in ihrer chronologischen Reihenfolge, ohne dass deren kausale Beziehungen in den Blick geraten. Einen Plot hat eine Geschichte hingegen dann, wenn die Handlungselemente zusätzlich kausal und logisch miteinander verknüpft sind. Um es mit einem Beispiel FORSTERS (1927/1981: 93f.) zu verdeutlichen: „*A plot is also a narrative of events* [wie die *story*], *the emphasis falling on causality. 'The king died and then the queen died', is a story. 'The king died, and then the queen died of grief', is a plot.*" Dieser nur aus einem Satz bestehende Plot weist gleich zwei Ereignisse auf, wobei das zweite in einem ursächlichen Zusammenhang zum ersten steht.

Ereignis

Den Plot bzw. Handlungsverlauf kann man in Segmente unterschiedlichen Umfangs untergliedern; die kleinste Einheit einer Handlung ist das Ereignis. Anknüpfend an die alltagssprachliche Bedeutung von ‚Begebenheit' bzw. ‚bedeutsames Geschehen' bezeichnet der Begriff ‚Ereignis' in strukturalistischen Erzähl- und Dramentheorien „*die kleinste unzerlegbare Einheit des Sujetaufbaus*" (LOTMAN 1972: 330). Ein Ereignis treibt den Plot voran und führt zu einer Zustands- bzw. Situationsveränderung auf der Ebene der Figuren. Im Rahmen seines semiotischen Ansatzes definiert LOTMAN (1972: 332) ein Ereignis als „*die Versetzung einer Figur über die Grenze eines semantischen Feldes*". Wie an FORSTERS Beispiel bereits deutlich wurde, stellen auch nicht intendierte Zustandsveränderungen Ereignisse dar. Obgleich auch Geschehnisse wie das Aufziehen von Wolken als Ereignis gelten, macht eine Aneinanderreihung solcher Sequenzen allein noch keinen narrativen Text aus. Vielmehr weisen Erzählungen immer auch handelnde Instanzen auf (Figuren, z. T. anthropomorphisierte, d. h. vermenschlichte, Instanzen wie sprechende Tiere), die die Wahl zwischen verschiedenen Handlungsentwürfen haben.

Kernels vs. satellites

Um Ereignisse gemäß ihrer Bedeutung innerhalb der Handlung voneinander zu unterscheiden, hat ROLAND BARTHES (1966: 9f.) die Unterscheidung zwischen ‚Kernen' bzw. ‚Kardinalfunktionen' auf der einen und ‚Katalysen' bzw. ‚Satellitenereignissen' auf der anderen Seite etabliert. ‚Kerne' bzw. ‚Kardinalfunktionen' (*kernels* bzw. *nuclei*) sind für den Handlungsverlauf konstitutive bzw. handlungsvorantreibende Ereignisse, die Optionen eröffnen. Als ‚Katalysen' bzw. ‚Satellitenereignisse' (*catalysts* bzw. *satellites*) werden hingegen nicht-notwendige Ereignisse bezeichnet, die die zentrale Handlungssequenz bloß ausschmücken und deren Wegfall den logischen Zusammenhang einer Erzählung nicht stören würde. Ereignisse können entweder ‚verkettet' sein, d. h. auf derselben Erzählebene direkt aufeinander folgen, oder ein Ereignis kann – ähnlich wie eine Geschichte in eine Rahmenerzählung – in ein anderes ‚eingebettet' sein. Problematisiert wird die Vorstellung von Ereignishaftigkeit, die im Realismus ihre modellhafte Verwirklichung fand, in vielen handlungsarmen Werken des Modernismus (z. B. bei VIRGINIA WOOLF), die die Repräsentation mentaler ‚Ereignisse' aufwerten, und in der Postmoderne, in der die Konstruktivität von Ereignissen betont wird.

Handlungs- und Tiefenstrukturen

Darüber hinaus stellt sich die Frage, ob verschiedenen Handlungsverläufen die gleiche Tiefenstruktur zugrunde liegt. Bekannt geworden ist v.a. VLADIMIR PROPPS systematische Untersuchung der Handlungsstruktur russischer Zaubermärchen. PROPP konnte zeigen, dass solche Märchen eine gemeinsame Handlungsstruktur aufweisen, die aus insgesamt 31 invariablen Elementen, sog. Funktionen, besteht. Diese Funktionen – etwa ‚Der Held verlässt das Haus.', ‚Er wird auf die Probe gestellt.', ‚Der Held und sein Gegenspieler treten in den Kampf.' etc. – sind nicht in allen Märchen vollständig vorhanden, treten aber immer in der gleichen Reihenfolge auf. Wie sich z. B. an James-Bond-Filmen immer wieder beobachten lässt, folgen insbesondere Unterhaltungsliteratur und -filme häufig solchen festgelegten Schemata, die nur geringfügig variiert werden.

Plottypologien

Da es zwischen den Plots verschiedener Texte offensichtliche Ähnlichkeiten gibt, hat man außerdem versucht, Plottypologien zu entwickeln. Eine der ersten dieser Typologien differenzierte nach der Ereignishaftigkeit der jeweiligen Handlungen bzw. nach den jeweiligen Dominanzverhältnissen zwischen ‚äußerer' und ‚innerer' Handlung und unterschied zwischen *novel of action* und *novel of character*. Dieses Schema wurde später um den Typus des *plot of thought* erweitert. Inzwischen gibt es eine Vielzahl von Plotbezeichnungen, von denen z. B. *courtship plot, seduction plot, initiation plot* oder *quest* einige der bekanntesten sind; man spricht aber auch von spezifischeren Formen wie dem Generationsplot, *coming-out plot* oder Mutter-Tochter-Plot (vgl. GUTENBERG 2000).

Zu den Grundfragen der Erzähltextanalyse zählt außerdem die Segmentierung des Handlungsverlaufes in Handlungsstränge. In Erzähltexten und Filmen unterscheidet man zwischen einsträngiger und mehrsträngiger Handlungsführung. Kriterien für diese Differenzierung sind die Aufteilung des Personals in separate Gruppen, Veränderungen in der Figurenkonstellation, das Nebeneinander verschiedener Schauplätze und Zeitebenen, Ortswechsel sowie die Kohärenz und Eigenständigkeit von abgrenzbaren Handlungsverläufen (vgl. NISCHIK 1981).

Einsträngigkeit und Mehrsträngigkeit

Bei der Analyse der Handlung von Erzähltexten wird den Fragen nach den Formen des Romaneingangs, der Gestaltung der Exposition und den Techniken der Schlussgebung besondere Aufmerksamkeit gewidmet. Im Hinblick auf die Vielzahl von Möglichkeiten, die Anfänge narrativer Texte zu gestalten, unterscheidet die Theorie des Romaneingangs zwischen der detaillierten Entfaltung der Handlung von ihren Anfängen und der Vorgeschichte her (‚Beginn *ab ovo*‘), dem unmittelbaren Hineinversetzen in die voranschreitende Handlung (‚Beginn *in medias res*‘) sowie der analytischen Struktur, die mit dem Ende der Geschichte beginnt und allmählich die Voraussetzungen der Eingangssituation aufdeckt (‚Beginn *in ultimas res*‘). Zur Exposition zählen die zum Verständnis der erzählten Geschichte notwendigen Informationen über Zeit, Ort, Figuren und Vorgeschichte der Handlung. Trotz der Besonderheiten, die aus der narrativen Vermittlung von Erzähltexten resultieren, entsprechen die Grundformen der expositorischen Informationsvergabe am Romaneingang denen im Drama. Auch im Roman und im Film kann man daher zwischen einer ‚initial-isolierten Exposition‘ und einer ‚sukzessiv-integrierten Exposition‘ unterscheiden (vgl. Kap. 4.4.).

Gestaltung von Romaneingang und Exposition

Ähnlich wie im Falle dramatischer Texte stellt sich bei den Techniken der Schlussgebung in narrativen Texten die Grundfrage, ob es sich um ein ‚geschlossenes Ende‘ handelt, bei dem die Probleme gelöst und die Handlung zu einem logischen Abschluss geführt wird, oder um ein ‚offenes Ende‘, bei dem die Konflikte ungelöst und das Schicksal der Figuren offen bleiben. Ein ‚erwartetes Ende‘ liegt im Falle der ‚poetischen Gerechtigkeit‘ (*poetic justice*) vor, der moralisch gerechten Verteilung von Lohn und Strafe. Wenn es sich um einen unerwarteten Eingriff einer von außen kommenden und am Handlungsverlauf unbeteiligten Instanz handelt, spricht man von einem ‚*deus-ex-machina*-Ende‘.

Schlussgebung

4 Merkmale der drei ‚typischen Erzählsituationen': Kategorien der *discourse*-orientierten Narratologie (1)

Begriffe zur Bezeichnung des ‚Wie' der Vermittlung

Im Gegensatz zu den auf die erzählte Geschichte bezogenen Analysekategorien geht es im Folgenden um die Gestaltung der erzählerischen Vermittlung bzw. des *discourse*, also um Aspekte der *discourse*-orientierten Narratologie. Kein Aspekt der Erzähltextanalyse ist so ausführlich erörtert worden wie die Frage, wie ein Geschehen erzählerisch vermittelt werden kann. Die Gestaltung der erzählerischen Vermittlung wird als ‚Erzählperspektive', ‚Erzählsituation' oder ‚*point of view*' eines narrativen Textes bezeichnet. Die Untersuchung der Erzählsituation bzw. des *point of view* gehört schon deshalb zu den zentralen Fragen der Erzähltextanalyse, weil die erzählerische Vermittlung das konstitutive Gattungsmerkmal narrativer Texte ist. Die meist synonym gebrauchten Begriffe ‚Erzählsituation' und *point of view* sowie die etablierten *point-of-view*-Typologien, die zu den grundlegenden Kategorien der Erzähltextanalyse zählen, beziehen sich alle auf die Art und Weise, wie Ereignisse, Handlungen oder Bewusstseinsvorgänge in narrativen Texten erzählerisch vermittelt werden.

Stanzels Modell der drei typischen Erzählsituationen

Ein ebenso bewährtes wie verbreitetes Modell ist FRANZ STANZELS (1979) Typenkreis der ‚drei typischen Erzählsituationen', der die grundsätzlichen Möglichkeiten beschreibt, die Mittelbarkeit des Erzählens zu gestalten. Die Typologie beruht auf den drei Parametern ‚Modus', ‚Person' und ‚Perspektive', die jeweils zu skalierten Differenzierungen zwischen den Oppositionspaaren ‚Erzähler/Reflektor', ‚Ich-Bezug/Er-Bezug' und ‚Innenperspektive/Außenperspektive' führen. Jede der drei Erzählsituationen (ES) zeichnet sich durch die Dominanz eines Pols der ihr zugeordneten Opposition aus: Für die auktoriale ES ist die ‚Außenperspektive' kennzeichnend, für die Ich-ES die ‚Dominanz der Identität der Seinsbereiche' von Erzählern und Figuren und für die personale ES die ‚Dominanz des Reflektor-Modus'.

Kriterien zur Bestimmung der Erzählsituation

Die Grundfrage, welche Erzählsituation in einem narrativen Text vorliegt, hängt zum einen von der Identität und Explizität des Erzählers ab. Zum anderen ist danach zu fragen, aus wessen Blickwinkel die erzählte Welt wahrgenommen wird. Bei der ersten Frage ist v.a. entscheidend, ob die Erzählinstanz am Geschehen auf der Figurenebene selbst beteiligt ist oder nicht. Bei der zweiten Frage geht es darum, ob der Rezipient die erzählte Welt aus der Außenperspektive des Erzählers oder der Innenperspektive einer beteiligten Figur präsentiert bekommt.

Ich-Erzählsituation

Wenn die Erzählinstanz Teil der erzählten Geschichte ist, handelt es sich um einen ‚Ich-Erzähler'. In der Ich-ES wird das Geschehen von einem ‚erzählenden Ich' (*narrating I*) berichtet, das selbst als Figur oder ‚erlebendes Ich' (*experiencing I*) an der Handlung in der fiktiven Welt teilnimmt. Erzählendes und erlebendes Ich sind zwar personal identisch, aber häufig nicht nur durch eine zeitliche Distanz getrennt, sondern auch durch eine moralische Distanz, die meist aus der Läuterung und dem Reifungsprozess der Erzählinstanz resultiert. Die Ich-ES unterscheidet sich dadurch von der auktorialen und personalen ES, dass der Ich-Erzähler zugleich als Protagonist (*I-as-protagonist*) oder als Nebenfigur (*I-as-witness*) an dem fiktiven Geschehen beteiligt ist. Einige der typischen Merkmale der Ich-ES werden am Anfang von CHARLES DICKENS' Bildungsroman *The Personal History of David Copperfield* (1849–50), in dem der Titelheld seine eigene Geschichte erzählt, sehr schön deutlich:

Beispiel für die Ich-Erzählsituation

Whether I shall turn out to be the hero of my own life, or whether that station will be held by anybody else, these pages must show. To begin my life with the beginning of my life, I record that I was born (as I have been informed and believe) on a Friday, at twelve o'clock at night. It was remarked that the clock began to strike, and I began to cry, simultaneously.

Beschränkungen des Ich-Erzählers

Aus der Zugehörigkeit des Ich-Erzählers zur Welt der Figuren ergibt sich ein weiteres Merkmal der Ich-ES: Die Bewusstseinsdarstellung ist auf die Gedanken und Gefühle des Ich beschränkt. Ich-Erzähler haben keinen Einblick in das Bewusstsein anderer Figuren, sondern können über Gedanken und Gefühle anderer allenfalls Mutmaßungen anstellen. Auch sonst sind Ich-Erzähler an die kognitiven Grenzen des menschlichen Erkenntnisvermögens und an physikalische Gesetzmäßigkeiten gebunden. So können Ich-Erzähler, die sich als Augenzeugen für die fiktive Faktizität des Erzählten verbürgen, zu jedem Zeitpunkt nur an einem Schauplatz anwesend sein. Über das Geschehen an anderen Orten wissen sie nur insofern Bescheid, als sie durch andere Figuren darüber informiert sind. Ich-Erzähler sind zwar nicht daran gebunden, nur solche Ereignisse zu erzählen, bei denen sie selbst zugegen waren, doch bedarf die Wiedergabe von fiktivem Geschehen, welches die Erzählinstanz nicht selbst erlebt oder beobachtet hat, konventionellerweise einer legitimierenden Erläuterung, in der die Informationsquellen benannt und die Kenntnisse von den erzählten Ereignissen plausibilisiert werden. Ein retrospektiver Ich-Erzähler überblickt in der Regel zwar das gesamte vergangene Geschehen bis zur Gegenwart des erzählenden Ichs, kann aber im Gegensatz zum ‚allwissenden' auktorialen Erzähler nicht in die Zukunft blicken.

Auktoriale Erzählsituation

Im Gegensatz zur Ich-ES stehen auktoriale Erzähler – ebenso wie die für die personale ES charakteristischen neutralen Erzählinstanzen – außerhalb der Welt der Figuren. In der auktorialen ES herrscht meist Außenperspektive vor. Auktoriale Erzähler treten als konkret fassbare Sprecher in Erscheinung und stellen sich durch persönliche Einmischungen, Kommentare zum Geschehen und moralische Werturteile als fiktive Individuen dar. Leseranreden, Vorausdeutungen, Verallgemeinerungen und Thematisierung des Erzählvorgangs sind weitere typische Kennzeichen der auktorialen ES. Ein besonders typisches Beispiel dafür ist der Anfang des 3. Kapitels von Buch 1 aus HENRY FIELDINGS Roman *The History of Tom Jones. A Foundling* (1749):

Beispiel für die auktoriale Erzählsituation

I have told my reader, in the preceding chapter, that Mr. Allworthy inherited a large fortune; that he had a good heart, and no family. Hence, doubtless, it will be concluded by many that he lived like an honest man, owed no one a shilling, took nothing but what was his own, kept a good house, entertained his neighbours with a hearty welcome at his table, and was charitable to the poor, i.e., to those who had rather beg than work, by giving them the offals from it; that he died immensely rich and built an hospital.

And true it is that he did many of these things; but had he done nothing more I should have left him to have recorded his own merit on some fair freestone over the door of that hospital. Matters of a much more extraordinary kind are to be the subject of this history, or I should grossly misspend my time in writing so voluminous a work; and you, my sagacious friend, might with equal profit and pleasure travel through some pages which certain droll authors have been facetiously pleased to call The History of England.

Privilegien der auktorialen Erzählinstanz

Ein weiterer Unterschied zwischen der auktorialen ES und der Ich-ES besteht darin, dass einem auktorialen Erzähler in der Regel ‚Allwissenheit' (*omniscience*) und ‚Omnipräsenz' (*omnipresence*) zugeschrieben werden. Hinter diesen irreführenden Begriffen verbirgt sich ein Bündel von Privilegien, durch die sich viele auktoriale Erzählinstanzen auszeichnen und die sich wie folgt präzisieren und systematisieren lassen:

- das Privileg, Einblick in das Bewusstsein aller Figuren zu haben und mit ihren Gedanken und Gefühlen vertraut zu sein;
- das Privileg der unsichtbaren und fiktiven Allgegenwart, d. h. sowohl Anwesenheit an Orten, an denen Figuren allein sind, als auch gleichzeitige Präsenz an mehreren Schauplätzen;
- das Privileg, einen Überblick über den gesamten vergangenen, gegenwärtigen und zukünftigen Handlungsverlauf zu haben.

Personale Erzählsituation

Kennzeichnend für die personale ES sind v. a. zwei Merkmale: Im Gegensatz zur Ich-ES und zur auktorialen ES tritt erstens der fiktive Erzähler in der personalen ES meist so weit zurück, dass die Spuren des Erzähltwerdens kaum mehr erkennbar sind. Zweitens zeichnet sich die personale ES dadurch aus, dass die erzählte Welt aus der Sicht einer am Geschehen beteiligten Figur, einer ‚Reflektorfigur', präsentiert wird. Diese fungiert als personales Medium bzw. Orientierungszentrum, dessen Wahrnehmungen und Bewusstseinsvorgänge maßgeblich dafür sind, was überhaupt dargestellt wird. Bei der personalen ES rückt die Repräsentation subjektiver Sinneseindrücke und Bewusstseinsprozesse an die Stelle des Berichts über Ereignisse oder Handlungen. Daher vermittelt die personale ES dem Rezipienten den Eindruck, er oder sie habe direkten Einblick in die Sinneseindrücke und Bewusstseinsprozesse der wahrnehmenden, denkenden oder fühlenden Figur. Während das Geschehen in der auktorialen ES vorwiegend aus der Außenperspektive des übergeordneten Erzählers wiedergegeben wird, dominiert in der personalen ES somit die Innenperspektive. Der etwas irreführende Begriff ‚personal' bezieht sich nicht auf die Erzählinstanz, die in der personalen ES gerade nicht als Sprecher hervortritt (daher gibt es auch den Begriff ‚personaler Erzähler' nicht!), sondern auf die auch als ‚personales Medium' (STANZEL) bzw. ‚personales Orientierungszentrum' bezeichnete Reflektorfigur, aus deren Wahrnehmungs- und Bewusstseinsperspektive das Geschehen wiedergegeben bzw. ‚reflektiert' wird. Der Anfang von VIRGINIA WOOLFS Roman *Mrs. Dalloway* (1925), bei dem der Rezipient ohne auktoriale Exposition unmittelbar in die Erlebnisperspektive der Titelfigur hineinversetzt wird, ist ein typisches Beispiel für die personale ES.

Beispiel für die personale Erzählsituation

Mrs. Dalloway said she would buy the flowers herself. For Lucy had her work cut out for her. The doors would be taken off their hinges; Rumpelmayer's men were coming. And then, thought Clarissa Dalloway, what a morning – fresh as if issued to children on a beach.

What a lark! What a plunge! For so it had always seemed to her when, with a little squeak of the hinges, which she could hear now, she had burst open the French windows and plunged at Bourton into the open air. How fresh, how calm, stiller than this of course, the air was in the early morning; like the flap of a wave; the kiss of a wave; chill and sharp and yet (for a girl of eighteen as she then was) solemn, feeling as she did, standing there at the open window, that something awful was about to happen [...].

Storytelling frame* vs. *viewing frame

Die personale ES zeichnet sich insgesamt dadurch aus, dass sie einen ganz anderen Gesamteindruck hervorruft als die Ich-ES und die auktoriale ES. Die wichtigste Gemeinsamkeit der beiden zuletzt genannten Erzähltechniken besteht darin, dass Rezipienten in beiden Fällen den Eindruck gewinnen, dass ihnen ein deutlich erkennbarer Sprecher eine Geschichte erzählt. Da dabei der Akt und Prozess des Erzählens im Vordergrund steht, bezeichnet man das entsprechende kognitive Schema als *storytelling frame*. Kennzeichnend für dieses Schema ist die Illusion der Präsenz und Nähe eines personalisierbaren Erzählers, der eine Geschichte erzählt, sich persönlich zu Wort meldet und sich an einen Zuhörer wendet. Im Gegensatz dazu zeichnet sich der Reflektormodus der personalen ES dadurch aus, dass man als Rezipient den Eindruck hat, das Geschehen mit den Augen bzw. aus der Erlebnisperspektive einer wahrnehmenden Figur zu verfolgen. Dabei wird nicht die Illusion etabliert, es mit einem personalisierbaren Erzähler zu tun zu haben, sondern die Vorstellung, Wahrnehmungs- und Bewusstseinsvorgänge einer Figur unmittelbar zu verfolgen. Diese kognitiven Schemata des Sehens, Wahrnehmens oder Erlebens werden als *„VIEWING frames"* (FLUDERNIK 1996: 345) bzw. als *„script of experiencing"*

(FLUDERNIK 1993: 449) bezeichnet. Sie sind das eigentliche ‚Markenzeichen' des für die personale ES charakteristischen Reflektormodus: „*[R]eflectoral narration* [...] *structures narration around the script of* experiencing *or* viewing, *rather than* telling *events.*" (ebd.) Die Gegenüberstellung der beiden folgenden Textauszüge – des Anfangs von J. D. SALINGERS viel gelesenem Bestseller *The Catcher in the Rye* (1951) und einer Passage aus ANITA BROOKNERS Roman *Hotel du Lac* (1984) – veranschaulicht den Unterschied zwischen dem *storytelling frame* und dem *viewing frame*:

Beispiel für *storytelling frame*

If you really want to hear about it, the first thing you'll probably want to know is where I was born, and what my lousy childhood was like [...] *and all that David Copperfield kind of crap, but I don't feel like going into it.*

Beispiel für *viewing frame*

Slightly more alert by now, she looked round the room, but there was little to see; the grey men were still absorbed in their conversation; two young couples, from the town, obviously, having a night out, had been placed near the windows, overlooking the invisible garden.

Mischformen

V. a. zwischen der auktorialen und der personalen ES, sehr viel seltener zwischen der Ich-ES und der auktorialen ES, gibt es verschiedene Mischformen. Die Stadien des Übergangs zwischen der auktorialen und personalen ES lassen sich zum einen nach der Deutlichkeit abstufen, mit der der Erzähler als Sprecher in Erscheinung tritt. Zum anderen unterscheiden sie sich im Hinblick auf die Dominanzverhältnisse, die zwischen dem Vorherrschen von Außen- und Innenperspektive bei der Darstellung der Figuren bestehen. Viele Romane beginnen zwar mit einer auktorial vermittelten Exposition, doch im Verlaufe der Handlung tritt der Erzähler immer weiter zugunsten einer (oder mehrerer) Reflektorfigur(en) in den Hintergrund. Ein Beispiel für einen Ich-Erzähler, der einige auktoriale Züge trägt, ist die redselige Titelfigur in LAURENCE STERNES einzigartigem Roman *The Life and Opinions of Tristram Shandy, Gentleman* (1759–67).

Historische Entwicklung der Erzählsituation

Erzähltechniken sind keine überzeitlichen Idealtypen, sondern historisch bedingt und unterliegen ebenso wie die Themenwahl geschichtlichen Veränderungen. Dies zeigt sich besonders deutlich an der historischen Entwicklung der Erzählsituationen. In Romanen und anderen Erzähltexten des 16. bis 19. Jh.s finden sich v. a. die Ich-ES und die auktoriale ES, die bis zum 20. Jh. die beiden dominanten Erzählmodelle prägten: zum einen das in der Ich-ES gehaltene Erzählmodell der fiktionalen Autobiographie, deren berühmtester Vorläufer DANIEL DEFOES Roman *Robinson Crusoe* (1719) ist, zum anderen das von HENRY FIELDING in der Mitte des 18. Jh.s in England eingeführte Modell der auktorialen ES, das im englischen und amerikanischen Roman des 18. und 19. Jh.s vorherrschend war. Sieht man einmal von wichtigen Vorläufern wie den Romanen JANE AUSTENS ab, so hat sich die personale ES erst seit dem Ende des 19. Jh.s aus dem auktorialen Erzählen heraus entwickelt. An die Stelle der im viktorianischen Roman vorherrschenden Techniken der Ich-ES und des auktorialen Erzählens, die dem traditionellen *telling*-Modus entsprechen, treten im Modernismus unpersönliche und szenische Darstellungsweisen (*showing*-Modus). Neben der Skepsis gegenüber der Vorstellung von einem ‚allwissenden' Erzähler spielte dabei v.a. das zunehmende Interesse an der Psychologie eine Rolle, das sich in der Entwicklung neuer Techniken der Bewusstseinsdarstellung niederschlug (vgl. Kap. 5.6.).

Erzählsituationen und Wirklichkeitsauffassung

Die Untersuchung der Erzählsituation ist kein formalistischer Selbstzweck, sondern kann Einblick in die Wirklichkeitsdarstellung in literarischen Erzähltexten vermitteln. Erzähltechniken ergeben sich aus sozialen und weltanschaulichen Voraussetzungen und sind Ausdruck bestimmter Wirklichkeitsauffassungen, die ihrerseits historischem Wandel unterliegen. Einige Beispiele mögen dies verdeutlichen. In vielen Romanen des 18. Jh.s fungieren Ich-Erzähler als Garanten für die vermeintliche Authentizität des Erzählten, denn sie schildern das, was sie selbst erlebt haben. Die für die auktoriale ES charakteristische Allgegenwart und Allwissenheit eines über dem Geschehen stehenden Erzählers verweist wiederum auf die Vorstellung eines geordneten Universums und auf den Glauben an die Möglichkeit, menschliches Verhalten nach allgemein verbindlichen Maßstäben erklären und bewerten zu können. Hingegen kann die für viele Romane der Moderne kennzeichnende personale ES, bei der die erzählte Welt aus der Sicht von am Geschehen beteiligten Reflektorfiguren präsentiert wird, als literarischer Ausdruck einer veränderten Wirklichkeitserfahrung gedeutet werden (vgl. Kap. 5.6.). Mindestens ebenso wichtig wie die Beschreibung gattungsspezifischer Darstellungsverfahren ist daher die Klärung der Fragen, welche Funktionen diese erfüllen und welche Wirklichkeitsauffassungen dadurch in einem Werk zum Ausdruck kommen.

Repertoire weiterer Erzählformen

Das Spektrum der Möglichkeiten, ein Geschehen in einem Erzähltext wiederzugeben, ist mit den ‚drei typischen Erzählsituationen' freilich noch nicht erschöpft. Vielmehr gibt es noch ein breites Repertoire weiterer Erzählformen, von denen die wichtigsten zumindest genannt und stichwortartig erläutert seien.

***You*-Erzählform**

Neben dem Erzählen in der 1. und 3. Person, wie es für die Ich-ES bzw. die personale und die auktoriale ES kennzeichnend ist, gibt es auch Erzählungen in der 2. Person. Diese werden als ‚*You*-Erzählform' bzw. als Formen des ‚Du- oder *Vous*-Erzählens' bezeichnet: *„Die You-Form wird inzwischen allgemein akzeptiert als die durchgehende Anrede einer textinternen handlungstragenden Figur mit dem Pronomen der zweiten Person, mit weitreichenden Folgen für das Verhältnis dieser Figur zu* Histoire *und Erzählerpersona und mit gleichzeitig dadurch eröffneten Möglichkeiten der subtil verwirrenden und handlungsinvolvierenden Leseranrede."*

(WIEST-KELLNER 1999: 12) Beispiele dafür sind etwa EDNA O'BRIENS Initiationsroman *A Pagan Place* (1970) und SUNETRA GUPTAS Roman *The Glassblower's Breath* (1993).

Dialogroman

Romane, die weitgehend auf erzählerische Vermittlung verzichten und fast ganz aus wörtlich wiedergegebenen Gesprächen zwischen den Figuren bestehen, werden als ‚Dialogromane' bezeichnet. Kennzeichnend für die Romane von IVY COMPTON-BURNETT (1884–1969), die aufgrund ihrer unkonventionellen Erzählkunst als ‚Erfinderin' des Dialogromans gilt, ist es, dass sie relativ handlungsarm sind und fast nur aus stilisiertem Figurendialog bestehen; die Äußerungen der Erzähler beschränken sich auf ein Minimum an ‚Dialogregie', d. h. auf die personale Zuordnung der Redebeiträge, Angaben zu Raum und Zeit sowie Hinweise bezüglich der Körpersprache der Figuren.

***Camera-eye*-Technik**

In der von CHRISTOPHER ISHERWOOD (1904–1986) und ERNEST HEMINGWAY (1899–1961) entwickelten *camera-eye*-Technik schlägt sich der Einfluss des Films nieder. Diese zu Anfang von ISHERWOODS Roman *Goodbye to Berlin* (1939) vom Ich-Erzähler erläuterte Technik vermittelt den Eindruck, dass der Erzähler als passive Wahrnehmungsinstanz fungiert: *„I am a camera with its shutter open, quite passive, recording, not thinking. Recording the man shaving at the window opposite and the woman in the kimono washing her hair. Some day, all this will have to be developed, carefully printed, fixed."* Trotz der vermeintlichen Authentizität und Wirklichkeitstreue der Kamera verdeutlichen die Auswahl der Sujets, die jeweils gewählten Einstellungen und die subjektiven Deutungen des Geschehens, dass es sich bei der *camera-eye*-Technik keineswegs um eine wertneutrale oder gar ‚objektive' Abbildung der Wirklichkeit handelt, die in Erzähltexten ebenso wenig erreicht wird wie in Filmen (vgl. Kap. 6.6.).

Neue Medien – neue Erzählformen

Wie bereits das Beispiel der *camera-eye*-Technik zeigt, haben schließlich auch die neuen Medien einen nicht zu unterschätzenden Einfluss auf die Entwicklung neuer Erzählformen. So durchbricht etwa ADAM THORPE in seinem experimentellen Roman *Ulverton* (1992) nicht bloß Genregrenzen, sondern inszeniert auch mit intermedialen Referenzen historische Veränderungen in den ‚Aufschreibesystemen'. Jedes Kapitel dieses Romans repräsentiert formal epochenspezifische Modi der Wirklichkeitserfahrung, wobei das letzte ganz aus dem *post production script* eines Dokumentarfilms besteht. Durch intermediale Referenzen illustrieren solche Romane in fiktionaler Form, welche Auswirkungen die Datenspeicherung und -verarbeitung in technischen Medien wie Photographie, Schreibmaschine, Rundfunk und Film auf die Wirklichkeitserfahrung und deren narrative Gestaltung haben.

5 Struktur der erzählerischen Vermittlung: Kategorien der *discourse*-orientierten Narratologie (2)

Genettes strukturalistische Taxonomie

Entscheidende Fortschritte an terminologischer Präzision und Systematik verdankt v. a. die *discourse*-orientierte Narratologie der strukturalistischen Taxonomie Gérard Genettes (1980), die von anderen Theoretikern/-innen präzisiert worden ist. Genette ersetzt traditionelle Begriffspaare wie ‚Ich-Erzähler'/‚Er-Erzähler' durch ein systematisches Raster von neologistischen Analysekategorien. Diese neuen Begriffe sind zwar zunächst gewöhnungsbedürftig, aber sie liefern klar definierte, differenzierte und umfassende Beschreibungsmodelle für zentrale Bereiche der Erzähltextanalyse.

Narration* vs. *Focalization

Die terminologischen und methodischen Probleme der recht unscharfen Begriffe ‚Erzählsituation' und ‚*point of view*' sind durch die von Genette getroffene Unterscheidung zwischen *narration* und *focalization* überwunden worden. Diese Differenzierung beruht auf der Einsicht, dass alle Typologien, die vom *point-of-view*-Begriff ausgehen, eine präzise Analyse der erzählerischen Vermittlung unmöglich machen, weil sie Erzähler nicht von jenen Instanzen unterscheiden, aus deren Wahrnehmungs- und Erlebnisperspektive die fiktive Welt dargestellt wird.

„*Who speaks?*" und „*Who sees?*"

Um die Erzählsituation bzw. den *point of view* in einem narrativen Text zu bestimmen, müssen zwei eng miteinander verbundene, aber unterschiedliche Fragen beantwortet werden: (1) ‚*Who speaks?*' bzw. ‚Wer erzählt?' (2) ‚*Who sees?*' bzw. ‚Aus wessen Sicht wird die fiktionale Welt vermittelt?' Während sich die Frage ‚*Who speaks?*' auf die Sprecher bezieht, die in einem Text als erzählende Aussagesubjekte fungieren, wird mit ‚*Who sees?*' danach gefragt, aus wessen Sicht das fiktive Geschehen wahrgenommen wird (Genette 1980: 186). Das Verb *see* ist jedoch nicht allein in seiner wörtlichen Bedeutung zu verstehen, sondern bezeichnet als Oberbegriff alle Vorgänge der Wahrnehmung sowie des Denkens, Fühlens und Erinnerns. Dementsprechend differenzieren neuere Studien zwischen den Aspekten narrativer Texte, die sich auf den Erzählvorgang beziehen (*narration*), und denjenigen, die die perspektivische Brechung der erzählten Welt durch wahrnehmende Subjekte betreffen (*focalization*).

Erzähler vs. Reflektorfigur

Durch diese terminologische Differenzierung und Präzisierung wird hervorgehoben, dass Erzähler (*narrator*) und Fokalisierungsinstanz (*focalizer*) durch unterschiedliche Tätigkeiten – erzählen bzw. wahrnehmen – charakterisiert sind. Der Erzähler berichtet sprachlich über eine fiktive Welt. Hingegen fungiert eine Fokalisierungsinstanz, die Stanzels Begriffen ‚Reflektorfigur' und ‚personales Medium' entspricht, als psychisches Orientierungszentrum, aus dessen Wahrnehmungs- und Bewusstseinsperspektive der Leser das fiktionale Geschehen verfolgt.

Struktur der erzählerischen Vermittlung

Die Unterscheidung zwischen *narration* und *focalization* ermöglicht es, die pauschale Frage nach dem *point of view* bzw. der Struktur der erzählerischen Vermittlung (*structure of narrative transmission*) in eine Reihe von nachvollziehbaren Analyseschritten aufzugliedern. Die Analyse der Struktur der erzählerischen Vermittlung geht von der Differenzierung von verschiedenen Typen von Erzähl- und Fokalisierungsinstanzen aus.

Extradiegetische vs. intradiegetische Erzählinstanzen

Ausgangspunkt für die Analyse und typologische Differenzierung von Erzählinstanzen ist die Unterscheidung verschiedener Ebenen eines narrativen Textes. Zunächst stellt sich die Frage, auf welcher Kommunikationsebene ein Sprecher angesiedelt ist. Extradiegetische Erzählinstanzen sind auf der Ebene der erzählerischen Vermittlung angesiedelt und konstituieren zusammen mit dem fiktiven Leser den Erzählvorgang. Hingegen bezieht sich der Begriff ‚intradiegetische Erzähler' auf Figuren, die Teil der erzählten Geschichte sind und zur Ebene der Handlung gehören. Allerdings sei kritisch angemerkt, dass es wenig sinnvoll ist, von Figuren als ‚Erzählern' zu sprechen, nur weil diese auf der Handlungsebene anderen Figuren etwas erzählen. Vielmehr erscheint es zweckmäßig, solche Sprecher als ‚erzählende Figuren' zu bezeichnen und die Begriffe ‚Erzähler' bzw. ‚Erzählinstanz' ausschließlich für Aussagesubjekte auf der Ebene der erzählerischen Vermittlung zu benutzen.

Heterodiegetische vs. homodiegetische Erzählinstanzen

Wenn der Erzähler selbst als Figur in seiner eigenen Geschichte in Erscheinung tritt, spricht man von einer ‚homodiegetischen Erzählinstanz' (*homodiegetic narrator*), ein Begriff, der STANZELS ‚Ich-Erzähler' entspricht. Hingegen steht eine ‚heterodiegetische Erzählinstanz' (*heterodiegetic narrator*) außerhalb der erzählten Welt. Entscheidend ist in diesem Zusammenhang, ob eine personale Identität zwischen der Erzählinstanz und einer Figur der erzählten Welt vorliegt. Eine homodiegetische Erzählinstanz, die mit der Hauptfigur identisch ist und ihre eigene Lebensgeschichte erzählt, wird als ‚autodiegetischer Erzähler' bezeichnet.

Expliziter Erzähler vs. neutrales Erzählmedium

Darüber hinaus können Erzählinstanzen im Hinblick auf verschiedene Grade der Explizität unterschieden werden, mit denen sie in einem narrativen Text als Sprecher in Erscheinung treten. Das der Skalierung zugrunde liegende Kriterium ist das Maß an Deutlichkeit, mit der die Anwesenheit einer vermittelnden Erzählinstanz erkennbar ist. Der jeweilige Grad an Personalisierung und Individualisierung kann sehr variabel sein. Wenn eine Erzählinstanz auf der Ebene der erzählerischen Vermittlung konkret als individualisierter Sprecher hervortritt und als fiktive Person fassbar wird, handelt es sich um einen ‚expliziten Erzähler' (CHATMAN 1978 nennt diesen Typus *‚overt narrator'*). Solche Erzähler regen Rezipienten dazu an, ihnen Charaktereigenschaften und Wertvorstellungen zuzuschreiben. Wird die

Geschichte hingegen von einer anonym bleibenden Stimme vermittelt, über die der Leser keine Informationen erhält, so wird der Sprecher als ‚neutraler' bzw. ‚verborgener Erzähler' (CHATMANS *covert narrator*) bezeichnet.

Fiktiver Leser bzw. *narratee*

Da ein expliziter Erzähler sich meist direkt an den fiktiven Leser wendet, entspricht ihm auf der Empfängerseite meist ein ebenso expliziter, im Text mitartikulierter Adressat (*overt narratee*). Dieser ist ebenso wie der Erzähler ein textuelles Gestaltungsmittel, von dem rezeptionslenkende Wirkung ausgehen kann. Hingegen bildet ein nicht erkennbarer, verborgener Adressat (*covert narratee*) das Pendant einer neutralen Erzählinstanz.

Funktionen neutraler Erzählinstanzen

Erkennbar sind die verschiedenen Grade an Explizität, die für den Unterschied zwischen einem expliziten Erzähler und einem neutralen Erzählmedium konstitutiv sind, außerdem an den Funktionen, die die Erzählinstanzen jeweils erfüllen. Neutrale Erzählinstanzen beschränken sich meist auf die neutrale Vermittlung von Informationen über die Konstituenten der erzählten Welt (d. h. über Ort, Zeit, Figuren und Handlung). Durch ihre Beschreibung des Schauplatzes, die zeitliche Einordnung des Geschehens, die expositorische Einführung der Figuren und den fortlaufenden Bericht über die Ereignisse in der erzählten Welt entsteht eine fiktive Welt. Diese primär der Informationsvergabe dienenden Redeanteile des Erzählmediums, die STANZEL (1979: 245) als die *„rein funktionellen Manifestationen des* [...] *Erzählers"* bezeichnet, sind die erzähltechnischen Funktionen, die jede Erzählinstanz erfüllt.

Funktionen expliziter Erzähler

Darüber hinaus übernehmen explizite Erzähler jedoch noch eine Reihe zusätzlicher Funktionen (vgl. NÜNNING 1989: 124 bzw. 1997: 342): Sie setzen sich kommentierend und bewertend mit den Perspektiven und Handlungen der Figuren auseinander und melden sich in Form von interpretatorischen Beurteilungen und generalisierenden Abstraktionen gleichsam persönlich zu Wort. Mit ihren Kommentaren, Erklärungen, Bewertungen und Verallgemeinerungen können explizite Erzähler zusätzliche Informationen vermitteln, die über das Bewusstsein der Figuren hinausgehen und Zusammenhänge zwischen deren Perspektiven und Handlungen herstellen. Drei weitere Funktionen bestehen darin, dass sich explizite Erzähler über sich selbst äußern können (expressive Funktion), dass sie sich oft direkt an den fiktiven Adressaten wenden (Leseranrede/*reader address* bzw. appellative Funktion) und dass sie oft auch Aspekte des Erzählvorgangs thematisieren (metanarrative Funktion). Je mehr dieser Funktionen vorliegen, desto stärker wird ein Erzähler als personalisierter Sprecher erkennbar.

Unreliable narration

Ein weiteres Kriterium zur Differenzierung und Beschreibung von Erzählinstanzen, das von weitreichender interpretatorischer Bedeutung ist, bildet die Frage nach deren Zuverlässigkeit bzw. Glaubwürdigkeit. Als ‚unzuverlässige Erzähler' (*unreliable narrators*) werden solche Erzählinstanzen definiert, deren Wiedergabe der Ereignisse oder Interpretation des Geschehens dem Rezipienten Anlass geben, die Glaubwürdigkeit des Sprechers in Zweifel zu ziehen. Beeinträchtigt wird die Zuverlässigkeit eines Erzählers v. a. durch begrenzten Wissensstand, emotionale Involviertheit in das Geschehen und ein fragwürdiges Werte- und Normensystem.

Textuelle Signale für *unreliable narration*

In narrativen Texten kann es auf den verschiedenen Kommunikationsebenen eine Vielzahl von Signalen für *unreliable narration* geben. Dazu zählen etwa explizite Widersprüche innerhalb der Erzählerrede, die Kontrastierung unterschiedlicher Versionen desselben Geschehens sowie Diskrepanzen zwischen den Aussagen und Handlungen eines Erzählers, zwischen seinen Selbstcharakterisierungen und Fremdcharakterisierungen durch andere Figuren und zwischen seiner Wiedergabe der Ereignisse und seinen Interpretationen des Geschehens. Weitere Signale sind die Häufung von sprecherzentrierten Äußerungen und Leseranreden, durch die der Erzähler bewusst die Rezeption der Leser zu lenken versucht. Auch die Betonung der eigenen (Un-)Glaubwürdigkeit, Hinweise auf Erinnerungslücken, eingestandene Parteilichkeit sowie paratextuelle Signale (z.B. Titel, Untertitel, Vorwort) können Rezipienten dazu veranlassen, die Darstellung einer Erzählinstanz zu relativieren und ihre Glaubwürdigkeit in Zweifel zu ziehen (vgl. NÜNNING/SURKAMP/ZERWECK 1998). Die folgenden zwei Zitate, die die jeweiligen Textanfänge von EDGAR ALLAN POES Short Story „The Tell-Tale Heart" (1843) und von IAN MCEWANS Kurzgeschichte „Dead as They Come" (1979) bilden, vermitteln einen anschaulichen Eindruck von diesen textuellen Signalen, die zu den wichtigsten Kennzeichen von *unreliable narration* zählen.

Beispiele für *unreliable narration*

True! – nervous – very, very dreadfully nervous I had been and am; but why will you say that I am mad? The disease had sharpened my senses – not destroyed – not dulled them. (POE, „The Tell-Tale Heart")

I do not care for posturing women. But she struck me. I had to stop and look at her. The legs were well apart, the right foot boldly advanced, the left trailing with studied casualness. [...] Very artificial the whole thing, but then I am not a simple man. (MCEWAN, „Dead as They Come")

Textexterne Bezugsrahmen zur Bestimmung von *unreliable narration*

Neben diesen textuellen Signalen spielt v.a. die Frage eine Rolle, aufgrund welcher außertextueller Bezugsrahmen (*frames of reference*) die Glaubwürdigkeit eines Erzählers in Zweifel gezogen wird. Zu den wichtigsten textexternen bzw. lebensweltlichen Bezugsrahmen, an denen die Textwelt und die Glaubwürdigkeit von Erzählinstanzen gemessen werden, zählen allgemeines Weltwissen, das jeweilige historische Wirklichkeitsmodell, Persönlichkeitstheorien, gesellschaftlich anerkannte Vorstellungen von psychischer Normalität sowie moralische Maßstäbe, die in ihrer Gesamtheit das in einer Gesellschaft vorherrschende Werte- und Normensystem konstituieren. Während etwa der Erzähler in McEwans „Dead as They Come" seine Liebe zu einer Schaufensterpuppe als subjektiv ‚normal' empfindet, widerspricht seine Deutung gesellschaftlich anerkannten Vorstellungen von Normalität.

Geschlecht von Erzählinstanzen: feministische Narratologie

Eine Frage, die in der traditionellen Erzähltheorie bisher kaum eine Rolle gespielt hat und erst in jüngster Zeit von der feministischen Narratologie aufgeworfen worden ist, ist die nach dem Geschlecht von Erzählinstanzen. Die feministische Erzähltheorie geht davon aus, dass das Geschlecht von Erzählinstanzen (und Reflektorfiguren) sowohl auf der Ebene der Modellbildung als auch bei der Interpretation literarischer Texte zu berücksichtigen ist (vgl. z. B. Lanser 1992).

Analysekategorien für Erzählinstanzen

Die folgende Matrix gibt einen zusammenfassenden Überblick über die wichtigsten Analysekategorien, die die Narratologie zur Differenzierung und Beschreibung von Erzählinstanzen entwickelt hat. Auf der vertikalen Achse sind die Kriterien genannt, die der Differenzierung jeweils zugrunde liegen; hingegen enthält die horizontale Achse die entsprechenden Analysekategorien, die sich daraus ergeben.

Kategorien zur Differenzierung von Erzählinstanzen	Grade bzw. Pole	
Kommunikationsebene des Sprechers	extradiegetisch	intradiegetisch
Anwesenheit auf der Ebene der Figuren	heterodiegetisch	homodiegetisch
Grad der Involviertheit in das erzählte Geschehen	nicht-involviert	autodiegetisch
Grad der Explizität	neutral (verborgen)	explizit
Grad der Unzuverlässigkeit	zuverlässig	unzuverlässig
Geschlechtszugehörigkeit	weiblich	männlich

Tabelle 5.1.: Übersicht über Analysekategorien zur Differenzierung von Erzählinstanzen

Begriff der Fokalisierung

Im Gegensatz zu den auf Erzählinstanzen bezogenen Fragen bezeichnet der Begriff ‚Fokalisierung' (*focalization*) die Gestaltung der nonverbalen Wahrnehmung der fiktionalen Welt. Er bezieht sich auf alle perzeptiven, kognitiven und emotionalen Vorgänge im Bewusstsein von Erzählern oder Figuren und umfasst daher neben der sinnlichen Wahrnehmung auch Bewusstseinsvorgänge wie Denken, Fühlen und Erinnern.

Typen der Fokalisierung

Neuere Typologien von Fokalisierung gehen von der Frage aus, auf welchen Kommunikationsebenen Fokalisierungsinstanzen angesiedelt sind (vgl. Rimmon-Kenan 1983: 71–85). Demzufolge befindet sich das fokalisierende Subjekt im Falle von ‚externer Fokalisierung' (*external focalization*) auf der Ebene der erzählerischen Vermittlung, bei ‚interner Fokalisierung' (*internal focalization*) auf der Figurenebene. Im Falle von *external focalization* ist also die übergeordnete Erzählinstanz mit dem fokalisierenden Subjekt personal identisch; daher spricht man auch von einem *narrator-focalizer*. Hingegen bezeichnet *internal focalization* jene Art der perspektivischen Brechung, bei der Figuren der fiktiven Welt als Fokalisierungsinstanzen (*character-focalizers*) fungieren. Wird das fiktive Geschehen gleich bleibend aus der Perspektive einer bestimmten Figur wahrgenommen, dann handelt es sich um konstante Fokalisierung (*fixed focalization*). Hingegen liegt variable und multiperspektivische Fokalisierung (*multiple/variable focalization*) vor, sobald mehrere Figuren abwechselnd als Reflektorfiguren dienen.

Kriterien zur Ermittlung von Fokalisierungsinstanzen

Um zu ermitteln, wer in einem Text(abschnitt) fokalisiert, genügt meist die Antwort auf die Frage, auf welches Subjekt sich die Verben des Wahrnehmens, Denkens, Fühlens und Erinnerns jeweils beziehen. Wenn sich solche Verben auf die Erzählinstanz beziehen, die die fiktive Welt aus übergeordneter Perspektive wahrnimmt, liegt externe Fokalisierung vor. Oft ist die personale Zuordnung des Wahrgenommenen, Empfundenen oder Gedachten zu einer Figur, die als interne Fokalisierungsinstanz fungiert, durch Eigennamen und Personalpronomina der 3. Person Singular festzustellen. Weitere Anhaltspunkte für die Ermittlung der Identität von Fokalisierungsinstanzen bieten die jeweiligen Bewusstseinsinhalte sowie die als ‚Mentalstil' (*mind style*) bezeichnete individuelle Sprachstilgebung bei der Wiedergabe von Gedanken und Empfindungen einer Figur.

Multiperspektivisches Erzählen

Eine Kategorie, die sowohl den Bereich der *narration* als auch den der *focalization* betrifft, ist das Phänomen des multiperspektivischen Erzählens. Der Begriff bezeichnet eine Form der erzählerischen Vermittlung, bei der ein Sachverhalt, ein Geschehen, eine Epoche oder eine Figur aus zwei oder mehreren unterschiedlichen Blickwinkeln, Sichtweisen bzw. Perspektiven dargestellt wird. Multiperspektivisches Erzählen liegt in narrativen Gattungen vor, in denen das erzählte oder auf der Figurenebene dargestellte Geschehen in mehrere Versionen aufgefächert wird und die mindestens einer der folgenden drei Kategorien (oder mehreren) angehören: (a) Erzählungen, in denen es zwei oder mehrere Erzähler auf der extradiegetischen und/oder der intradiegetischen Erzählebene der Handlung gibt, die das Geschehen jeweils von ihrem Standpunkt aus schildern; (b) Erzählungen, in denen das Geschehen alternierend oder nacheinander aus der Sicht von zwei oder mehreren Fokalisierungsinstanzen bzw. Reflektorfiguren wiedergegeben wird; (c) Erzählungen mit einer montage- bzw. collagehaften Erzählstruktur, bei der personale Perspektivierungen durch andere Textsorten ersetzt oder ergänzt werden (vgl. NÜNNING/NÜNNING 2000).

Die unvermittelte Gegenüberstellung verschiedener Perspektiven eröffnet zwar meist einen relativ großen Rezeptionsspielraum und erfordert besondere Synthetisierungsleistungen des Lesers, geht aber keineswegs immer mit einer Problematisierung von Objektivität einher. Vielmehr kann Multiperspektivität ganz unterschiedliche Funktionen erfüllen, die von der jeweiligen Gestaltung der Perspektivenstruktur abhängen: Die Auffächerung eines Geschehens kann z. B. spannungserzeugend wirken (z.B. Berichte verschiedener Zeugen im Kriminalroman), aufgrund der mit multiperspektivischem Erzählen einhergehenden Mehrfachthematisierung im Dienste didaktischer Anliegen stehen, als Medium zur literarischen Inszenierung erkenntnisskeptischer Positionen fungieren oder der poetologisch-ästhetischen Selbstreflexion dienen.

Funktionen multiperspektivischen Erzählens

6 Formen narrativer Bewusstseinsdarstellung

Eng verknüpft mit der Analyse der Erzählsituation ist die Frage nach den Techniken der Bewusstseinsdarstellung (auch ‚Innenweltdarstellung' genannt). Dabei geht es um die Art und Weise, wie Gedanken, Gefühle, Wahrnehmungen oder Erinnerungen der Figuren narrativ vermittelt werden. Im Vergleich zum Drama und zum Film verfügen literarische Erzähltexte über mehr Möglichkeiten, das Bewusstsein und sogar das Unbewusste von Figuren darzustellen.

Definition von Bewusstseinsdarstellung

Art und Umfang der Wiedergabe von Innenwelt sind in den drei typischen Erzählsituationen unterschiedlich. Die für die Ich-ES typischen Beschränkungen der Bewusstseinsdarstellung, die sich aus der Zugehörigkeit des Erzählers zur Welt der Figuren ergeben, fallen in der auktorialen und personalen ES weg. Auktoriale Erzähler haben Zugang zum Bewusstsein aller Figuren, deren Gedanken sie meist nicht bloß gerafft wiedergeben, sondern auch analysieren und kommentieren. Besonders ausgeprägt und vielfältig ist die Bewusstseinsdarstellung in der personalen ES, deren Potential erst im Roman des ausgehenden 19. und v. a. des 20. Jh.s voll erschlossen wurde.

Bewusstseinsdarstellung in den drei Erzählsituationen

Die erzählerische Neuorientierung hin zur Bewusstseinsdarstellung ist Ausdruck einer zunehmenden Psychologisierung und Subjektivierung der Wirklichkeitserfahrung in der Moderne. Diese fand im psychologischen Realismus und in anderen Innovationen des Modernismus ihren literarischen Niederschlag. Die Darstellung des Bewusstseinsstroms (*stream of consciousness*) ermöglicht es, unterschiedlichste Sinneseindrücke und Empfindungen scheinbar unvermittelt darzustellen. Typische Beispiele für die Erprobung neuer Formen der Bewusstseinsdarstellung finden sich in vielen Romanen des Modernismus, v. a. in den Werken von WILLIAM FAULKNER, JAMES JOYCE, DOROTHY RICHARDSON, MAY SINCLAIR und VIRGINIA WOOLF.

Subjektivierung der Wirklichkeitserfahrung und psychologischer Realismus

Techniken der Bewusstseinsdarstellung

Die Unterscheidung von verschiedenen Techniken der Bewusstseinsdarstellung geht von der Frage aus, wie sehr der Erzähler als Vermittlungsinstanz erkennbar bleibt. Grundsätzlich unterscheidet man drei solcher *narrative modes for presenting consciousness in fiction* (vgl. den Titel des Buches von COHN 1978): den ‚Gedankenbericht' bzw. ‚Bewusstseinsbericht', die ‚erlebte Rede' sowie den ‚inneren Monolog'. Obgleich es zwischen diesen drei Techniken fließende Übergänge und etliche Mischformen gibt, lassen sie sich anhand bestimmter inhaltlicher und formaler Merkmale identifizieren und unterscheiden.

Gedankenbericht

Die Begriffe ‚Gedankenbericht' bzw. ‚Bewusstseinsbericht' (*psycho-narration*) bezeichnen eine Form der Innenweltdarstellung, deren Merkmale ein hoher Erzähleranteil und ein relativ hoher Grad an Raffung sind. Die linguistischen Kriterien sind – ebenso wie in der erlebten Rede – die Verwendung von Pronomina der dritten Person Singular und das Präteritum. Im Gegensatz zur erlebten Rede fasst der Erzähler im Falle des Gedankenberichts den Bewusstseinszustand einer Figur in seiner Sprache zusammen; dies wird im folgenden Textbeispiel aus HENRY JAMES' *What Maisie Knew* (1897) deutlich: „*It took few hours to make the child feel that if she was in neither of these places she was at least everywhere else.*"

Erlebte Rede

Obgleich die als ‚erlebte Rede' (*free indirect discourse, narrated monologue*) bezeichnete Technik der Bewusstseinsdarstellung formal dem Gedankenbericht ähnelt, unterscheiden sich die beiden Techniken dadurch, dass die erlebte Rede sehr viel stärker die Illusion vermittelt, unmittelbaren Einblick in die Wahrnehmungen und Bewusstseinsprozesse einer Figur zu geben. Dieser Eindruck wird durch die Lockerung der Syntax, durch Ausrufe und Fragen sowie durch weitere sprachliche Mittel wie Signale für Expressivität und Subjektivität zusätzlich verstärkt. Zwischen den Anteilen des Erzählers und der Figur, deren Bewusstsein geschildert wird, können zwar variable Dominanzverhältnisse bestehen, aber die Gedanken und Gefühle werden meist in der Sprache der jeweiligen Figur wiedergegeben. Beispielhaft zeigen sich viele dieser Merkmale der erlebten Rede in dem folgenden Zitat aus OSCAR WILDES *The Picture of Dorian Gray* (1890/91): „*Was it true that the sense could cure it? Innocent blood had been spilt. What could atone for that? Ah! for that there was no atonement.*"

Innerer Monolog

Der Begriff ‚innerer Monolog' (*interior monologue, quoted monologue*) bezeichnet eine sehr mimetische Form der Bewusstseinsdarstellung, bei der die Gedanken und Gefühle einer Figur über längere Passagen hinweg quasi direkt ‚zitiert' werden, ohne dass eine vermittelnde Instanz präsent bzw. erkennbar ist. Dadurch entsteht der Eindruck größtmöglicher Unmittelbarkeit in der Wiedergabe von Bewusstseinsprozessen. Im Gegensatz zum Bewusstseinsbericht und zur erlebten Rede zeichnet sich der innere Monolog, der auf das Werk *Les lauriers sont coupés* (1887) des französischen Schriftstellers ÉDOUARD DUJARDIN (1861 – 1949) zurückgeht, dadurch aus, dass er in der 1. Person Singular und im Präsens gehalten ist. Der Begriff *stream-of-consciousness*-Technik ist demgegenüber insofern irreführend, als der Bewusstseinsstrom der Figur den Inhalt des inneren Monologs konstituiert, der eine bestimmte Technik der Bewusstseinsdarstellung ist. Ein besonders extremes Beispiel findet sich in JAMES JOYCES Roman *Ulysses* (1922), dessen Schlusskapitel ganz aus einem vierzigseitigen inneren Monolog besteht. Wie das folgende kurze Zitat, das die letzten Zeilen dieses Romans wiedergibt, verdeutlicht, zeichnet sich diese Technik durch eine Reihe inhaltlicher und formaler Besonderheiten aus.

Beispiel für inneren Monolog

[...] *and Gibraltar as a girl where I was a Flower of the mountain yes when I put the rose in my hair like the Andalusian girls used or shall I wear a red yes and how he kissed me under the Moorish wall and I thought well as well him as another and then I asked him with my eyes to ask again yes and then he asked me would I yes to say yes my mountain flower and first I put my arms around him yes and drew him down to me so he could feel my breasts all perfume yes and his heart was going like mad and yes I said yes I will Yes.*

Merkmale des inneren Monologs

Wie dieses Beispiel zeigt, wird der Leser im Falle des inneren Monologs unmittelbar in die Bewusstseinsabläufe einer Figur versetzt. Raum, Zeit und Außenwelt sind nur in subjektiv gebrochener Form als Bewusstseinsinhalte des Subjekts des inneren Monologs präsent. Zu den formalen Merkmalen des inneren Monologs zählen außerdem die Tilgung der Verben des Denkens und Fühlens, die Eliminierung einer vermittelnden Erzählinstanz, die Wiedergabe der Bewusstseinsprozesse in der Sprache bzw. dem ‚Mentalstil' der Figur, grammatikalische und stilistische Abweichungen sowie eine elliptische Syntax und der Verzicht auf Interpunktion. Inhaltlich unterscheidet sich der innere Monolog von anderen Techniken der Bewusstseinsdarstellung durch die sehr viel direktere Wiedergabe von Wahrnehmungs- und Bewusstseinsprozessen, die freie Assoziation als dominantes Organisationsprinzip, eine Reduktion der sprachlichen und thematischen Kohärenz sowie die Illusion der Unmittelbarkeit.

7 Kategorien der Zeit- und Raumdarstellung

Literarische Zeit- und Raumdarstellung

Raum und Zeit zählen zu den zentralen Bestandteilen fiktionaler Wirklichkeitsdarstellung. Die Literaturtheorie hat für die Beschreibung der Raumdarstellung zwar recht differenzierte, aber keine so systematischen Kategorien entwickelt wie für die Analyse der erzählerischen Vermittlung. Im Gegensatz dazu ist das Phänomen der Zeitdarstellung von der Erzählforschung sehr detailliert und präzise beschrieben worden.

Kategorien der Zeitdarstellung

Bei der Frage nach der Zeitstruktur in narrativen Texten und Filmen unterscheidet man zwischen drei Aspekten: der erzählerischen ‚Anordnung' des Geschehens, der ‚Dauer' bzw. Geschwindigkeit des Erzählens und der ‚Häufigkeit' (vgl. GENETTE 1980).

Anordnung

Die Kategorien der ‚Anordnung' (*order*) beziehen sich auf verschiedene Möglichkeiten, die Reihung der Ereignisse einer Geschichte zu organisieren. Während bei chronologischem Erzählen die Reihenfolge der narrativen Aussagen mit der natürlichen Zeitfolge der Ereignischronologie übereinstimmt, ist dies bei anachronischem Erzählen nicht der Fall. Die Chronologie kann entweder durch Rückwendungen (*flashback, analepsis*), die ein Ereignis schildern, das vor dem aktuellen Handlungszeitpunkt liegt, oder durch Vorauswendungen (*flashforward, prolepsis*) unterbrochen werden, die Informationen über ein Ereignis vorwegnehmen, das in der chronologischen Folge der Ereignisse erst später eintritt.

Erzählzeit und erzählte Zeit

Unter ‚Erzählzeit' versteht man die Zeitspanne, die man zum Erzählen oder Lesen eines Textes (bzw. Sehen eines Films) benötigt; sie entspricht also der Lesezeit. Der Begriff der ‚erzählten Zeit' bezeichnet hingegen die zeitliche Erstreckung des Handlungsablaufs, der in einem narrativen Text oder einem Film geschildert wird, also die Zeit, die in der erzählten Welt vergeht.

Zeitdauer

Die Kategorie der ‚Zeitdauer' (*duration*) fragt nach dem Verhältnis zwischen der ‚Erzählzeit' und der ‚erzählten Zeit'. Während bei zeitdeckendem Erzählen (*scene*), das bei Dialogen sowie bestimmten Formen der Bewusstseinsdarstellung (innerer Monolog, erlebte Rede) vorliegt, Erzählzeit und erzählte Zeit in etwa übereinstimmen, ist die Erzählzeit im Falle von Zeitdehnung (*stretch, slow-down*) länger als die erzählte Zeit. Bei zeitraffendem Erzählen (*summary, speed-up*) ist die erzählerische Wiedergabe des fiktiven Geschehens kürzer als dessen Erstreckung in der erzählten Welt. Wenn Zeit zwischen Ereignissen ausgelassen wird, spricht man von ‚Aussparung' oder ‚Zeitsprung' (*ellipsis, omission*). Erzählpausen (*pause*) liegen vor, wenn die erzählte Zeit stillsteht, während die Erzählzeit weiterläuft; dies ist dann der Fall, wenn der Zeitablauf der Geschichte angehalten wird, der Erzähler jedoch z. B. über allgemeine Probleme oder das Erzählen weiterspricht. Die folgende Tabelle gibt einen Überblick über die Kategorien der Zeitdauer.

Kategorien der Zeitdauer

	Erzählzeit		erzählte Zeit
Zeitraffung		<	
Zeitdeckung		=	
Zeitdehnung		>	
Aussparung	0		1
Pause	1		0

Tabelle 5.2.: Kategorien der Zeitdauer

Zeitdauer und Erzählweisen

Die Kategorie der ‚Zeitdauer' trägt außerdem zur Klärung der Frage bei, welche der typischen Erzählweisen (*narrative modes*) in einer Textpassage vorliegen (Bonheim 1982). Während der Begriff ‚Bericht' (*report*) die meist zeitraffende Wiedergabe von Geschehensverläufen durch die Erzählinstanz bezeichnet, liegen bei einer ‚Beschreibung' (*description*), der Schilderung von Räumen oder Objekten der fiktiven Welt, sowie bei Kommentaren des Erzählers zum Geschehen (*comment*) Pausen vor. Im szenischen Erzählen (*scenic report, scene*), das mit Zeitdeckung einhergeht, treten direkte Rede (*speech*) und die detaillierte Darstellung einmaliger Handlungen in den Vordergrund.

Häufigkeit

Im Hinblick auf die ‚Häufigkeit' (*frequency*), mit der Ereignisse der Geschichte erzählerisch wiedergegeben werden, kann man drei Grundmöglichkeiten unterscheiden. Einmalige Ereignisse können entweder einmal (*singulative narration*) oder mehrfach dargestellt werden (*repeating narration*). Wenn sich etwas regelmäßig oder mehrfach in ähnlicher Weise ereignet, aber lediglich einmal erzählt wird, spricht man von ‚iterativem Erzählen' (*iterative narration*), das eine Form von Zeitraffung darstellt (Genette 1980: 113–160).

Zeitkonzeptionen

Die genannten Kategorien der Zeitdarstellung beziehen sich auf die chronologisch messbare Zeit. Daneben gibt es aber auch noch andere Zeitkonzeptionen. Wichtiger als die äußere Uhrzeit (*clock time*) ist in vielen Romanen der Moderne z. B. die subjektiv erlebte Zeit (*mind time*) im Bewusstsein der Figuren. Durch die Privilegierung des subjektiven Zeitempfindens betonen modernistische Romane (z. B. von Woolf, Joyce und Faulkner) die Diskrepanz zwischen *time on the clock* und *time in the mind*. Darüber hinaus gibt es rhythmische Zeitkonzeptionen (*rhythmic time*) und zyklische Zeitvorstellungen (*cyclical time*) wie die Abfolge der Jahreszeiten. In der experimentellen Zeitstruktur postmoderner Romane schlägt sich schließlich die Erkenntnis nieder, dass Zeit ein relatives, vom Beobachter abhängiges soziales Konstrukt ist.

Fragen der Raumdarstellung

Ähnlich wie oft synonym verwendete Begriffe wie ‚Raumgestaltung' und ‚Naturdarstellung' ist der Terminus ‚Raumdarstellung' ein Oberbegriff für die Konzeption, Struktur und Präsentation der Gesamtheit von Objekten wie Schauplätzen, Landschaften, Naturerscheinungen und Gegenständen in verschiedenen Gattungen. Bei der Analyse des Raumes einer fiktionalen Geschichte geht es v.a. darum, welche Schauplätze, Gegenstände, Situationen und Ausschnitte der Wirklichkeit in einem narrativen Text dargestellt und wie diese erzählerisch gestaltet werden. Dabei stellt sich die Frage, ob der Raum von einem heterodiegetischen Erzähler beschrieben oder aus der Perspektive einer der Figuren wahrgenommen wird, deren Erlebnis- und Auffassungsweisen ihrer Umwelt subjektiv gefärbt sein können.

Kategorien der Raumdarstellung

Arbeiten zum Raum und zur Raumdarstellung konzentrieren sich v. a. auf drei Problembereiche: erstens auf Theorien, Konzeptionen und Typologien des literarischen Raumes; zweitens auf Struktur, Präsentation und Poetik des Raumes in verschiedenen Gattungen; drittens auf die Funktionalisierung und Semantisierung der Raumdarstellung in der Literatur. Hinsichtlich verschiedener Raumkonzeptionen gibt es ein breites Spektrum von Möglichkeiten, die zwischen einer ‚geschlossenen und offenen Raum- und Zeitstruktur' sowie *„zwischen abstrakter Neutralität und realistischer Konkretisierung"* (PFISTER 1977: 345) angesiedelt sind.

Grundannahmen

Neueren Studien zur literarischen Raumdarstellung liegt eine Reihe von theoretischen Einsichten zugrunde: Zum einen gehen sie davon aus, dass sich die Konstitution des literarischen Raumes erst während der Rezeption im Prozess der ästhetischen Illusionsbildung vollzieht; dieser Einsicht trägt auch das Konzept des ‚narrativen Raumes' in der Filmanalyse Rechnung (vgl. Kap. 6.6.). Zum anderen betonen sie, dass jeder literarische Raum Bestandteil eines fiktionalen Wirklichkeitsmodells ist und dass die Gestaltung von Landschaft, Natur und gegenständlicher Welt ein wichtiges literarisches Darstellungsmittel ist, das bestimmte Funktionen erfüllt. Daher sind literarische Räume trotz des historisch variablen Wirklichkeitsbezugs und punktueller Realitätsreferenzen grundsätzlich von wirklichen Orten zu unterscheiden, die außerhalb des Kunstwerks liegen.

Narrative Techniken der Raumdarstellung

In narrativen Texten tragen unterschiedliche Darstellungsverfahren dazu bei, Vorstellungen von Räumen zu entwerfen. Dabei fungieren v. a. die Beschreibung, die Bewusstseinsdarstellung (Erzählsituation, Fokalisierung) und die (natürlich auch für die Lyrik grundlegende) Bildlichkeit bzw. die Tropen (Metaphern, Metonymien, Synekdochen; vgl. Kap. 3.6.) als Mittel der Gestaltung des Raumes der Geschichte (*setting*).

Semantisierung der Raumdarstellung

Entscheidend für Fragen der Interpretation sind die Einsichten, dass die Raumdarstellung in Literatur und Film nicht bloß ornamentalen Charakter hat, dass Räume nicht nur als Schauplätze fungieren, sondern eine ‚Erzählfunktion' erfüllen, und dass *„räumliche Oppositionen zum Modell für semantische Oppositionen werden"* (PFISTER 1977: 339).

Aufschluss über die Semantisierung des Raumes vermitteln v.a. dessen Aufteilung, die Relationen innerhalb eines Schauplatzes sowie die Gegenüberstellung verschiedener Orte (z. B. der Kontrast von Stadt und Land). Dabei sind v.a. die Grenze, die den dargestellten Raum in zwei Teile bzw. Orte gliedert, sowie Grenzüberschreitungen als wichtige Merkmale zu berücksichtigen. Literarische Landschafts- und Naturschilderungen sind also kein Selbstzweck, sondern als Komponenten sich wandelnder Zeichensysteme aufzufassen, und sie fungieren ebenso wie andere Darstellungsverfahren als Bedeutungsträger.

Funktionen des Raumes

Außerdem ist nach den Funktionen des fiktiven Raumes zu fragen: HOFFMANN (1978: 55–108) unterscheidet in seiner differenzierten Typologie zwischen drei Grundentwürfen: dem ‚gestimmten Raum', bei dem Orte und Gegenstände als atmosphärische und symbolische Ausdrucksträger fungieren; dem ‚Aktionsraum', der primär Schauplatz der Handlung ist (Orte sind auf die Figuren bezogen und setzen den Bedingungsrahmen für ihre Handlungen); und dem vorwiegend statisch konzipierten ‚Anschauungsraum', der nicht begrenzter Handlungsort ist, sondern einen panoramischen Überblick vermittelt.

Lektüretipps zur Erzähltextanalyse

Einen guten Überblick über die Grundlagen und Kategorien der strukturalistischen Erzähltheorie liefern SHLOMITH RIMMON-KENANS Einführung *Narrative Fiction. Contemporary Poetics* (1983), MANFRED JAHNS Aufsatz „Narratologie. Methoden und Modelle der Erzähltheorie" (1995/1998) und die *Einführung in die Erzähltheorie* (1999/2000) von MATIAS MARTINEZ und MICHAEL SCHEFFEL. FRANZ STANZELS Buch *Theorie des Erzählens* (1979/1995) ist nach wie vor ein ‚Klassiker'. Wer sich genauer über neuere Ansätze der Erzähltextanalyse oder über die Geschichte des englischen und amerikanischen Romans informieren möchte, findet entsprechende Hinweise auf weiterführende Literatur im 5. Abschnitt des Literaturverzeichnisses.

6 KAPITEL Einführung in die Analyse von Mediengattungen

Es geht nicht um eine bloße Aufgabenbereichskosmetik, sondern um die Realisierung der Einsicht, daß ausnahmslos alle literaturwissenschaftlichen Fragestellungen die Medialität und Intermedialität ihrer Untersuchungsgegenstände ausreichend berücksichtigen müssen.

SIEGFRIED J. SCHMIDT

1 Von der Literaturwissenschaft zur Medien- und Medienkulturwissenschaft

Erweiterung des Literaturbegriffs durch audiovisuelle Medien

Ohne dies explizit zu betonen, sind wir bislang stillschweigend davon ausgegangen, dass es sich bei ‚Literatur' um schriftliche Texte handelt. Obgleich das natürlich für weite Teile der Literaturgeschichte zutrifft, gilt ein solches Literaturverständnis heute zu Recht als nicht mehr zeitgemäß. Durch den Siegeszug der audiovisuellen und digitalen Medien hat sich der Literaturbegriff erneut erweitert, und auch Teile der Anglistik/Amerikanistik haben sich den neuen Entwicklungen zugewandt. An einigen Universitäten werden inzwischen neben literaturwissenschaftlichen Lehrveranstaltungen auch Kurse im Bereich der Medien- und Medienkulturwissenschaft angeboten.

Weiterentwicklung zu einer Medien- und Medienkulturwissenschaft

Mit der Weiterentwicklung des Faches zu einer interdisziplinären Medien- und Kulturwissenschaft trägt die Anglistik/Amerikanistik nicht zuletzt der Tatsache Rechnung, dass wir in einer Mediengesellschaft leben. Anstatt an einem engen Begriff von ‚Hochliteratur' festzuhalten, orientieren sich viele Fachvertreter inzwischen an einem weiten Kulturbegriff, der weder auf die ‚Hochkultur' noch auf ein Medium allein zugeschnitten ist. Durch eine Einbeziehung der audiovisuellen Medien eröffnen sich produktive neue Möglichkeiten für eine kulturwissenschaftliche Erweiterung und Modernisierung der Literaturwissenschaft.

Medienkulturwissenschaft

Die Medienkulturwissenschaft geht von der Annahme aus, dass wir in einer Gesellschaft leben, in der nicht nur die Unterhaltungsindustrie, sondern Wissen und Kommunikation, Wahrnehmungen und Gefühle, Informationsverarbeitung und Gedächtnis, Wirtschaft und Politik sowie die Sozialisation des Individuums maßgeblich von Medien beeinflusst werden. Die Beobachtung und Analyse einzelner Medien erfolgt im Rahmen der Medienkulturwissenschaft jeweils unter Berücksichtigung der Entwicklung der anderen Medien; denn Aufkommen und Verbreitung neuer Medien haben Auswirkungen auf das gesamte Mediensystem und beeinflussen die Funktionen, die die einzelnen Medien erfüllen (vgl. SCHMIDT 2000).

Arbeitsfelder und Fragestellungen der Medien(kultur)-wissenschaft

Das Spektrum der Arbeitsfelder und Fragestellungen der Medienwissenschaft ist außerordentlich breit. Es reicht von der Entwicklung, Modernisierung und Konkurrenz verschiedener Medien über deren Einfluss auf Wahrnehmungen sowie Medienökologie bis zu Fragen nach der Nutzung und Interpretation von Medienangeboten (vgl. LUDES 1998). Darüber hinaus gibt es eine Vielzahl von unterschiedlichen Theorien der einzelnen Medien (z. B. Filmtheorien und Radiotheorien) sowie übergreifende kommunikationstheoretische, gesellschaftskritische und systemtheoretische Medientheorien (vgl. FAULSTICH 1991).

Fokus und Zielsetzung

Wenn wir uns trotz dieser Vielfalt im Folgenden weitgehend auf das Wechselverhältnis zwischen Literatur und Medien konzentrieren, so tun wir dies v. a. aus zwei Gründen: Erstens ergibt sich die Wahl dieses Fokus aus dem schlichten Umstand, dass es sich um eine Einführung in die anglistisch-amerikanistische Literaturwissenschaft und nicht in die Medienwissenschaft selbst handelt. Zweitens stehen in der Praxis des anglistischen Studiums weniger medientheoretische Fragen als die konkrete Beschäftigung mit bestimmten Mediengattungen im Vordergrund. Welche neuen Fragestellungen, Arbeitsfelder, Mediengattungen und Analysekategorien durch diese bloß angedeuteten Entwicklungen im Einzelnen in den Blick rücken, skizziert dieses Kapitel anhand einiger Problembereiche, die auch in der Anglistik/Amerikanistik in den letzten Jahren an Interesse gewonnen haben. Gerade weil es sich dabei nur um einen kurzen und bewusst exemplarischen Überblick handelt, haben wir in jedem Teilkapitel ausgewählte Hinweise auf weiterführende Literatur gegeben, in der sich Interessierte gezielt über die jeweiligen Themen und Mediengattungen informieren können.

2 Literaturwissenschaft und Mediengeschichte

Wechselverhältnis Literatur – Medien

Wie bereits im vorigen Kapitel am Beispiel des Einflusses, den der Film und andere Medien auf die Entwicklung neuer Erzähltechniken gehabt haben, exemplarisch deutlich geworden ist, sind Veränderungen literarischer Gattungen und Ausdrucksformen oftmals nur dann angemessen verständlich, wenn man Literatur vor dem Hintergrund des Wandels der Medien betrachtet. Obgleich im Rahmen einer kurzen Einführung kein Abriss der Mediengeschichte gegeben werden kann, sollte man sich bewusst machen, dass zwischen Literatur und anderen Medien ein enges Wechselverhältnis besteht.

Medienorientierte Literaturinterpretation

Ein dominant literaturzentrierter Ansatz, der diesem Wechselverhältnis Rechnung trägt, ist die medienorientierte Literaturinterpretation, die Literatur im Kontext der Medienentwicklung betrachtet. Dabei wird zum einen danach gefragt, inwiefern literarische Texte andere Medien bzw. den Medienwechsel thematisieren, zum anderen danach, inwiefern technologische Neuerungen und die Ausbreitung von Medien wie Photographie, Hörfunk, Film oder Fernsehen die Literatur beeinflussen. Gattungen wie das literarische Drehbuch oder Phänomene wie ‚der Roman zum Film' sind erst durch die Ausdifferenzierung der Medienlandschaft entstanden. Die zunehmende Verbreitung des Internet führte zur Entwicklung neuer literarischer Formen wie Hypertexten, und die Nutzung von Videorekordern führte zu einer *„Literarisierung filmischen Sehens"* (Paech 2000: 371), denn da man nun ‚blättern' sowie einzelne Sequenzen markieren und erneut abrufen kann, lassen sich Filme ähnlich wie Bücher ‚lesen'. Die technischen Möglichkeiten der Digitalisierung und Vernetzung, die im Internet ihren vorläufigen Höhepunkt gefunden haben, ermöglichen zudem Formen interaktiver Produktion, die das Verhältnis zwischen Autor, Text und Leser verändern und seit der Romantik etablierte Vorstellungen von Autorschaft in Frage stellen. Einen bedeutenden Ausgangspunkt medienorientierter Literaturinterpretation bildet die Annahme, dass die Beschaffenheit der Medientechniken den durch diese transportierten Inhalt mitbestimmt.

Epochenschwelle Mündlichkeit – Schriftlichkeit

Die Bedeutung der verfügbaren Medien für Inhalt und Form von Literatur erweist sich bereits beim Übergang von der Mündlichkeit zur Schriftlichkeit, der sich seit dem 8. vorchristlichen Jh. vollzog, als Homer die *Odyssee* verfasste. Die Möglichkeiten schriftlicher Fixierung, die aufgrund der Beharrungskraft des Alten und der hohen Kosten der Abschrift bzw. mühseligen Reproduktion von Schriften nur langsam ausgenutzt wurden, waren vielfältig: Für die Form der Werke bedeutete die Schriftlichkeit, dass Gedächtnisstützen wie Metrum, Reim und Wiederholungen gleicher Formeln wegfallen konnten. Außerdem erweiterte sich der Rezipientenkreis, denn nun konnten nicht nur Zuhörer, sondern auch Leser in anderen Regionen und späteren Zeiten literarische Werke zur Kenntnis nehmen; die Tradition, die mündliche Überlieferung, verlor an Bedeutung gegenüber der Reproduktion, der technischen Vervielfältigung von Literatur. Die Schrift wurde zum *„Speichermedium für Sprache"* (Vogt 2001: 265).

Aufschreibesysteme

Allerdings ist die Schrift nicht das einzige Medium, in dem Informationen gespeichert und an einen Empfänger übertragen werden können. Vielmehr hat die Schrift in der neueren Zeit immer breitere Konkurrenz von anderen Medien bekommen. Infolge der Untersuchungen Friedrich Kittlers hat sich für solche Institutionen der Begriff ‚Aufschreibesysteme' eingebürgert: *„Das Wort Aufschreibesystem* [...] *kann auch das Netzwerk von Techniken und Institutionen bezeichnen, die einer* *gegebenen Kultur die Entnahme, Speicherung und Verarbeitung relevanter Daten erlauben."* (KITTLER 1985: 429)

Jenseits der Gutenberg-Galaxie

Lange Zeit nahm jedoch der Buchdruck eine so bedeutende und einflussreiche Rolle bei der Übermittlung von Nachrichten ein, dass HERBERT MARSHALL MCLUHANS vielzitierte Wendung von der ‚Gutenberg-Galaxie' keine Übertreibung darstellt. Durch die Erfindung des Buchdrucks mit beweglichen Lettern initiierte JOHANNES GUTENBERG in den 1450er Jahren eine bedeutende Entwicklung, denn Bücher – und zunehmend auch Zeitschriften – wurden von nun an einem immer breiteren Lesepublikum zugänglich gemacht. Besonders seit dem frühen 18. Jh. entfaltete sich eine stetige Wechselwirkung von ansteigender Alphabetisierung, Durchsetzung der Schulpflicht, erhöhter Nachfrage und stetig wachsendem Angebot. Bücher – auch Ratgeber aller Art – nahmen eine bedeutende Rolle bei der Sozialisation ein, und der Buchdruck übte maßgeblichen Einfluss auf die Entwicklung der Wissenschaften, die Industrialisierung und die nationale Identitätsfindung aus. Seit dem späten 19. Jh. ist das Monopol des Printmediums jedoch gebrochen worden, denn der Verbreitung und Speicherung von Informationen dienen heute auch audiovisuelle Medien, Telefon, Radio, Film, Fernsehen, Fax und Computer.

Medienkonkurrenz und Medienkonvergenz

Die Entwicklung der Medien hat gezeigt, dass alte Medien nicht einfach durch neue ersetzt werden. Die Möglichkeit der Nachrichtenübermittlung durch E-Mails hat Briefe, Faxe und Telefongespräche nicht überflüssig gemacht, sondern zu einer Differenzierung der Funktionen der älteren Medien beigetragen. Insgesamt ändern sich durch das Aufkommen neuer technologischer Möglichkeiten die Formate und Funktionen der bestehenden Medien, während sich die neuen Medien zunächst meist an den Inhalten der älteren orientieren. So werden etwa Konzerte im Radio übertragen, Dramenstoffe als Kinofilme adaptiert und Kinofilme im Fernsehen gezeigt. Infolge der wechselseitigen Abhängigkeit der Medien hat sich *„eine immer komplexere, sich weiter verflechtende aktuelle Medienszene* [herausgebildet], *in der die gewohnten Grenzen und Grenzziehungen"* (ROLOFF 1995: 270) kaum noch erkennbar sind. Dies liegt auch daran, dass viele Autoren in unterschiedlichen Medien produktiv sind, ihre Produkte medial vermarkten und auf eine mediengerechte Präsentation ihrer Person achten. Durch den Einfluss neuer Medien auf Literatur auf der einen und die Bedeutung von Literatur als Lieferant von Stoffen und ästhetischen Darstellungsweisen auf der anderen Seite lässt sich eine Konvergenz insbesondere der Medien Literatur, Theater und Film verzeichnen, die auch in den allgegenwärtigen Formen der Hybridkultur ihren Ausdruck findet.

Hybridkultur

Hybridisierungen, d. h. Vermischungen von ursprünglich getrennten Bereichen, sind zu einem bedeutenden Merkmal moderner Kultur geworden. Ob es sich um die Vermischung von früher als von Natur aus männlich und weiblich angesehenen Attributen handelt, um die Verbindung von unterschiedlichsten Materialien, Stilen und Farben in der Mode, um die Vermischung von Privatem und Öffentlichem in der Architektur oder im Fernsehen, Hybridisierungen lassen sich in (fast) allen Wirklichkeitsbereichen beobachten. Im Fernsehen ist diese Tendenz besonders augenfällig, etwa in dem Begriff des Infotainment und Formaten wie dem Reality-TV oder in Magazinen, die eine Collage unterschiedlicher Genres und Themenbereiche darstellen. Solche Verbindungen verschiedener Gattungen machen vor Ländergrenzen nicht halt; so verwischen die Grenzen zwischen britischem *dramadoc* und amerikanischem *docudrama* zunehmend. Durch den Einfluss neuer Medien und Wahrnehmungsgewohnheiten wurde auch *„die Hierarchie von oben und unten, hoher und niedriger Kultur abgelöst* [...] *durch die Herausbildung weiterer Erlebnisschemata, die* gleichrangig *neben dem Hochkultur- und Trivialkultur-Schema existieren“* (SCHNEIDER 1994: 22).

Hypertexte und Internetliteratur

Auch die Internetliteratur lässt sich nicht mit Hilfe gewohnter literarischer Schemata erfassen. In *Hyperfictions*, d. h. in fiktionalen Hypertexten, die auf CD-ROMS oder im Internet zu finden sind, wird die Linearität des Textes aufgebrochen; außerdem verändern sich die jeweiligen Rollen von Autor und Leser, weil Rezipienten einen viel größeren Einfluss auf den Lektüreprozess gewinnen. Bei Hypertexten geben Autoren die Reihenfolge der Textabschnitte nicht wie beim gedruckten Buch vor. Vielmehr können Leser entscheiden, in welcher Folge sie die einzelnen Teile des Textes rezipieren wollen; zudem können sie häufig zwischen mehreren Handlungsalternativen wählen und nur bestimmte Optionen weiterverfolgen. Dem Text kann daher keine bestimmte *story* mehr zugeschrieben werden; es gibt lediglich verschiedene *readings*. Die wichtigsten Merkmale von *Hyperfictions* sind Nonlinearität und Interaktivität; außerdem besteht die Möglichkeit der Intermedialität, wenn Bilder oder Filmausschnitte in die Datei eingelesen werden. Noch größere Partizipationsmöglichkeiten eröffnen interaktive Cybertexte (*adventure games, multi-user dungeons, online-fictions*). Wie auch Hypertexte stellen solche Erzählformen *„ein Potential alternativer Handlungsverläufe bereit, in dessen Rahmen vom Leser/User individuelle mögliche Handlungen und Welten aktualisiert werden“* (MARTINEZ/SCHEFFEL 1999: 132). Die in Cybertexten genutzten Möglichkeiten der Aktivierung der Rezipienten haben ihrerseits Rückwirkungen auf literarische Werke; so überlassen etwa viele Dramen ALAN AYCKBOURNS dem Publikum einen großen Entscheidungsspielraum für den Fortgang des Stückes (vgl. BERNINGER 2000).

3 Literatur intermedial: Literatur und andere Kunstformen

Intermedial turn und *interart studies*

In vielen Nationalliteraturen kommt es nicht erst in jüngster Zeit zu einer Überschreitung von Grenzen zwischen verschiedenen Genres, Künsten und Medien. Dennoch ist in den letzten Jahren ein solch rasanter Anstieg von Vermischungen von Genres aus unterschiedlichen Medien zu verzeichnen, dass WOLF (1999: 2) zu Recht von einem „*intermedial turn*" spricht. Das eklatanteste Beispiel dafür ist wohl die durch die neuen Medien ermöglichte virtuelle Realität, aber die Bezugnahme auf und Verquickung von Konventionen unterschiedlicher Medien ist auch im Bereich von Kunst, Literatur und Musik zu einem wichtigen Merkmal der Postmoderne geworden. Die Hochkonjunktur solcher Grenzüberschreitungen hat maßgeblich zum Aufschwung von Studien beigetragen, die zu den *interart studies* gezählt werden.

Begriff ‚Intermedialität'

Eines der auch für Studierende besonders interessanten Gebiete, die durch die Öffnung der anglistischen Literaturwissenschaft hin zu Fragen der Medialität in das Blickfeld gerückt sind, sind die unter dem Begriff ‚Intermedialität' subsumierten Beziehungen zwischen Literatur und anderen Kunstformen wie Musik, Malerei, Photographie, Film und Fernsehen. Obgleich die Frage nach der ‚wechselseitigen Erhellung der Künste' die Literaturwissenschaft seit jeher beschäftigt hat, haben erst neuere Studien, die vom Konzept der Intermedialität ausgehen, das weite Feld der Wechselbeziehungen zwischen Literatur und anderen Medien in systematischer und historischer Hinsicht umfassend erschlossen.

Fragestellungen und Arbeitsfelder

Die Untersuchung von Formen und Funktionen von Intermedialität ist nicht bloß für die Anglistik/Amerikanistik, sondern auch für die Allgemeine und Vergleichende Literaturwissenschaft von großem Interesse. Dabei geht es zum einen um die Frage, wie sich literarische Werke mit den Darstellungskonventionen anderer Medien auseinandersetzen. Dazu zählen etwa die Thematisierung und formale Umsetzung von Musik, Malerei, Photographie oder Film in der Literatur. Zum anderen beschäftigen sich intermediale Analysen mit der Adaption literarischer Werke in anderen Medien, etwa mit der Transformation in elektronisch produzierte Medien wie Fernsehen, Hörfunk oder Video. Systematisieren lassen sich die unterschiedlichen Fragestellungen danach, welche Ausdrucksmittel und Medien jeweils miteinander relationiert werden. Im Einzelnen stellt sich dabei die Frage nach den wechselseitigen Beziehungen und Einflüssen zwischen Musik und Literatur, Kunst und Literatur, Photographie und Literatur, Film und Literatur sowie weiteren neuen Medien und Literatur.

Musik und Literatur

Als ein besonders produktives Arbeitsfeld der Intermedialität hat sich das Wechselverhältnis zwischen Musik und Literatur erwiesen, das im Grenzbereich von Musik- und Literaturwissenschaften angesiedelt ist. Dabei stellt sich nicht nur die Frage, welche Gemeinsamkeiten und Unterschiede es zwischen Musik und Literatur gibt. Nicht minder wichtig ist die Art und Weise, wie sich Gedichte, Romane und andere Gattungen auf spezifisch literarische Weise mit Darstellungskonventionen der Musik auseinandersetzen und wie Musik auf Literatur Bezug nehmen kann. Je nach der Fragerichtung geht es dabei v. a. um drei Bereiche, die sich weiter differenzieren lassen: um Literatur in der Musik (z. B. Programmmusik), um die Kombination von Musik und Literatur (z. B. Vokalmusik) und um die thematische und formale Bezugnahme auf Musik in der Literatur (z. B. Thematisierung von Musik/Musikern, Wortmusik, musikalische Form- und Strukturparallelen, *verbal music*) (vgl. ZIMA 1995: 69).

Musik in der Literatur

Musik kann auf unterschiedliche Weise in der Literatur präsent sein: durch Notenzitate, durch Thematisierung von musikalischen Werken, Komponisten oder Musikern und mittels verdeckter, nicht offensichtlich zu Tage tretender Intermedialität. Auf der Klangqualität von Wörtern beruht die Inszenierung von Musik durch Wortmusik, die durch die Nachahmung akustischer Merkmale konstituiert wird. Wesentlich schwerer zu identifizieren sind die musikalischen Form- und Strukturparallelen, die auf der Nachahmung bestimmter Kompositionstechniken (z. B. Leitmotiv) oder der Struktur bestimmter Musikgattungen (z. B. Sonate) beruhen. Der Begriff der *verbal music* bezieht sich schließlich auf die Evokation bestimmter musikalischer Werke durch die genannten Verfahren oder durch die Darstellung der individuellen Reaktion auf Aufführungen. In welch vielfältiger Weise Musik in der Literatur verarbeitet werden kann, zeigt WERNER WOLF in seiner Pionierstudie *The Musicalization of Fiction* (1999).

Vertonungen von Literatur

Bei Vertonungen handelt es sich um die Kombination von Musik und Literatur, um Vokalmusik, wobei beide gleichberechtigt miteinander wirken können oder eine Komponente dominieren kann. Für die Antike und das Mittelalter geht man oftmals von einer festen Verbindung von Wort und Musik v. a. bei der in Vers und Strophen gegliederten Lyrik aus, was sich in Begriffen wie ‚Minnesänger' niederschlägt. Diese Einheit wurde in der frühen Neuzeit durch die spätere Vertonung zunächst schriftlich fixierter Texte aufgehoben. Besonders wirksam wurde diese Art der Vertonung durch die um 1600 in Florenz begründete Form der Oper, die häufig auf speziell für die Vertonung geschriebenen Dramentexten basierte; seltener wurden auch Prosatexte vertont.

Ein in den letzten dreißig Jahren zunehmend ins Blickfeld gerücktes Phänomen, das im Grenzbereich zwischen Literatur und Musik liegt, ist der Bereich der Popmusik. Dazu zählen die Rock-, Pop- und Folkmusik seit den 1960er Jahren sowie Formen wie Rap und Hip-Hop. Als zentrales Phänomen der *popular culture* spielt dieser Bereich in der anglo-amerikanischen Medien- und Kulturwissenschaft eine besondere Rolle. Viele der Texte von Pop-Songs haben in der Tat den Charakter von *„moderner (Massen-)Lyrik"* (vgl. FAULSTICH 1978: 62). Bei ihrer Analyse gilt es jedoch nicht nur die Textsprache zu beachten, die mit Hilfe der Kategorien der Lyrikanalyse (vgl. Kap. 3) interpretiert werden kann, sondern die Ergebnisse der Textanalyse müssen mit den Erträgen der Musikanalyse korreliert werden. Kategorien der Musikanalyse sind etwa Rhythmus (mit Beat als Akzentuierung), Melodie und Harmonie sowie der Sound (vgl. FAULSTICH 1978: 32–60). Außerdem spielen gerade bei der Popmusik die Produktions-, Vermittlungs- und Vermarktungsstrategien eine große Rolle; von besonderer Bedeutung sind dabei das Starkultwesen und die mediale Inszenierung von Stars.

Rock, Pop und Folk als Paradigma der *popular culture*

Auch zwischen Literatur, Malerei und Graphik gibt es zahlreiche Wechselwirkungen. So bestehen strukturelle Entsprechungen zwischen bestimmten künstlerischen und literarischen Verfahrensweisen (etwa im Falle der Collage); oft kommt es auch zu Koinzidenzen, wenn Künstler und Autoren auf Kulturthemen reagieren und perspektivische oder motivliche Ähnlichkeiten ihrer Werke zu verzeichnen sind, ohne dass bestimmte Einflüsse ermittelt werden können. Außerdem können Bilder auf Texten basieren – etwa auf der Darstellung biblischer oder mythischer Stoffe sowie in der Historienmalerei auf Geschichtswerken –, und Kunst kann auf vielfältige Weise in der Literatur verarbeitet werden. Formen der Bildbeschreibung (Ekphrasis) spielen gerade in zeitgenössischer Literatur oft eine zentrale Rolle, so etwa in MICHAEL FRAYNS Roman *Headlong* (1999) oder in PETER ACKROYDS *Chatterton* (1987), in denen die Darstellung und Interpretation fiktiver und realer Gemälde wichtige Funktionen wahrnimmt. Darüber hinaus besitzen Text-Bild-Kombinationen eine lange Tradition: In der frühen Neuzeit waren Embleme sehr beliebt; sie bestanden aus einer Überschrift, einem Bild und einem kurzen Text, der das bildlich Dargestellte und dessen Bezug zur Überschrift erklärte. Das Verhältnis zwischen Illustrationen und Romantexten ist ebenso wie das zwischen Wort und Bild im Comic unterschiedlich gestaltet: Wort und Bild können sich ergänzen oder gegenseitig interpretieren.

Kunst und Literatur

Das Verhältnis zwischen Photographie und Literatur weist strukturelle Ähnlichkeiten zur Beziehung zwischen Malerei und Literatur auf; auch hier verarbeiten Photographien oft Stoffe aus der Literatur, ebenso wie Literatur auf Photographien Bezug nimmt. In einigen Romanen, wie etwa in ANITA BROOKNERS *Family and Friends* (1985),

Photographie und Literatur

bestimmt die Beschreibung einiger Photographien sogar Inhalt und Struktur des Werks. Formen der Kombination sind im Photoroman populär geworden; auch dienten Photographien seit der Mitte des 19. Jh.s teilweise als Illustrationen. Besonderheiten des Verhältnisses beider Künste ergeben sich zum einen aus der Beschaffenheit der Photographie und deren spezifischem Bezug zur Zeit. Photographien erwecken den Anschein, Realität zu präsentieren, stellen dabei aber immer Vergangenes dar. Aufgrund der dem Medium eigenen präzisen und detailgenauen Abbildung des Dargestellten wirkte die Photographie, der in ihren Anfangszeiten Objektivität zugeschrieben wurde, als Modell für die narrativen Darstellungsformen in realistischen und naturalistischen Romanen. Außerdem schärfte die Photographie das Bewusstsein für die Übertragung visueller Wahrnehmungen in Sprache, was sich in neuen Darstellungsformen bei der Beschreibung visueller Eindrücke etwa in den Romanen von HENRY JAMES niederschlug.

Film und Literatur

Einen weiteren Teilbereich der Theorie und Geschichte der Intermedialität bildet das Wechselverhältnis von Film und Literatur. Hier eröffnet sich eine Vielzahl von Untersuchungsfeldern, v. a. der Medienwechsel, d. h. die Übertragung eines Werkes von einem Medium in ein anderes. In diesen Bereich fällt auf der einen Seite die Literaturverfilmung; entweder in Form einer mehr oder weniger kreativen Verfilmung des Stoffes von Romanen oder Dramen oder in Form einer Abfilmung von Theateraufführungen. Auf der anderen Seite gilt es, die Literarisierung von Filmen – etwa in Form des ‚Romans zum Film' – zu berücksichtigen. Einen interessanten Gegenstand intermedialer Untersuchungen bildet auch die ‚multimediale Transposition' eines Stoffes durch einen oder mehrere Autoren; z. B. JOHN IRVINGS Verarbeitung des Stoffes von *The Cider House Rules* als Roman (1985) und als Drehbuch (1999) oder die Transposition von H.G. WELLS' Roman *The War of the Worlds* (1897) als Hörspiel, Spiel- und Fernsehfilm. Ein zweiter Bereich der intermedialen Analyse befasst sich mit der Verarbeitung einzelner Motive oder struktureller Verfahren des Films im Medium der Literatur und umgekehrt. Auf die literarische Adaption ‚filmischer' Techniken wurde bereits Bezug genommen (s. Kap. 5.4.); aber auch der Film profitierte von literarischen Verfahren: So bekundete DAVID W. GRIFFITH, eine der Größen unter den frühen Filmemachern, die narrative Struktur seiner Filme (Montagen, Schnitte) von den Romanen CHARLES DICKENS' übernommen zu haben. Ein dritter Untersuchungsbereich eröffnet sich strukturell angelegten Studien, die etwa die Merkmale filmischer und literarischer Zeichencodes oder die film- bzw. literaturspezifischen Produktions- und Rezeptionsbedingungen vergleichend in den Blick nehmen.

Drehbücher

Am Schnittpunkt der Analyse von Film und Literatur liegen Drehbücher (*screenplays, film scripts*), von denen jeweils – den unterschiedlichen Stadien der Entstehung entsprechend – verschiedene Versionen vorliegen. Die Gattungsmerkmale der seit den 1980er Jahren zunehmend veröffentlichten Drehbücher ergeben sich aus der pragmatischen Ausrichtung dieses Genres, denn sie dienen als Grundlage für einen Film, wobei im Unterschied zu Dramentexten mit einer einmaligen Inszenierung gerechnet wird. Aufgrund der medienspezifischen Besonderheiten des Films sind die Dialoge weniger wichtig, während die teilweise detaillierten Regieanweisungen (Beschreibungen der Szene, narrative Perspektive, Kameraeinstellungen) größeres Gewicht haben als in Dramentexten. Trotz dieser Präsenz von Beschreibungen und Handlungsanweisungen, deren Umsetzung in ‚innere Bilder' cineastische Kenntnisse und Phantasie erfordert, ist ein Vergleich zwischen Drehbuch und dem Endprodukt erforderlich, denn Regisseure nehmen häufig Ergänzungen, Modifikationen oder Auslassungen vor; auch ist eine mögliche spätere Zensur durch den Sender oder die Produktionsfirma zu berücksichtigen, die eventuell zu weiteren Kürzungen oder Veränderungen führt. Von solchen gebrauchsorientierten Drehbüchern zu unterscheiden sind literarische Drehbücher, die nach großen Kinoerfolgen – z. B. Marc Normans und Tom Stoppards *Shakespeare in Love* (1998) – in gedruckter Form erscheinen.

Literaturverfilmungen

Literaturverfilmungen bilden schon allein quantitativ ein bedeutendes Untersuchungsfeld, da sie je nach Epoche bis zu 50 % aller Spielfilme ausmachen. Die früher geforderte ‚Werktreue' ist dabei (ebenso wie in der Dramendiskussion) kein Kriterium neuerer Forschungen mehr; vielmehr betrachtet man die Verfilmung als einen Prozess der Umwandlung, in dem *„nicht die Nähe zur literarischen Vorlage, die sog. Werktreue, sondern die Kreativität der Transformation, die dargestellte Spannung und Diskrepanz von Text und Bild, dem Regisseur die besten Chancen eröffnen"* (Roloff 1995: 305). An die Stelle der Frage nach einer angemessenen Wiedergabe *„tritt die Frage, was Medientexte mit spezifischen Elementen oder Konzepten des ‚ursprünglichen' Textes* tun" (J. E. Müller 1996: 17). Die Art der Transformation wird dabei nicht nur von der ‚Handschrift' des Regisseurs, Produzentenvorlieben und der avisierten Besetzung beeinflusst, sondern auch von den jeweiligen Filmgenres (z. B. Western, Krimi, Melodram, Komödie), zu denen die Verfilmungen in Beziehung stehen. Intermediale Analysen von Literaturverfilmungen befassen sich nicht nur mit der Thematik, sondern auch mit formalen Aspekten wie der Figurenkonstellation, Erzählperspektive, Raumstruktur, Zeitdehnung und -raffung, Dialogführung, der Rhythmisierung der Erzählblöcke sowie Formen der Distanzierung und Verfremdungseffekten (vgl. Roloff 1995: 291).

Verfilmungen englischer Klassiker

Wie populär gerade Verfilmungen englischer Klassiker waren und sind, beweisen beispielhaft die Verfilmungen der Romane von Jane Austen und E. M. Forster. Zu den größten Kinoerfolgen der letzten Jahre zählten außerdem die Verfilmungen von Thomas Keneallys

Schindler's Ark („Schindlers Liste", Regie: STEVEN SPIELBERG, 1993), KAZUO ISHIGUROS *The Remains of the Day* („Was vom Tage übrig blieb", Regie: JAMES IVORY, 1993) und v. a. MICHAEL ONDAATJES *The English Patient*, dessen Verfilmung (Regie: ANTHONY MINGHELLA) 1996 mit neun Oscars ausgezeichnet wurde.

Weitere Literaturadaptionen

Die Beliebtheit von Literaturverfilmungen verdeckt zuweilen, wie breit das Spektrum von Literaturadaptionen tatsächlich ist. Der Begriff der Literaturadaption bezeichnet die Übertragung eines literarischen Werkes in ein anderes Medium; häufig werden Erzähltexte für Theater, Oper, Musical, Hörfunk, Fernsehen oder Video bearbeitet, aber auch Dramen, Lyrik oder Hörspiele werden in anderen Medien in neuer Form aufgeführt. Heute fragt man nicht nur bei Verfilmungen, sondern allgemein bei der Analyse von Literaturadaptionen nicht mehr nach der werkgetreuen Anpassung (= Adaption); vielmehr geht man von komplexen Wechselbeziehungen zwischen den jeweiligen Werken aus. Obgleich sich als Fachterminus der Begriff Literaturadaption eingebürgert hat, spricht man nun häufig von ‚Transformationen', die im Rahmen intermedialer Analysen untersucht werden.

4 Neue Medien – neue Mediengattungen

Medien und Literatur

Mit den verschiedenen Dimensionen der literaturzentrierten Intermedialität ist die Frage nach dem Verhältnis von Literatur- und Medienwissenschaft freilich noch nicht annähernd erschöpft. Vielmehr gibt es eine Reihe weiterer Sachgebiete und medienwissenschaftlicher Untersuchungsperspektiven, die der Literaturwissenschaft neue Impulse geben können. Diese betreffen v. a. die Vielfalt der Mediengattungen, die sich durch die rasante Verbreitung audiovisueller und digitaler Medien herausgebildet haben.

Vielfalt der Medien – Vielfalt der Mediengattungen

Neben der Vervielfältigung von Gattungen in den Printmedien (denken Sie allein an die unterschiedlichen Gattungen im Bereich des Journalismus!) ist auch in den akustischen und audiovisuellen Medien eine Vervielfachung der Mediengattungen zu beobachten. Obgleich Massenmedien wie das Fernsehen von den Möglichkeiten technischer Innovation für die Ausprägung neuer Gattungen nur zögernd Gebrauch machen und eher Zeit und Geld investieren, um bekannte Mediengattungen wie Talkshows, Krimis oder Sportsendungen attraktiver zu machen, finden sich allein in Fernsehzeitschriften über 900 Gattungsbezeichnungen für Fernsehformate. Da sich die ca. 500 Gattungsbezeichnungen, die Fernsehzuschauer benutzen, nur teilweise mit diesen überschneiden, verwundert es nicht, dass es um die klare Definition einzelner Mediengattungen schlecht bestellt ist. Dennoch lassen sich Kriterien für die Einordnung einzelner Sendungen in verschiedene Gattungen ausmachen, von denen einige in folgender Übersicht dargestellt sind (vgl. S.J. SCHMIDT 1994: 189f.):

- **Medium**: Printmedien; akustische Medien; audiovisuelle Medien
- **dominanter Funktionsbezug von Medienangeboten**: berichten; reflektieren; appellieren; spielen; reproduzieren (jeweils zum Zwecke von Information und/oder Unterhaltung)
- **dominanter Wirklichkeitsbezug von Medienangeboten**: bei Personen: glaubwürdig/unglaubwürdig (z. B. Nachrichtensprecher vs. involvierter Zeuge); bei Aussagen: wahr/falsch, wissenschaftlich/nicht wissenschaftlich, fiktional; im Zeitbezug: live bzw. nachträgliche oder vorgreifende Darstellung
- **thematische Spezifika**: milieuthematisierend (z. B. Krankenhaus, Drogenszene); thema-/storyorientiert (z. B. Kriminalfall, Sport)

Funktionen von Mediengattungen

Darüber hinaus erfüllen Mediengattungen verschiedene Funktionen:

- *Sie steuern die Erwartungen von Mediennutzern hinsichtlich des Wirklichkeitsbezugs von Medienangeboten sowie hinsichtlich der kognitiven und emotionalen Gratifikationen der Nutzung von Medienangeboten* [etwa Spannung, Unterhaltung, Belehrung] *und*
- *regeln die Erwartungen von Mediennutzern hinsichtlich der Zuverlässigkeit bzw. Glaubwürdigkeit von Kommunikatoren.*
- *Medienschemata regeln die Erwartungen, ob Kommunikationsmittel instrumental (wie etwa in Nachrichtensendungen) oder ausdrucksbezogen (wie etwa im literarischen Fernsehspiel) benutzt werden und*
- *teilen Aussagen von Medienangeboten in Kategorien wie Bericht, Appelle, Reflexion, Spiel oder Reproduktion ein.*
  (SCHMIDT/WEISCHENBERG 1994: 219)

Kurz: Mediengattungen dienen der Orientierung der Rezipienten, sie wecken bestimmte Erwartungshaltungen und erleichtern das Erkennen, Einordnen und Bewerten der Medienangebote.

Mediengattungstheorie

Die Mediengattungstheorie befasst sich mit drei Untersuchungsbereichen: mit der Erforschung von Gattungsbezeichnungen, mit den individuellen Erwartungen, die Mediennutzer mit spezifischen Bezeichnungen verbinden, und mit den Auswirkungen und Funktionen, die die Verwendung von Gattungsnamen hat (vgl. SCHMIDT/WEISCHENBERG 1994: 213). Wichtige Leitfragen gattungstheoretischer Forschung sind dabei die folgenden: *„Wie kann das Verhältnis zwischen Einzelwerk und Gattung erklärt werden? Wie läßt sich Wandel im Gattungssystem einer Gesellschaft erklären? Warum entsteht eine neue Gattung? Wie ist das Verhältnis zwischen Gattungskonzepten und Gattungsnamen zu bestimmen?"* (ebd.: 220) Im Zentrum der neueren Mediengattungstheorie steht dabei weniger die Frage, was Gattungen sind und wie man sie definieren kann, als die Frage nach den Funktionen, die sie für den Einzelnen und die Gesellschaft erfüllen.

5 Aspekte der Hörspielanalyse

Besonderheiten der Gattung ‚Hörspiel'

Seit seinen Anfängen in den 1920er Jahren hat sich das britische und amerikanische Hörspiel (*radio-play, radio drama*) als eine eigenständige neue Mediengattung etabliert. Die Gleichsetzung vom deutschen Hörspiel mit dem englischen *radio-play* ist insofern etwas irreführend, als die Grenzen des britischen und amerikanischen *radio-play* zum dominant faktisch orientierten *feature* und zur unterhaltenden, völlig auf die Belange des Hörfunks abgestellten *radio show* fließend sind. Dennoch lassen sich einige Merkmale festmachen, die das Hörspiel von anderen literarischen Gattungen unterscheiden. Diese Charakteristika sind maßgeblich auf die akustische Vermittlung von Hörspielen (zunächst im Radio, später auch auf Tonträgern wie Kassetten und CDs) zurückzuführen. Daher sind Laute – und auch deren Abwesenheit, die Stille, – die wesentlichen Ausdrucksträger des Hörspiels. Die akustische Dimension spielt auch deshalb beim Hörspiel eine viel größere Rolle als bei der Rezeption von Dramen, weil nur ein verschwindend geringer Teil von *radio-plays* (weniger als 1 %) gedruckt wird. Aufgrund dieser ‚Nurhörbarkeit', die kein Zurückblättern erlaubt, werden Aussagen häufig durch Musik, Geräuschkulisse oder Wiederholungen unterstrichen, wobei insbesondere die Wiederholungen bei einer Lektüre von Hörspielen überflüssig erscheinen und als Redundanz aufgefasst werden könnten. Aufgrund der Bindung an den Rundfunk stehen (wie bei den anderen Massenmedien Film und Fernsehen auch) zwei grundsätzliche Ziele des Hörspiels in einem Spannungsverhältnis, das *„Ziel, sich zu einer Kunstgattung, zu einer der avancierten Literatur gleichrangigen Ausdrucksform zu entwickeln, und [das] Ziel, als Genre des Massenmediums Rundfunk möglichst viele Hörer zu erreichen"* (THOMSEN/SCHNEIDER 1985: 4).

Fragestellungen der Hörspielanalyse

Die meisten Fragestellungen der Hörspielanalyse leiten sich aus den genannten medien- und gattungsspezifischen Merkmalen ab. Bei der Untersuchung von Hörspielen steht nicht allein der gesprochene Text im Vordergrund, sondern sämtliche medien- und gattungsspezifischen Ausdrucksformen. Im Mittelpunkt der Hörspielanalyse steht eine Beschreibung der Bauelemente und Strukturen, die für diese Mediengattung kennzeichnend sind. Eine Übersicht über die wichtigsten Bauelemente bietet die folgende Matrix (vgl. FRANK 1981: 78–100):

Wort	neben denotativer und konnotativer Bedeutung v. a. die Fähigkeit des Wortes, innere Bilder zu evozieren, und die akustische Qualität des Wortes als Bestandteil phonologischer Figuren
Stimme	dient der Unterscheidung und Typisierung von Sprechern (Soziolekt, Dialekt, Charaktermerkmale), dem Ausdruck subjektiver Stimmungen und der Evozierung einer bestimmten Atmosphäre

Musik	dient der Gliederung (etwa der Signalisierung von Szenengrenzen), fungiert als Leitmotiv und dient der Hervorhebung von Details und der stimmungsmäßigen Untermalung, teils auch der Evozierung von Handlung
Geräusch	wird als Gliederungssignal sowie als Leitmotiv eingesetzt; dient der Orientierung des Hörers und der Einstimmung in Handlungsräume (Geräuschkulisse), teilweise surrealistisch verwendet
Stille	Ausdruck grammatisch oder psychologisch bedingter Sprechpausen, Signal für die (vermeintlich während der Pause stattfindende) Handlung, dient der Einwirkung auf das Publikum (Spannungserzeugung oder, im Fall der imaginativen Pause, Möglichkeit zur Visualisierung und Bewusstmachung eines Sachverhalts)
Raumklang	die akustische Qualität, die als Indiz für die Größe des Raumes dient; Veränderungen der Schallqualität werden zur Orientierung des Hörers eingesetzt
Distanz	in Verbindung mit dem Raumklang naturalistische Verwendung, um Bewegungen zu verdeutlichen; außerdem Einsatz beim Aufbau einer Erzählperspektive und bei der Überblendung
Radiophonischer Effekt	mit technischen Hilfsmitteln erzeugter Klangeffekt; etwa ,Telefonstimme' durch Frequenzfilter oder Veränderungen durch Erhöhung bzw. Verminderung der Bandgeschwindigkeit

Tabelle 6.1.: Bauelemente des Hörspiels und deren Funktionen

Lektüretipps

Eine sehr informative Einführung in die Besonderheiten des Hörspiels sowie in die werk- und medienbezogene Hörspielanalyse gibt ARMIN PAUL FRANKS Buch *Das britische und amerikanische Hörspiel* (1981). Eine sinnvolle Ergänzung dazu bieten die Interpretationen ausgewählter Hörspiele in dem von HORST PRIEßNITZ herausgegebenen Band *Das englische Hörspiel* (1977).

6 Aspekte der Film- und Fernsehanalyse

Das ,Supermedium' Audiovision

Obgleich auch die audiovisuellen Medien heute eine immense Bedeutung für Wirklichkeitsauffassung, Erfahrungen und Sozialisation haben und fast jedes Kind einen Fernseher bedienen (und vielleicht sogar einen Videorekorder programmieren) kann, bevor es des Lesens und Schreibens mächtig ist, etabliert sich die Analyse von Film und Fernsehen in der Anglistik/Amerikanistik erst allmählich als ein fester Bestandteil der Lehre. Wenn die Kategorien für die Film- und Fernsehanalyse im Folgenden gemeinsam dargestellt werden, so ist dies darauf zurückzuführen, dass die Gemeinsamkeiten der für Kino, Fernsehen und Video produzierten Filme recht groß sind. Außerdem sind viele Autoren, Regisseure und Schauspieler in allen Bereichen tätig; es besteht eine so enge Verflechtung zwischen den drei Medien, dass bereits von dem ‚Supermedium' Audiovision gesprochen wird. Die medienspezifischen Besonderheiten, die sich insbesondere aus den unterschiedlichen Produktionsweisen ergeben, sollen darüber aber nicht übersehen werden: Medienspezifisch für Fernsehen und Video ist die elektronische Produktion, für das Kino derzeit noch die filmische Herstellung.

Die Mediengattung ‚Fernsehspiel'

Das Fernsehspiel kann als Paradigma für die Veränderungen der Besonderheiten einer Mediengattung unter dem Einfluss der technischen Möglichkeiten und der Medienkonkurrenz dienen. In den Anfängen der Übertragung bundesdeutscher Fernsehprogramme in den 1950er Jahren wurden Fernsehspiele noch ‚live' produziert, was zunächst als herausragendes Merkmal dieser Gattung galt. Die Studiofixierung und die daraus resultierende Darstellung von Innenräumen war auch technisch bedingt, denn die relativ schweren Kameras erwiesen sich als recht unbeweglich. Längere Kameraeinstellungen wurden auch deshalb bevorzugt, weil man das Material später nicht mehr bearbeiten konnte. Obgleich das Geschehen mit mehreren Kameras verfolgt und ein Wechsel zwischen den Kameras vorgenommen wurde, war diese Form der Produktion insgesamt weniger flexibel als die filmische Aufzeichnung. Dies änderte sich – zunächst allerdings nur langsam – durch die Entwicklung der magnetischen Aufzeichnung (MAZ), die eine spätere Bearbeitung der Magnetbänder erlaubte, so dass eine bedeutende Differenz zu Spielfilmen verschwand. Fortan galt die Besonderheit des ‚kleinen Bildschirms' mit der damit einhergehenden Tendenz zu Großaufnahmen als medienspezifisch für das Fernsehen. Diese Differenzqualität scheint jedoch durch die Entwicklung hochauflösender, großformatiger Bildschirme (16:9-Format) eingeebnet zu werden; die Grenzen zwischen Fernsehen und Kinoerlebnis verwischen zunehmend.

Fernsehfilme als hybride Genres

„*The single play is dead.* [...] *The dominant form of TV drama today is a hybrid of the series and serial, aspiring to the soap form.*" (Nelson 2000: 111) Die neuen Produktionsbedingungen – die harte Konkurrenz zwischen den Programmen und die Notwendigkeit, täglich eine große Menge von Sendungen auszustrahlen und Zuschauer jeden Tag erneut an das Programm zu binden – haben neuen Formen Vorschub geleistet. Dabei lässt sich v. a. eine Tendenz zur Serialisierung verzeichnen. Die vielfältigen Arten der Fortsetzung, die teilweise – etwa bei Krimiserien – aus relativ abgeschlossenen Einheiten bestehen, vereinigen oft Merkmale unterschiedlicher Genres und weisen neue Formen und Funktionen auf, die auf die kulturellen Veränderungen der letzten Jahrzehnte zurückgeführt werden können. Merkmale dieser hybriden Genres sind

- die Konzentration auf 30–90 Sekunden lange akustisch-visuelle Einheiten (*sound-vision bytes*)

- die Integration von Elementen unterschiedlicher Genres (z. B. die Einfügung von eigenständigen musikalischen Einheiten, meist Pop-Songs, oder die Mischung von dramatischen und filmischen Darstellungskonventionen in *situation comedies*)
- die Überlagerung des Plot durch nicht-lineare Handlungsstrukturen (mehrere Spannungsbögen sowie Ausbleiben einer Beantwortung aller offenen Fragen in der letzten Folge von Serien)
- die relativ klare Strukturierung von Einheiten und Plots, die später einschaltenden Zuschauern eine schnelle Orientierung erlaubt
- die Konzentration auf eine rezipientenorientierte Ästhetik (Zuschauer kreieren durch Zappen häufig eine eigene *bricolage* aus Einheiten unterschiedlicher Sendungen) (vgl. u. a. NELSON 2000: 112ff.).

Fernsehfilm – Kinofilm

Diese Darstellung der medienspezifischen Besonderheiten von Fernsehsendungen soll jedoch nicht über die Gemeinsamkeiten von Kino- und Fernsehfilmen hinwegtäuschen. Sicherlich ist zu berücksichtigen, dass – ebenso wie beim Hörspiel – der Programmplatz (Sender und Zeit) das Format bestimmt, und es bestehen auch Unterschiede in der Rezeption von Kino- und Fernsehfilmen: Durch die Nutzung von Videorekordern können Fernsehfilme in den eigenen Tagesablauf integriert werden; außerdem üben viele Fernsehbenutzer während des Zuschauens andere Tätigkeiten aus und neigen zum Zappen. Dies gilt jedoch für Kinofilme, die über das Medium Fernsehen rezipiert werden, genauso. Kaum ein Kinofilm wird ohne Fernsehgelder hergestellt, und oft ist die Verbreitung über beide Medien von vornherein intendiert. V. a. aber werden Fernsehfilme (im Gegensatz zum früheren Fernsehspiel) heute filmisch produziert, und ästhetische Differenzmerkmale lassen sich nicht festmachen. *„Diese Fernsehfilmproduktionen unterscheiden sich nur noch dadurch vom Kinofilm, dass sie primär für das Fernsehen und nicht für das Kino produziert worden sind.“* (HICKETHIER 2001: 162)

Fragestellungen der Film- und Fernsehanalyse

Einige der Fragen, die im Vordergrund der Film- und Fernsehanalyse stehen, sind bei den Hinweisen zum Verhältnis zwischen Film und Literatur sowie zum Phänomen der Literaturverfilmung bereits genannt worden; darüber hinaus beschäftigt sich die Filmwissenschaft jedoch noch mit einer Reihe weiterer Fragestellungen. Zu diesen zählen erstens die Beschäftigung mit den Institutionen, d. h. die Untersuchung von Produktionsbedingungen (z. B. Filmindustrie, Struktur und Konkurrenz von Filmgesellschaften und Fernsehsendern, Besonderheiten öffentlich-rechtlicher Sender, Einfluss der Zensur) sowie von Distributionsbedingungen und von der Zusammensetzung des Publikums (etwa in Bezug auf soziale Schicht, Alter, Geschlecht). Einen zweiten Schwerpunkt bildet die Untersuchung der technischen Entwicklung (z. B. Aufzeichnungs- und Speicherungstechniken). Die ästhetischen Merkmale von Filmen rücken drittens Studien in den Blick, die sich mit dem Oeuvre einzelner Regisseure, den Merkmalen und der Entwicklung einzelner Genres und Subgenres (*film noir*, Italo-Western) und der Analyse einzelner Filme befassen. Solche Analysen können unterschiedliche Ansätze verfolgen, die grundsätzlich denen gleichen, die in Kapitel 2 dargestellt wurden. Filme können biographisch, psychologisch und soziologisch gedeutet werden; strukturalistische Untersuchungen arbeiten etwa epochen- oder genrespezifische Erzähl- und Darstellungsweisen heraus, hermeneutische Ansätze bemühen sich um ganzheitliches Verständnis, während jüngere dekonstruktivistische Positionen Widersprüche, Differenzen und Brüche betonen. Feministische Studien arbeiten v. a. geschlechtsspezifische Merkmale der Produktion, Vermittlung und Rezeption heraus und decken patriarchalische Muster in Filmen männlicher Regisseure und Autoren auf. Auch im Bereich der Film- und Fernsehtheorie werden unterschiedliche Ansätze vertreten, wobei insbesondere konträre Auffassungen über Existenz und Beschaffenheit einer spezifischen Filmsprache oder Filmsemiotik vertreten werden.

Analyse von Filmen: Dramaturgie

Für die Filmanalyse ist v. a. das Zusammenwirken von vier unterschiedlichen Faktoren von Belang: Bild, Ton, Geschichte und Erzählweise. Für die Analyse des Geschehens wird auf Aspekte der Dramenanalyse (Kap. 4) zurückgegriffen. Kategorien wie Handlung, Figurenkonstellation, Kontrast- und Korrespondenzrelationen, Figurencharakterisierung, offene und geschlossene Form, Kriterien und Funktionen von Dialogen etc. werden auch bei der Untersuchung der Dramaturgie von Filmen verwendet. Medienspezifische Abweichungen ergeben sich allerdings etwa bei der Raumanalyse. Bei Filmen unterscheidet man zwischen ‚mechanischem' und ‚narrativem' Raum, wobei der ‚mechanische' Raum das bezeichnet, was im Film jeweils zu sehen ist, während der ‚narrative' Raum auf der Basis dieser bruchstückhaften Fragmente vom Zuschauer als der Raum konstruiert wird, in dem sich die Handlung in der fiktionalen Welt abspielt. Trotz der medienspezifischen Darstellungsweise bestehen aber weitreichende Analogien etwa zwischen realistischen und expressionistischen Dramen bzw. Filmen.

Wort-Ton-Beziehungen

Bei der Untersuchung der auditiven Dimension kann auf Kategorien zurückgegriffen werden, die bereits bei der Analyse von Hörspielen (Kap. 6.5.) skizziert wurden. So spielt die Erzeugung eines Raumklangs auch beim Film eine große Rolle, denn sonst wirkt das Visuelle nicht wirklichkeitsgetreu. Bei Geräuschen und Worten ist zusätzlich die Verbindung zum Bild zu beachten, wobei grundsätzlich danach unterschieden wird, ob Dialoge, Kommentare oder Geräusche *‚on'* (wobei die Figur bzw. die Klangquelle auf dem Bildschirm zu sehen ist) oder *‚off'* dargestellt werden. Neben dem Einsatz als Gliederungssignal und als Mittel der Betonung und Untermalung erfüllt Musik im Film ein ganzes Spektrum von Funktionen, die von der Imitation von Schallquellen bis zur Evozierung von Gefühlen reichen.

Bei der Analyse der Beschaffenheit des jeweiligen Bildausschnitts (*frame*) geht es zunächst um das, was jeweils ins Bild gerückt wird, und um die Frage, in welchem räumlichen Verhältnis diese Gegenstände und Figuren gruppiert sind. Das filmische Bild ist besonders von der jeweiligen Kameraeinstellung geprägt. Bei der Analyse von Einstellungen spielen v. a. vier Bereiche eine Rolle, die in folgender (nicht vollständiger) Matrix skizziert werden (eine etwas ausführlichere Darstellung findet sich in HICKETHIER 2001: 55–70). Die Bereiche beziehen sich auf die Einstellungsgröße, d. h. die Distanz der Kamera zum Gegenstand (bzw. auf die Proportion der Gegenstände zum Bildrahmen), auf den Standpunkt und die Bewegungsrichtung der Kamera und auf die Geschwindigkeit der Bildfolge:

Das filmische Bild

Einstellungsgröße *(shots)*	Detailaufnahme (D; *extreme close up*) Halbnahaufnahme (HN; *medium shot*) Weitaufnahme (W; *extreme long shot*)
Standpunkt der Kamera (Einstellungsperspektive, *camera angle*)	Untersicht (*extreme low camera*) Normalsicht (*eye-level shot*) Aufsicht (*high angle*)
Bildlaufgeschwindigkeit *(frame rate)*	24 Bilder/Sek. (*frames per second, fps*) als normierte Abspielgeschwindigkeit; davon abweichend der durch Aufnahme mit erhöhter Bildlaufgeschwindigkeit erzeugte Eindruck von Verlangsamungen (*slow motion*); Beschleunigungseffekt (*fast motion*) durch Aufnahme mit niedriger Bildlaufgeschwindigkeit; Anhalten (*freeze frame*)
Kamerabewegung *(camera movements)*	Schwenk (*pan, tilt* oder *roll*) vertikale bzw. horizontale Kamerabewegung (*dolly* bzw. *track*) von Kamerabewegungen abzugrenzen, aber damit verwandt: Änderung des Bildausschnitts durch Variieren der Brennweite bei stationärer Kamera (*zoom*)

Tabelle 6.2.: Kriterien zur Analyse von Kameraeinstellungen

Durch die Digitalisierung von elektronisch produzierten Bildern haben sich zudem eine Fülle neuer Möglichkeiten der Bearbeitung von Bildern ergeben; Bilder können ‚umgeblättert', farblich verändert, beliebig perspektiviert und verzerrt sowie zur Grundlage der Produktion neuer Bilder genutzt werden. Im Extremfall können selbst Figuren, die wie Menschen bzw. Schauspieler wirken, komplett am Computer generiert und in ein Bild eingefügt werden. Mit dieser neuen Möglichkeit verschwimmt die Grenze zwischen Bildkomposition und Bildbearbeitung.

Neue Möglichkeiten der Bildbearbeitung

Der Film als Erzählung: Narratologie und Film

Da Filme auch erzählen, sind die Analysekategorien der Narratologie nicht nur auf Filme angewendet worden, sondern z. T. auch mit Blick auf Filme entwickelt worden. Eine Kenntnis narratologischer Konzepte (vgl. Kap. 5) ist daher auch für die Untersuchung von Filmen relevant. Dies gilt etwa für Kategorien der Zeitdarstellung – z. B. für Zeitraffung und -dehnung, Pause, Vorausdeutung und Rückwendung. Variationen im Hinblick auf die Anordnung (*order*) und Häufigkeit (*frequency*) sind mit Hilfe von Montage relativ problemlos umzusetzen; zur Variation der Dauer (*duration*) wird teilweise die Bildlaufgeschwindigkeit verändert, um etwa den Eindruck der Verlangsamung (*slow motion*) oder Beschleunigung (*fast motion*) zu erwecken. Da diese Techniken aber den Realitätseindruck beeinträchtigen, werden sie relativ selten verwendet.

Montage, Schnitt

Bei der Analyse filmischer Erzählstrategien müssen neben den Einstellungen auch Arten der Montage beachtet werden. Der Begriff der Montage meint die Verbindung einzelner Einstellungen zu größeren narrativen Einheiten, zu Sequenzen. Einzelne Einstellungen werden durch Schnitte (*cuts*) begrenzt und entweder übergangslos oder durch Verbindungsmodi wie Doppelbelichtung (*double take*), Überblendung (*dissolve*) oder Abblende (*fade out*) zu einer neuen Bedeutungseinheit verbunden. Auch die Einfügung von Rückwendungen oder Vorausdeutungen sowie die Verbindung von Handlungssträngen (Parallelmontage) erfolgt mittels der Montage, die *„als eine produktive Form der zeitlichen Gestaltung filmischer und televisueller Abläufe das Kernstück der filmischen Narration“* bildet (HICKETHIER 2001: 145). Spezifische Montage-Arten wie der ‚unsichtbare Schnitt‘ können den Eindruck erzeugen, die Leinwand oder der Bildschirm sei eine transparente Scheibe, die einen unverzerrten Blick auf die Wirklichkeit erlaube, während andere Techniken wie der *jump cut* die Illusion durchbrechen und den Film als Medium der Darstellung ins Bewusstsein heben können. Sprünge in der Montage werden heute auch für rhythmische Effekte eingesetzt; zudem kann die beschleunigte Montage durch schnellere Einstellungswechsel spannungsfördernd wirken.

Kamera und *point of view*

Über die Beschreibung der Ebene der erzählerischen Vermittlung herrscht in der Filmanalyse u.a. deswegen keine Einigkeit, weil sich Erzählung und Fokalisierung im Film nicht leicht voneinander trennen lassen. Da der spezifische Standpunkt der Kamera immer eine bestimmte Perspektive auf das Geschehen, einen *point of view,* voraussetzt, sehen einige Theoretiker die Kamera als ein Erzählerprinzip an; denn der jeweilige Blickpunkt setze immer einen Blickenden voraus (vgl. HICKETHIER 2001: 130). Die Kamera erscheint solchen Annahmen zufolge häufig in Form eines ‚allwissenden‘ Erzählers, denn sie erwartet Figuren oft schon am künftigen Ort der Handlung oder nimmt Bilder von einem Standpunkt aus auf, an dem sich ein menschlicher Erzähler nicht aufhalten oder von dem aus er nichts sehen könnte. Ferner scheint sie sich direkt an den Zuschauer zu wenden, wenn sie die Rezeption des Erzählten durch Detailaufnahmen lenkt. Ich-Erzähler sind nach den Maßgaben dieser Theorien nur selten bzw. sporadisch zu finden; die individuelle und beschränkte Perspektive dieser Erzähler wird durch Techniken wie die ‚subjektive Kamera' – bei der etwa Verwacklungen und Unschärfen auf die Subjektivität des Wahrnehmenden hinweisen – nur unzureichend realisiert.

Erzähler und Bewusstseinsdarstellung

Im Gegensatz zu Konzeptionen, die die Kamera als Erzähler verstehen, setzt z. B. CHATMAN in Filmen ähnlich wie in Erzähltexten einen Unterschied zwischen Fokalisierung und Erzählung an. Die ‚subjektive Kamera' (z. B. die verfolgende Kamera) oder der durch Montage hervorgerufene Eindruck, der Zuschauer sehe ‚durch die Augen einer Figur' genau das, was diese gerade im Blick hat, ist demnach als Fokalisierung zu bezeichnen und von dem Erzählen einer Figur, bei dem diese über Ereignisse berichtet, zu unterscheiden. Schwierigkeiten ergeben sich bei der trennscharfen Unterscheidung zwischen Bericht und innerem Monolog, denn es handelt sich nicht immer um einen inneren Monolog, wenn die Stimme einer Figur zu hören ist, ohne dass diese die Lippen bewegt; je nach Kontext kann auch ein Bericht der Figur vorliegen, in dem diese vergangene Ereignisse erzählt. Die Technik des *voice-over* ist neben Andeutung und Symbolisierung von Bewusstseinsinhalten – z. B. durch Musik oder Wort-Bild-Tropen wie Metapher oder Metonymie – die wichtigste Art der Bewusstseinsdarstellung in Filmen.

Wort-Bild-Verbindungen und *unreliable narration*

Wort und Bild können grundsätzlich auf vier verschiedene Weisen kombiniert werden: Sie können einander bestärken und sich ergänzen (Potenzierung), sich gegenseitig einschränken (Modifikation), die gleichen Informationen in zweifacher Weise darbieten (Parallelität) oder voneinander abweichen (Divergenz) (vgl. RAUH 1987: 75ff.). Die Verbindung von Wort und Bild ermöglicht auch medienspezifische Formen der Bewusstseinsdarstellung, wenn die Gedanken einer Figur nicht nur im *voice-over* verbalisiert, sondern zugleich szenisch realisiert werden. Im Falle von *unreliable narration* (vgl. Kap. 5.5.) stimmt die Erzählung einer Figur häufig nicht mit den visuellen Informationen überein, so dass z. B. erkennbar wird, wenn eine Figur vergangene Ereignisse idealisiert oder verdrängt. Ein berühmtes Beispiel für *unreliable narration* im Film ist ALFRED HITCHCOCKS *Stage Fright* (1950), in dem sich Johnny im Nachhinein als ein unzuverlässiger Erzähler erweist, denn die anfangs von ihm in einem *voice-over* erzählte Version des Mordes (die auch visualisiert wird) erweist sich später als falsch.

Erzähler und multimediale Informationsvergabe: Film

Zusammenfassende, generalisierende oder kommentierende *voice-overs*, die nicht Figuren auf der Handlungsebene zugeschrieben werden können, gelten in narratologischen Filmtheorien als Stimmen von namenlosen, unpersönlichen, heterodiegetischen Erzählern. Ob für Filme in Analogie zum Roman grundsätzlich auch dann Erzählinstanzen angesetzt werden müssen, wenn diese nicht explizit als eigene Stimme in Erscheinung treten, ist umstritten. CHATMAN (1990: 135) hat folgende Modelle der Darstellungsweisen zusammengestellt, die einen Eindruck von der Komplexität der multimedialen Informationsvergabe im Film vermitteln:

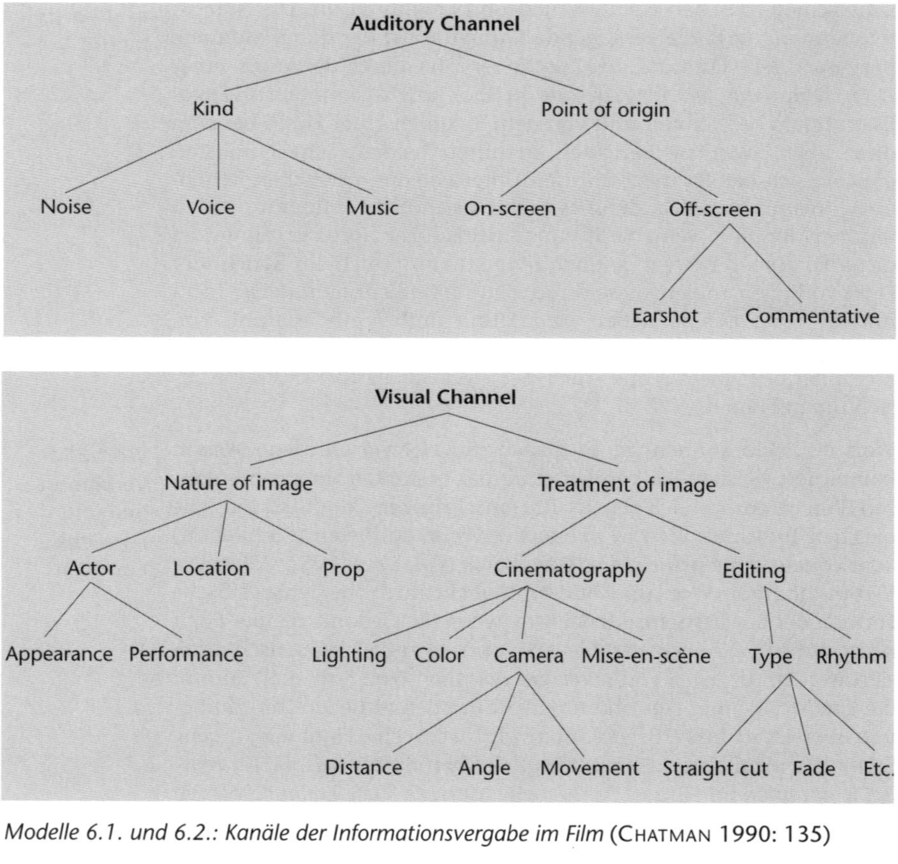

Modelle 6.1. und 6.2.: Kanäle der Informationsvergabe im Film (CHATMAN 1990: 135)

Lektüretipps

Eine ausgezeichnete Einführung in die Besonderheiten der Film- und Fernsehanalyse gibt KNUT HICKETHIER, *Film- und Fernsehanalyse* (2001). Als englischsprachige Einführung ist LOUIS GIANNETTI, *Understanding Movies* (1972/1998) besonders zu empfehlen.

7 KAPITEL Grundbegriffe und Epochen der englischen und amerikanischen Literaturgeschichte

If literary-historical ,objects' [...] are constructed, not given or found, then the issue of how such objects are constructed, in particular the genre of discourse in which they are constructed, becomes crucial.

BRIAN MCHALE

1 Begriff und Nutzen der Literaturgeschichte

Ahistorisches und historisches Textverständnis

In den bisherigen Kapiteln lag der Akzent weitgehend auf systematischen Fragen der Literaturwissenschaft, während literaturgeschichtliche Aspekte im Hintergrund standen. Fähigkeiten in der Analyse und Interpretation literarischer Texte aus den wichtigsten Gattungen und Medien zu erlangen, ist allerdings nur ein – wenngleich zentraler – Teil des literaturwissenschaftlichen Studiums in der Anglistik/Amerikanistik. Einen weiteren, nicht minder wichtigen Bereich bildet die Literaturgeschichte, die sich Anfängern zunächst als ein heilloses Durcheinander von Namen, Titeln und Daten darstellt. Will man zu einem historischen Textverständnis vordringen, so erweist es sich jedoch als notwendig, neben der systematischen Textanalyse auch die Geschichtlichkeit von Texten zu berücksichtigen.

Nutzen literaturgeschichtlicher Kenntnisse

Für ein historisches Verständnis literarischer Texte bedarf es nicht nur ausreichender sprachgeschichtlicher Kenntnisse, die insbesondere für die Beschäftigung mit Werken aus älteren Epochen unerlässlich sind. Vielmehr erschließen sich der Sinn und das Bedeutungspotential vieler Texte nur vor dem Hintergrund der jeweiligen historischen und literarischen Kontexte. Wie wichtig literaturgeschichtliche und historische Kenntnisse für das Verstehen literarischer Texte sind, wurde schon im ersten Kapitel betont und zeigt sich besonders bei satirischen Anspielungen auf politische Ereignisse und sozioökonomische Probleme sowie bei intertextuellen Bezügen auf Werke der Weltliteratur. Auch die Besonderheiten einzelner Werke, ihre Stellung im zeitgenössischen Gattungssystem und bedeutende formale Innovationen können nur diejenigen erkennen und beurteilen, die über entsprechende Kenntnisse verfügen.

Ziele des Kapitels

Zwei wichtige Voraussetzungen, um neben all den Text-Bäumen den literaturgeschichtlichen Wald noch zu sehen, bestehen daher darin, sich einige Grundbegriffe der Literaturgeschichtsschreibung anzueignen und einen ersten Überblick über die Entwicklung und die wichtigsten Abschnitte der englischen und amerikanischen Literaturgeschichte zu gewinnen. Damit sind zugleich die Hauptziele dieses Schlusskapitels umrissen, das nicht bloß die nötigen Ordnungsbegriffe, mit denen die Literaturgeschichte operiert, sondern auch ein Bewusstsein für die Probleme der Literaturgeschichtsschreibung vermitteln möchte.

Theoretische Bedingtheit der Literaturgeschichte

Obgleich es unabdingbar ist, Daten der Literaturgeschichte zu kennen, ist es sehr viel wichtiger, sich zunächst einmal Klarheit über einige Grundlagen der Literaturgeschichtsschreibung zu verschaffen. Literaturtheorie und Literaturgeschichte bilden keinen Gegensatz, sondern bedingen sich wechselseitig, denn auch der Literaturgeschichtsschreibung liegt eine Vielzahl theoretischer Annahmen zugrunde.

Konstruktcharakter der Literaturgeschichtsschreibung

Inzwischen hat sich weitgehend die Einsicht durchgesetzt, dass Literaturgeschichtsschreibung ein theoriegeleiteter Konstruktionsprozess ist. Literaturgeschichten bilden das literarische Leben der Vergangenheit nicht objektiv oder wirklichkeitsgetreu ab, sondern erzeugen mit Hilfe von literaturwissenschaftlichen Ordnungsprinzipien Modelle bzw. Erzählungen davon. Außerdem besteht Konsens darüber, dass die von Literaturhistorikern verwendeten Kategorien – etwa Epochen und Gattungen – ihrerseits Konstrukte sind. Aus dem Konstruktcharakter von Literaturgeschichtsschreibung folgt, dass die Vorstellung von ‚einer' Geschichte der englischen oder amerikanischen Literatur durch die Einsicht ersetzt werden muss, dass es von jeder Nationalliteratur und von jeder Epoche eine Vielzahl möglicher Geschichten geben kann.

Literaturgeschichtliche Konstruktionsprinzipien

Wenn es sich bei Epochen, Gattungen und literarischen Strömungen nicht um vorgefundene reale Objekte handelt, sondern um literaturwissenschaftliche Konstrukte, dann stellt sich die Frage, welche Kriterien und Methoden dabei als Konstruktionsprinzipien fungieren. McHale (1992: 3) hat in dem diesem Kapitel vorangestellten Zitat mit wünschenswerter Deutlichkeit darauf hingewiesen, dass es von zentraler Bedeutung ist, *wie* die Objekte der Literaturgeschichten konstruiert werden. Denn mit den Parametern, die bei der Auswahl und Anordnung von Texten in einer Literaturgeschichte zugrunde gelegt werden, verändert sich das jeweilige Bild der Epoche oder Gattung. Es hängt also von den Entscheidungen des Literaturhistorikers ab, welche Geschichte von einer Nationalliteratur, Epoche oder Gattung jeweils erzählt wird. Um etwa die Vielfalt der Gattungsausprägungen des englischen Dramas der Shakespearezeit oder des amerikanischen Romans des 20. Jh.s erfassen und charakterisieren zu können, bedarf es der reflektierten Anwendung literaturwissenschaftlicher Kategorien.

Begriff der Literaturgeschichte

Zunächst einmal sollte man sich daher den Unterschied vor Augen führen, der zwischen literaturgeschichtlichen Ereignissen und Phänomenen (z. B. Erscheinen literarischer Werke, Veränderungen im Buchmarkt, Lebensdaten von Autoren/-innen, thematischen und formalen Merkmalen von Texten) und der Darstellung dieser Ereignisse, d. h. den in Buchform vorliegenden Literaturgeschichten, besteht. Der doppeldeutige Begriff der Literaturgeschichte bezeichnet sowohl den Gegenstand, den historischen Prozess der Literatur, als auch dessen Rekonstruktion und Darstellung durch die Literaturgeschichtsschreibung. Da es unmittelbar ersichtlich ist, dass die im Bücherregal stehenden Literaturgeschichten nicht identisch sind mit den literarischen Gegenständen, von denen sie handeln, stellt sich die Frage, in welchem Verhältnis retrospektive Darstellungen literarhistorischer Fakten zu den tatsächlichen Gegebenheiten stehen.

Literaturgeschichten als Landkarten

Status und Nutzen literaturgeschichtlicher Darstellungen lassen sich am besten dadurch charakterisieren, dass man Literaturgeschichten als wissenschaftliche Landkarten für die Erforschung des Territoriums der literarischen Texte früherer Epochen betrachtet. Einerseits verdeutlicht die Metapher der Landkarte, dass es sich bei Literaturgeschichten nicht um wirklichkeitsgetreue Abbildungen der tatsächlichen Textlandschaft früherer Epochen handelt, sondern um literarhistorische Modelle. Wie alle Modelle abstrahieren auch Literaturgeschichten vom Einzelfall, erfassen nur eine begrenzte Anzahl relevanter Aspekte und versuchen, generalisierend und vereinfachend komplexe Sachverhalte darzustellen. Literaturgeschichten können somit nicht beanspruchen, die Komplexität des Territoriums der Literaturproduktion vergangener Zeiten – gleichgültig in welcher Epoche – wirklichkeitsgetreu, objektiv oder gar vollständig abzubilden.

Nutzen von Literaturgeschichten

Andererseits wirft die Metapher des Verhältnisses von Karte und Territorium Licht auf den Nutzen von Literaturgeschichten. Dieser besteht v.a. in einem Gewinn an analytischer Differenzierung und in einer besseren Orientierung in der ansonsten unüberschaubaren Vielfalt der Literaturproduktion. Ebenso wie man ohne einen Stadtplan oder eine Landkarte Gefahr läuft, in einer fremden Stadt oder Region die Orientierung zu verlieren, findet man sich in den englischsprachigen Literaturen ohne Literaturgeschichten kaum zurecht.

Auswahl und Anordnung

Darüber hinaus lenkt die Betrachtung von Literaturgeschichten als Modelle bzw. Landkarten die Aufmerksamkeit auf zwei grundlegende Fragen der Literaturgeschichtsschreibung, nämlich auf die paradigmatische Frage der Auswahl und die syntagmatische der Anordnung: Welche Aspekte des Territoriums (d. h. welche literaturgeschichtlichen Texte oder Ereignisse) werden in die jeweilige Karte (d. h. literaturgeschichtliche Darstellung) aufgenommen? Nach welchen Gesichtspunkten werden die ausgewählten Gegenstände in einer Literaturgeschichte angeordnet bzw. strukturiert? Die Frage, was in die Karten der Literaturgeschichten gelangt, setzt Kriterien voraus, an denen sich die Auswahl orientieren kann. Diese werden zwar selten explizit dargelegt, lassen sich aber daraus erschließen, welche Gattungen, Autoren/-innen und Werke in einer Literaturgeschichte vertreten sind und welche nicht. Bei der Aufgabe, durch eine möglichst sinnvolle Auswahl und Strukturierung von Daten, Fakten und Zusammenhängen eine adäquate Darstellung literarischer Sachverhalte zu geben, stehen Literaturhistoriker vor einer Reihe von Problemen, die kurz erläutert werden müssen.

2 Probleme der Literaturgeschichtsschreibung I: Selektion, Wertung, Kanonbildung und Kanondebatte

Weiter vs. enger Literaturbegriff

Es hängt entscheidend vom jeweiligen Literaturbegriff ab, welche Werke berücksichtigt werden und welche Geschichte jeweils erzählt wird. Die Definition des Objektbereichs der Literaturgeschichte erfordert daher eine Klärung der Frage, von welchem Begriff von ‚Literatur' Literaturhistoriker ausgehen (vgl. Kap. 1.3.). Literaturgeschichten, die einen weiten Literaturbegriff zugrunde legen, bemühen sich, die Gesamtheit des Geschriebenen bzw. Gedruckten zu berücksichtigen. Gerade englische Literaturgeschichten wie die *Cambridge History of English Literature* und *The Oxford History of English Literature* zeichnen sich dadurch aus, dass sie neben den ‚drei Hauptgattungen' sowohl Genres wie Reiseliteratur, Essays, Kinderliteratur, Pamphlete, Balladen und andere Formen von *popular literature* als auch nicht- bzw. semifiktionale Textsorten wie Autobiographien, Biographien sowie Werke der Historiographie, Philosophie und sogar Naturwissenschaft einbeziehen. Durch eine solche Erweiterung des Literaturbegriffs gerät eine Vielzahl von Genres und Textsorten in den Blick, denen in Literaturgeschichten, die von einem engen Literaturbegriff ausgehen und sich auf den Höhenkamm der Meisterwerke konzentrieren, keine Beachtung geschenkt wird.

Auswahl und Wertung

Eng verknüpft mit dem jeweils zugrunde gelegten Literaturbegriff sind die Probleme der Auswahl und Wertung. Jede Literaturgeschichte ist das Ergebnis von Auswahlvorgängen. Diese betreffen die Selektion jener Autoren/-innen, Werke und Ereignisse, die als wichtig genug eingestuft werden, um in einer Literaturgeschichte dargestellt zu werden. Die Frage lautet nicht, *ob* Literaturhistoriker eine Auswahl treffen, sondern wie bewusst sie sich ihrer Selektionskriterien und Normen sind und wie explizit sie diese darlegen. Da Selektion ohne Wertung nicht möglich ist, stellt sich stets die Frage, welche ästhetischen oder sonstigen Kriterien dabei zugrunde gelegt werden. In vielen Literaturgeschichten wird diese Frage jedoch geflissentlich übergangen, obgleich es stark von der jeweiligen Auswahl und damit von den Wertmaßstäben abhängt, welche Geschichte und wessen Geschichte erzählt wird.

Literaturgeschichten sind somit maßgeblich an jenem kulturellen Prozess beteiligt, den man ‚Kanonbildung' nennt. Mit dem Begriff des ‚Kanons' wird die Gesamtheit jener Texte bezeichnet, die als besonders wichtig, künstlerisch hochrangig, normsetzend und/oder verbindlich gelten. Texte, die zum Kanon der ‚großen Werke' gezählt werden, haben damit den Status von Klassikern. Obgleich die positiven Funktionen eines Kanons, der etwa eine gewisse Kontinuität in der literarischen Tradition gewährleistet und v. a. im Studium zur Orientierung beiträgt, keineswegs geleugnet werden sollen, sind in den letzten Jahren die problematischen Aspekte der Kanonbildung ins Blickfeld der Kritik geraten. Literarische Werke gehören nämlich nicht *per se* zu einem Kanon, sondern werden durch eine Reihe von Auswahlvorgängen, an denen verschiedene Institutionen beteiligt sind (z. B. Literaturkritik, Literaturpreise, Buchhandel, Literaturunterricht und Literaturgeschichtsschreibung), erst allmählich kanonisiert. Aleida und Jan Assmann haben den Prozess der Kanonbildung, der unweigerlich mit Ausgrenzung und Ausschluss eines großen Teils der Literatur einhergeht, mit einer Metapher anschaulich umschrieben: *„Jeder Kanon verengt eine vorgängige Tradition. Das geschieht, indem, um es bildlich zu sagen, in einer vielgestaltigen und weiträumigen Landschaft, deren Horizont sich weitgehend im Nebel verliert, ein bestimmtes Territorium eingezäunt wird. Auf diesen eingegrenzten Heiligen Bezirk richtet sich fortan die ganze Aufmerksamkeit."* (Assmann/Assmann 1987: 11)

Begriff des Kanons und Kanonbildung

In der Regel werden bei den Prozessen der Selektion und Kanonisierung Kategorien zugrunde gelegt, die zur Zeit der Abfassung der jeweiligen Literaturgeschichte für wichtig gehalten werden. Das jeweilige geschichtliche Verständnis von Literatur und Gattungskonventionen, also das Bewusstsein und die Normen der Zeitgenossen, bleiben dabei meist unberücksichtigt. Ebenso wie der Literaturbegriff selbst historischem Wandel unterliegt, ändern sich auch die Wertungen und Präferenzen der Literaturgeschichtsschreibung. Wer in älteren Literaturgeschichten nachschlägt, wird eine Fülle von Beispielen dafür finden, dass sich die Prestigekurve der meisten ‚großen' Dichter im Laufe der Zeit mehrfach geändert hat.

Historizität jedes Kanons

Während lange Zeit weitgehende Einigkeit darüber herrschte, welche Texte jeweils zum ‚Kanon der Meisterwerke' der englischen Literatur zu zählen seien, ist in den letzten drei Jahrzehnten ein heftiger Streit um die Frage entbrannt, welche Werke in einer Geschichte der ‚englischen' Literatur Platz finden sollten. Obgleich diese als ‚Kanondebatte' bezeichnete Diskussion, die sich inzwischen auch in den Lehrangeboten und Lektürelisten vieler Institute für Anglistik und Amerikanistik niedergeschlagen hat, hier nicht im Einzelnen referiert werden kann, kommen auch Studierende nicht umhin, sich mit der Kanonproblematik auseinander zu setzen.

Kanondebatte

Kanonrevision

Gerade die Untersuchung der Literatur von Minoritäten und die von feministischer Seite geforderte adäquate Berücksichtigung der schriftstellerischen Leistungen von Frauen haben das Bewusstsein für die Problematik jedes Kanons und für die Notwendigkeit von Kanonrevisionen geschärft. Die Forderung nach einer Kanonrevision gründet in der Einsicht, dass – um im oben eingeführten Bildfeld zu bleiben – die älteren Landkarten der Literaturgeschichten ein einseitiges und verzerrtes Bild vom Territorium der Literatur vergangener Epochen vermitteln. Der Multikulturalität der amerikanischen Literatur wird in neueren Literaturgeschichten z. B. dadurch Rechnung getragen, dass der indianischen, afro-amerikanischen, jüdisch-amerikanischen, asiatisch-amerikanischen und Chicano-Literatur eigene Beiträge gewidmet sind (vgl. ZAPF 1997). Ebenso deutlich wird die Kanonrevision in feministisch ausgerichteten Literaturgeschichten, die von anderen Selektionsprinzipien, Anordnungsverfahren und Epocheneinteilungen ausgehen und v.a. in Vergessenheit geratene Autorinnen berücksichtigen.

3 Probleme der Literaturgeschichtsschreibung II: Periodisierung, Epocheneinteilung und Kontextualisierung

Epochen, Gattungen und Autoren/-innen als Ordnungskategorien

Selektion und Kanonisierung bilden insofern erst die Voraussetzungen für eine Literaturgeschichte, als sie lediglich das Material liefern. Wie die ausgewählten Werke und Daten angeordnet werden, hängt wiederum von den gewählten Struktur- und Darstellungsprinzipien ab. Die meisten Literaturgeschichten legen v. a. drei grundlegende Ordnungskategorien zugrunde: Autor/-innen, Epochen und Gattungen.

Autorennamen als Ordnungsbegriffe

Zu den wichtigsten Ordnungsprinzipien der Literaturgeschichte zählen Autoren/-innen und ihre Werke. Dies zeigt sich schon daran, dass oftmals die Namen von bedeutenden Autoren/-innen als Epochenbezeichnungen und als Kapitelüberschriften fungieren. In vielen englischen Geschichten der englischen Literatur (z. B. *The Cambridge History of English Literature, The Pelican Guide to English Literature* und der *Sphere History of Literature)* finden sich Kapitel zu Epochen, die nach den Namen berühmter Dichter wie GEOFFREY CHAUCER (ca. 1343 – 1400), WILLIAM SHAKESPEARE (1564 – 1616), JOHN DRYDEN (1631 – 1700) und SAMUEL JOHNSON (1709 – 1784) benannt und als *‚The Age of Chaucer‘, ‚The Age of Shakespeare‘, ‚The Age of Dryden‘* bzw. *‚The Age of Johnson‘* bezeichnet werden. Erstaunlich viele Literaturgeschichten (z. B. viele Bände der renommierten *Oxford History of English Literature*) begnügen sich außerdem damit, einzelne literarische Werke ‚bedeutender Autoren‘ (sog. *major authors*) in chronologischer Reihenfolge zu behandeln. Die Wertung wird lediglich implizit in der Gewichtung der Autoren deutlich, denn ‚großen‘ Autoren wird jeweils ein eigenes Kapitel gewidmet, wohingegen weniger ‚große' (sog. *minor authors*) in anderen Kapiteln zusammengefasst werden. Bei dieser Art von Literaturgeschichtsschreibung werden ordnende Methode und Zusammenschau weitgehend durch chronologische Kompilation und Faktenreihung ersetzt.

Synchronie und Diachronie

Bei der Anordnung des Materials bzw. der Strukturierung von Literaturgeschichten sind zwei unterschiedliche Dimensionen zu berücksichtigen, die mit den Begriffen ‚Synchronie' und ‚Diachronie' bezeichnet werden. Phänomene, die innerhalb eines bestimmten Zeitraumes gleichzeitig anzutreffen sind, bilden die ‚synchrone' Dimension der Literaturgeschichte. Synchrone Betrachtungen beschränken sich auf die Untersuchung der literarischen Produktion innerhalb eines bestimmten Zeitabschnitts (z. B. einer Epoche oder Dekade). Durch die Unterscheidung von Epochen wird hingegen die diachrone Dimension der Literatur- und Gattungsgeschichte strukturiert. Bei einer diachronen Analyse geht es darum, historische Veränderungen in einer Literatur zu erfassen und deren Geschichte in einzelne Abschnitte zu unterteilen. Mit Hilfe eines diachronen Längsschnitts durch die englische oder amerikanische Literatur wird deren geschichtliche Entwicklung entlang der Zeitachse rekonstruiert.

Gattungen und Epochen als literaturgeschichtliche Ordnungskategorien

Die im ersten Kapitel bereits erläuterte Unterscheidung verschiedener Gattungen ist das wichtigste Gliederungsprinzip, um die synchrone Dimension der Literaturgeschichte – die zur gleichen Zeit existierenden Phänomene – zu strukturieren. Ein synchroner Querschnitt durch eine Epoche zielt darauf ab, die Vielfalt der Textsorten und Genres zu erfassen, die innerhalb eines bestimmten Zeitraums koexistieren. Die Unterscheidung von Epochen dient hingegen dazu, die diachrone Dimension der Literatur- und Gattungsgeschichte zu gliedern. Ebenso wenig wie Gattungen sind Epochen einfach von der Geschichte vorgegeben; es handelt sich vielmehr um Konstrukte bzw. Ordnungskategorien, die von Literaturhistorikern durch Periodisierung gebildet werden. Für die Literaturgeschichtsschreibung besteht der Hauptzweck von Gattungs- und Epochenbegriffen darin, dass sie eine erste Einordnung von Texten in größere Zusammenhänge ermöglichen.

Periodisierung und ‚Epochenschwellen'

Die Strukturierung der diachronen Dimension in verschiedene ‚Epochen' der Literaturgeschichte nennt man ‚Periodisierung'. Von entscheidender Bedeutung für die Periodisierung bzw. Epochenbildung sind jene tief greifenden Umbrüche oder Zäsuren, die als ‚Epochenschwellen' bezeichnet werden. Bisweilen wird auch das jeweilige Epochenbewusstsein berücksichtigt, in dem das geschichtliche Selbstverständnis einer Zeit zum Ausdruck kommt.

Problematik von Epochenbegriffen

Die Problematik von Epochenbegriffen wird allein schon daran deutlich, dass sich die Periodisierung in der Regel an sehr unterschiedlichen Aspekten orientiert und dass sich Epochen daher oftmals überschneiden; einige Beispiele aus der englischen Literatur mögen dies verdeutlichen. Viele Epochenbegriffe der englischen Literaturgeschichte verdanken ihre Herkunft der politischen Geschichte, wobei insbesondere die Regierungszeiten der Monarchen/-innen eine wichtige Rolle spielen. Begriffe wie *Elizabethan Literature* oder *Victorian Literature* verdeutlichen dies, und auch der Terminus ‚*Restoration Literature*' ist an der politischen Geschichte orientiert. Im Einzelfall ist jeweils danach zu fragen, welche Tragweite Ereignisse der politischen Geschichte für die Entwicklung der Literatur hatten. So ist es etwa im Falle der *Restoration Comedy* unmittelbar einsichtig, dass die Restauration der Monarchie im Jahre 1660 auch für die Literatur ein wahrhaft ‚Epoche machendes' Ereignis war, weil sie mit einem Aufschwung des Theaters einherging. Beginn und Ende der Regierungszeit von Königin VIKTORIA (1837 – 1901) bilden hingegen keine einschneidenden literaturgeschichtlichen Zäsuren, aber dennoch spricht man von *Victorian Literature*. Andere Epochenbegriffe beruhen wiederum auf Kriterien, die sich an der Entwicklung der Literatur selbst orientieren und Epochen z. B. nach berühmten Schriftstellern benennen; typische Beispiele für solche Epochenbezeichnungen finden sich in *The Pelican Guide to English Literature*, dessen Bände Titel tragen wie *The Age of Shakespeare* oder *From Dryden to Johnson*. Wiederum andere Epochenbezeichnungen sind entweder der Kunst- oder Geistesgeschichte entnommen und auf die Literatur übertragen worden (z. B. Renaissance, Barock, Impressionismus, Zeitalter der Aufklärung) oder sie beruhen auf sprachgeschichtlichen Kriterien (z. B. Altenglische Literatur, Mittelenglische Literatur). Üblich ist schließlich auch eine chronologische Unterteilung der Literaturgeschichte in Jahrhunderte.

Funktionen von Gattungs- und Epochenbegriffen

Gattungs- und Epochenbegriffe erlauben es, sowohl die Gemeinsamkeiten von literarischen Werken einer bestimmten Zeit als auch die Unterschiede zu Texten aus früheren oder späteren Zeiten zu erfassen. Die wichtigsten Funktionen von Gattungs- und Epochenbezeichnungen bestehen darin, den Objektbereich der Literaturgeschichte gemäß bestimmter Kriterien zu strukturieren und literarische Werke sachlich bzw. literarhistorisch in größere Kontexte einzuordnen. Sie fungieren als Ordnungsprinzipien der Literaturgeschichte, denn sie schärfen den Blick für Zusammenhänge, liefern Anhaltspunkte für eine diachrone Beschreibung von literarischen Entwicklungstendenzen und erleichtern durch typologische Klassifikationen die synchrone Orientierung in der Literaturgeschichte. Darüber hinaus erfüllen sie darstellungsökonomische Funktionen: Die Bezeichnung eines literarischen Werkes als ‚Tragödie', als ‚pikaresker Roman' oder als beispielhaft für die Romantik oder die Moderne impliziert bereits eine (mehr oder weniger) differenzierte Beschreibung von Merkmalen, ohne dass die thematischen oder formalen Besonderheiten bei jeder Textinterpretation stets aufs Neue benannt werden müssten. Außerdem bilden Gattungs- und Epochenbegriffe die Voraussetzung für die Lehr- und Lernbarkeit literaturgeschichtlicher Zusammenhänge (sei es im Rahmen von Lehrveranstaltungen, sei es durch eigene Lektüre) sowie für die Verständigung über literaturgeschichtliche Sachverhalte (z. B. in Prüfungen!).

Wirklichkeitsbezug und Kontextualisierung

Ein weiteres zentrales Problem jeder Literaturgeschichte besteht darin, Beziehungen zwischen literarischen Texten und außerliterarischen Kontexten darzustellen. Dabei geht es um den Wirklichkeitsbezug literarischer Werke. Auf die komplexe Frage, wie das spannungsgeladene Verhältnis von Kunstwerken und ihren soziokulturellen Kontexten modelliert werden kann, gibt es schon deshalb keine einfache oder verbindliche Antwort, weil der Wirklichkeitsbezug selbst historisch und kulturell variabel ist. Marxistische Ansätze gehen von der Annahme aus, dass Literatur die Wirklichkeit ‚widerspiegelt'; diese als ‚Widerspiegelungstheorie' bezeichnete Auffassung gilt heute zwar als simplifizierend und verzerrend, aber die Frage, wie das Verhältnis zwischen literarischen Texten und ihren jeweiligen Kontexten konzeptualisiert werden kann, ist noch weitgehend offen.

Probleme der Kontextualisierung

Bei jedem Versuch, Beziehungen zwischen literarischen Texten und den historischen Kontexten herzustellen, stellen sich drei Hauptprobleme (vgl. Perkins 1992: Kap. 6): Erstens ist allein schon die Menge der in Frage kommenden Kontexte (z. B. politische, soziale, wirtschaftliche, kulturelle, literarische) potentiell grenzenlos. Zweitens ist es immer schwierig zu begründen, warum ein bestimmter Aspekt des soziokulturellen Kontexts und nicht ein anderer ausgewählt wurde. Nicht minder schwierig ist drittens der Nachweis, warum ein bestimmter Kontext für die Erklärung literaturhistorischer Veränderungen von Bedeutung ist. So mag es noch unmittelbar einsichtig sein, dass die Schließung der Theater durch das puritanische Parlament im Jahre 1642 und die als *Theatre Licensing Act* (1737) bezeichnete Zensur von Theaterstücken schwerwiegende Folgen für das englische Drama hatten, weil diese Maßnahmen den Theaterbetrieb jeweils weitgehend zum Erliegen brachten. Sehr viel schwieriger ist es hingegen, die Relevanz von anderen in Literaturgeschichten oft angeführten Aspekten des Kontexts (z. B. Regierungszeiten von Monarchen oder kunst- und geistesgeschichtliche Strömungen) für die Entwicklung der Literatur nachzuvollziehen.

Funktionen

Ebenso wichtig wie die Auswahl der jeweils relevanten Kontexte ist für Literaturhistoriker die kulturgeschichtlich zentrale Frage, welche Funktionen bestimmte Gattungen und Werke in den einzelnen Epochen erfüllten. Diese können äußerst vielfältig sein. Im Falle der höfischen Liebeslyrik steht etwa die idealisierte Darstellung bestimmter Werte und Verhaltensweisen im Vordergrund. Die englische Lyrik des Ersten und Zweiten Weltkriegs fungierte hingegen primär als Medium der Propaganda oder der Kritik an der Sinnlosigkeit des Krieges. In der englischen und amerikanischen Literatur des 18. und 19. Jh.s wiederum stehen moralisch-didaktische Funktionen im Vordergrund, die auf die Erbauung und Belehrung des Lesepublikums abzielten. Im Prozess der Herausbildung einer englischen bzw. amerikanischen nationalen Identität dienten viele literarische Werke außerdem als ein Medium der kollektiven Identitätskonstruktion.

4 Ansätze und Formen der Literaturgeschichtsschreibung

Literaturgeschichten statt Literaturgeschichte

Im Prozess der Rekonstruktion und Darstellung literarhistorischer Ereigniszusammenhänge bilden Literaturhistoriker also nicht ‚die' literaturgeschichtliche Wirklichkeit ab. Vielmehr konstruieren sie auf der Basis der jeweils verwendeten Texte sowie durch die Anwendung bestimmter Theorien und literaturwissenschaftlicher Ordnungskategorien ein möglichst stimmiges, plausibles und widerspruchsfreies Modell der Literatur der jeweiligen Epoche. Welches Modell Literaturgeschichten jeweils entwerfen, hängt zum einen davon ab, welches Objekt (z. B. eine bestimmte Gattung oder Epoche) und welchen Teilbereich des Literatursystems (z. B. die Literaturproduktion oder -rezeption, den Buchmarkt oder Beziehungen zwischen Texten und bestimmten Kontexten) sie in den Mittelpunkt stellen. Zum anderen unterscheiden sich Literaturgeschichten erheblich im Hinblick auf ihre theoretischen und methodischen Prämissen.

Verschiedene Arten von Literaturgeschichten

Versucht man, Ordnung in diese Vielfalt der Ansätze und Formen von Literaturgeschichtsschreibung zu bringen, so lassen sich verschiedene Arten von Literaturgeschichten erstens nach ihren Gegenständen unterscheiden. So gibt es nicht nur Geschichten von der Literatur einer Nation oder Region, sondern auch Gattungsgeschichten, Epochendarstellungen und Literaturgeschichten, die sich auf einzelne ‚Strömungen', ‚Schulen', soziale Klassen (z. B. im Falle von Geschichten der Arbeiterliteratur) oder Minoritäten konzentrieren. Zweitens kann man dominant textzentrierte Literaturgeschichten von stärker kontextorientierten Ansätzen unterscheiden. Letztere können primär produktions- oder rezeptionsorientiert sein oder ihr Augenmerk auf das gesamte Literatursystem richten. Drittens gibt es letztlich ebenso viele Formen von Literaturgeschichtsschreibung wie literaturtheoretische Ansätze (vgl. Kap. 2).

Pluralität unterschiedlicher Formen

Je nach gewähltem thematischen und theoretischen Fokus ergibt sich eine Pluralität unterschiedlicher Formen von Literaturgeschichtsschreibung: *„Its major modes have been Hegelian, naturalist, positivist,* geistesgeschichtlich, *Marxist, formalist, sociological and, paradoxically, postmodern.* [...] *The genre* [literary history] *includes works on the literature of nations, periods, traditions, schools, regions, social classes, political movements, ethnic groups, women, and gays, and these studies may foreground the genesis or production of texts, their effect on society or on subsequent literature, their reception, or all these moments synthetically.*" (PERKINS 1992: 1)

Wandel der Literaturgeschichtsschreibung

In diachroner Hinsicht haben sich seit ihren Anfängen sowohl die Auffassungen vom Wesen und von den Aufgaben der Literaturgeschichtsschreibung als auch deren Ansätze und Modelle mehrfach grundlegend geändert. An die Stelle enzyklopädischer Gesamtdarstellungen einer Nationalliteratur, die die nationale Identität eines Volkes zu erhellen versuchten, ist eine Vielzahl unterschiedlicher Formen der Literaturgeschichtsschreibung getreten. Nachdem Literaturgeschichten durch die Vorherrschaft der werkimmanenten Interpretation (*New Criticism*) und der Theoretisierung der Literaturwissenschaft in Misskredit geraten waren, erlebten sie im Zuge der von HARALD WEINRICH geforderten ‚Literaturgeschichte des Lesers' eine Renaissance. V.a. die Rezeptionsästhetik und die Wirkungsgeschichte, die den Leser zur maßgeblichen ‚Instanz einer neuen Geschichte der Literatur' (HANS ROBERT JAUẞ) erhoben und den dialogischen Charakter des Verhältnisses zwischen Literatur und Leser betonten, haben der literaturgeschichtlichen Forschung einen bis heute andauernden Aufschwung beschert. Maßgeblich dafür war die Feststellung, dass Literaturgeschichte ein komplexer Kommunikationsprozess ist, der nicht unbefragt mit einer Geschichte literarischer Texte gleichzusetzen ist.

Neue Ansätze der Literaturgeschichtsschreibung

Neben den bislang genannten Ansätzen, die ihr Interesse primär auf literarische Texte selbst (also das Symbolsystem Literatur), den gesellschaftlichen Kontext oder das Sozialsystem Literatur richten, gibt es eine Reihe weiterer innovativer Ansätze. Gemeinsam ist ihnen, dass sie stärker theoretisch fundiert sind und dass sie die Wechselwirkungen zwischen Literatur und den soziokulturellen Kontexten in den Mittelpunkt rücken. So bildet z. B. die Sozialgeschichte der Literatur einen wichtigen Ansatz, um Literaturgeschichte über eine werkimmanente Betrachtungsweise hinauszuführen. Deren Augenmerk gilt v. a. sozialen Differenzierungen (z. B. Klassenunterschieden) und deren Thematisierung in der Literatur. Seit einiger Zeit haben außerdem diskursanalytische, feministische, *gender*-orientierte, neohistorische (*New Historicism*) sowie mentalitäts- und funktionsgeschichtliche Formen von Literaturgeschichtsschreibung Hochkonjunktur. Diese Ansätze verstehen Literatur nicht länger als Spiegel der Wirklichkeit oder der Gesellschaft. Vielmehr stellen sie zum einen die literarische Verarbeitung gesellschaftlicher Diskurse und Wissensformen in den Vordergrund; zum anderen fragen sie nach den historisch variablen Funktionen, die Literatur jeweils erfüllen kann. Beispielhaft sei WINFRIED FLUCKS Buch *Das kulturelle Imaginäre* (1997) genannt, eine bahnbrechende ‚Funktionsgeschichte des amerikanischen Romans' von 1790 bis 1900, die exemplarisch zeigt, wie eine zur Kulturgeschichte hin ‚geöffnete' Literaturgeschichte aussehen kann.

5 Epochen der englischen und amerikanischen Literaturgeschichte

Epocheneinteilung der englischen Literatur

Für eine erste Orientierung eignet sich nach wie vor die gängige Epocheneinteilung, die trotz etlicher Varianten in der Bezeichnung der jeweiligen Epochen weit verbreitet ist. Für Studierende ist sie sehr hilfreich, um das literaturgeschichtliche Studium zu strukturieren. Sie ermöglicht es nämlich, einzelne Lehrveranstaltungen, Autoren und Werke in ein übergeordnetes Bezugssystem einzuordnen. In verkürzter Form lässt sich die Entwicklung der englischen Literatur nach folgendem Schema skizzieren.

Zeit	*Epochen*	*Gattungen*		
			Autorinnen und Autoren	
		lyrischer Texte	*dramatischer Texte*	*narrativer Texte*
500–1150	Altenglische Literatur	*The Dream of the Rood*		*Beowulf*
1150–1500	Mittelenglische Literatur	*Brut*	*Mystery Plays, Morality Plays* (*Everyman*)	Geoffrey Chaucer, Thomas Malory
1500–1649	Zeitalter der Renaissance	Edmund Spenser, Sir Philip Sidney, John Donne	Christopher Marlowe, William Shakespeare, Ben Jonson	Thomas Morus, Sir Philip Sidney
1649–1660	Commonwealth und Protektorat	John Milton, Andrew Marvell		
1660–1700	Restaurationszeit	Samuel Butler, John Dryden	John Dryden, William Wycherley, William Congreve	John Bunyan, Aphra Behn
1700–1780	Zeitalter des Klassizismus und der Aufklärung	Alexander Pope, Samuel Johnson, Thomas Gray, Lady Wortley Montagu	John Gay, Richard B. Sheridan, Oliver Goldsmith, Susanna Centlivre, Eliza Haywood	Daniel Defoe, Samuel Richardson, Henry Fielding, Laurence Sterne

1780– 1837	Romantik	William Blake, William Words- worth, Samuel T. Coleridge, Percy B. Shelley, George G. Byron		*Sentimental Novel,* *Gothic Novel,* Jane Austen, Walter Scott, Mary Shelley
1837– 1901	Viktorianisches Zeitalter	Elizabeth Barrett Browning, Alfred Tennyson, Gerard M. Hopkins	Henry Arthur Jones, Arthur Wing Pinero, Oscar Wilde	Charlotte Brontë, William M. Thackeray, Charles Dickens, George Eliot, Robert L. Stevenson, Anthony Trollope, Elizabeth Gaskell
1901– 1914	Edwardianisches Zeitalter	Thomas Hardy	G.B. Shaw, John Galsworthy	Arnold Bennett, H.G. Wells, Joseph Conrad, E.M. Forster
1914– 1945	Zeitalter des Modernismus	Siegfried Sassoon, T.S. Eliot, W.H. Auden, Dylan Thomas, Stevie Smith	Noël Coward, J.B. Priestley, Sean O'Casey	D.H. Lawrence, Virginia Woolf, James Joyce, Ivy Compton-Burnett
1945– 2001	Literatur der Nachkriegszeit	Ted Hughes, Seamus Heaney, Philip Larkin	Samuel Beckett, Harold Pinter, Alan Ayckbourn, Peter Shaffer, Tom Stoppard, Caryl Churchill	John Fowles, David Lodge, Ian McEwan, Peter Ackroyd, A.S. Byatt, Angela Carter, Penelope Lively

Tabelle 7.1.: Epochen der englischen Literaturgeschichte

Fließende Übergänge

Allerdings sollte man sich bereits zu Anfang des Studiums neben der erwähnten Problematik von Epochenbegriffen mindestens zwei Dinge klarmachen: Erstens sagt einem schon der gesunde Menschenverstand, dass es sich weder um klar voneinander abgegrenzte noch um in sich geschlossene Epochen handelt. Vielmehr sind die Übergänge zwischen den Epochen jeweils fließend. So sind etwa Viktorianismus und Moderne im Hinblick auf die literarische Produktion nicht als einfacher Gegensatz zweier Epochen aufzufassen, die durch eine klare Zäsur getrennt sind. Sinnvoll ist es vielmehr, von einer von etwa 1880 bis 1920 dauernden Übergangszeit (*age of transition*) auszugehen, in der sich ein allmählicher gesellschaftlicher und literarischer Wandel vollzog.

Synchrone Variationsbreite und diachrone Veränderungen

Zweitens zeichnet sich die Literatur innerhalb der einzelnen Epochen durch synchrone Variationsbreite und vielfältige diachrone Veränderungen aus. Nicht zuletzt deshalb ist es zum Beispiel üblich, Epochen weiter zu untergliedern; unter Rückgriff auf die Namen von Herrscherdynastien und einzelnen Königen/-innen spricht man im Falle des Zeitalters der Renaissance etwa von Epochen wie *Early Tudor*, Elisabethanisches Zeitalter (*Elizabethan Age*, 1558–1603), Jakobäisches Zeitalter (*Jacobean Age*, 1603–1625) und Karolinisches Zeitalter (*Caroline Age*, 1625–1649). Mindestens ebenso groß ist die synchrone und diachrone Vielfalt im Falle anderer Epochen (etwa im Zeitalter des Klassizismus und der Aufklärung oder im Viktorianischen Zeitalter), die daher ebenfalls oft weiter untergliedert werden. Außerdem werden durch die jeweils gewählten Epochenbezeichnungen oft bestimmte ästhetische Strömungen in den Mittelpunkt gerückt, während andere Entwicklungen aus dem Blick geraten.

Epocheneinteilung der amerikanischen Literatur

Im Prinzip ähnlich, wenngleich mit anderen Unterteilungen und Epochenbegriffen arbeiten amerikanistische Literaturhistoriker. In Ermangelung von Herrscherdynastien und Königen werden zur Untergliederung der amerikanischen Literatur andere Kriterien verwendet. Als Epochenbezeichnungen werden v.a. politische Ereignisse und ästhetische Strömungen bevorzugt. Für ein Verständnis der Geschichte der amerikanischen Literatur und der Art und Weise, wie diese an vielen Universitäten gelehrt wird, sind darüber hinaus einige prägende kulturgeschichtliche Entwicklungsfaktoren von großer Bedeutung. Wie sich die Epochen der amerikanischen Literaturgeschichte schematisch vereinfacht darstellen lassen, verdeutlicht die folgende Abbildung.

Zeit	*Epochen*	*Gattungen* / *Autorinnen und Autoren*		
		lyrischer Texte	*dramatischer Texte*	*narrativer Texte*
Anfang 17. Jh. – Mitte 18. Jh.	Anfänge (Kolonialliteratur)	Anne Bradstreet, Edward Taylor, Ebenezer Cooke		Th. Morton, John Cotton
Mitte 18. Jh. – Anfang 19. Jh.	Literatur der frühen Republik	*Connecticut Wits* (Timothy Dwight, John Trumbull, Joel Barlow), William C. Bryant, Lydia H. Sigourney	Royall Tyler, William Dunlap, James Nelson Barker, Richard Penn Smith, John Howard Payne	Washington Irving, Charles B. Brown, James F. Cooper, Catharine Sedgwick

1830–1860	Romantik und *American Renaissance*	Henry W. Longfellow, John G. Whittier, Walt Whitman, Emily Dickinson, Ralph W. Emerson	Anna C. Mowatt, Dion Boucicault, William W. Brown	E.A. Poe, Harriet Beecher Stowe, Alice Cary, Nathaniel Hawthorne, Herman Melville
1865–1910	Zeitalter des Realismus			Charles W. Chesnutt, William Dean Howells, Mark Twain, Edith Wharton
1893–1914	Zeitalter des Naturalismus			Stephen Crane, Frank Norris, Jack London
1910–1945	Zeitalter der Moderne	Ezra Pound, E. E. Cummings, Robert Frost, Marianne Moore, Wallace Stevens, William Carlos Williams, H. D.	Eugene O'Neill, Susan Glaspell, Elmer Rice, Thornton Wilder, Tennessee Williams, Arthur Miller	Gertrude Stein, Ernest Hemingway, F. Scott Fitzgerald, William Faulkner
1945–2001	Postmoderne bis zur Gegenwart	Langston Hughes, Robert Lowell, Sylvia Plath, Susan Howe, Andre Lorde, Charles Bukowski, Alurista, Adrienne Rich	Edward Albee, David Mamet, David Rabe, Sam Shepard, Lanford Wilson, Robert Wilson, Marsha Norman, David H. Hwang, LeRoi Jones	J. D. Salinger, Saul Bellow, Philip Roth, John Updike, Toni Morrison, Joyce Carol Oates, Vladimir Nabokov, Paul Auster

Tabelle 7.2.: Epochen der amerikanischen Literaturgeschichte

Struktur und Nutzen literaturgeschichtlicher Modelle

Während die vertikale Achse die diachrone Dimension der Literaturgeschichte wiedergibt, stellt die horizontale Achse das synchrone Spektrum der Literaturproduktion (in diesem Fall beschränkt auf die ‚drei Hauptgattungen') dar. Solche literaturgeschichtlichen Modelle ordnen Autoren/-innen und literarische Werke in synchrone und diachrone Zusammenhänge ein und stellen sowohl Beziehungen zwischen ihnen als auch übergreifende Entwicklungstendenzen übersichtlich dar. Obgleich solche Modelle somit als Orientierungshilfen sehr wertvoll sind, sollte man sich hüten, sich von der durch sie erzeugten Übersichtlichkeit blenden zu lassen oder gar das Modell mit der

Realität der literaturgeschichtlichen Entwicklungen zu verwechseln. Solche Darstellungen suggerieren ein Maß an Ordnung und Klarheit der Einteilungen, das es so natürlich nie gegeben hat.

Lektüretipps zur englischen Literaturgeschichte

Wer sich genauer über die Geschichte der englischen Literatur informieren möchte, sollte zu einer der im Anhang genannten Literaturgeschichten greifen. Die beste deutsche Gesamtdarstellung ist die von HANS ULRICH SEEBER herausgegebene *Englische Literaturgeschichte* (1991/1999), die auch ein sehr informatives Kapitel über „Die neuen englischsprachigen Literaturen“ enthält. Da sie vom Begriff der Modernisierung ausgeht, ermöglicht sie eine produktive Zusammenschau von Sozialgeschichte und Geistesgeschichte und erhellt das funktionale Verhältnis von literarischen Texten und ihren ideen- und sozialgeschichtlichen Kontexten. Außerdem lenkt das Konzept der Modernisierung die Aufmerksamkeit auf bestimmte *„Modernisierungsschübe“* wie *„Rationalisierung, Säkularisierung, Nationalstaatsbildung, industrielle Revolution, Demokratisierung, funktionale Ausdifferenzierung von Gesellschaft und Kultur, Individualisierung“* (SEEBER 1991/1999: ix). Damit wird deutlich, dass der Entwicklung der englischen Literatur ein bestimmter Sinnzusammenhang nicht inhärent ist, sondern von den Verfassern von Literaturgeschichten durch den Rückgriff auf bestimmte Ansätze (z. B. die Modernisierungstheorie) gestiftet wird. Weit mehr als nur eine Ergänzung zu herkömmlichen Literaturgeschichten bietet eine bahnbrechende Pionierstudie, die die Geschichte der englischen Literatur aus der Sicht der *Gender Studies* schildert: INA SCHABERTS *Englische Literaturgeschichte. Eine neue Darstellung aus der Sicht der Geschlechterforschung* (1997). Erwähnt sei noch der Band *Eine andere Geschichte der englischen Literatur. Epochen, Gattungen und Teilgebiete im Überblick* (NÜNNING 1996/1998), der einen Überblick über die in den wichtigsten Epochen jeweils führenden Gattungen gibt und bei der selbständigen Erarbeitung von Prüfungsteilgebieten Orientierungshilfe leistet.

Lektüretipp zur amerikanischen Literaturgeschichte

Die bei weitem beste deutsche Gesamtdarstellung der Literatur Nordamerikas ist die von HUBERT ZAPF herausgegebene *Amerikanische Literaturgeschichte* (1997), die auch die Literatur Kanadas einbezieht. Dass der Prozess der Modernisierung auch hier als Leitfaden der Darstellung dient, ist insofern besonders sinnvoll, als es eine solche Perspektive erlaubt, grundlegende amerikanistische Problemkomplexe wie den Traum einer ‚Neuen Welt‘, die Säkularisierung puritanischer Traditionen und das Ideologem des *self-made man* sowie den Mythos der *frontier* einzubeziehen.

6 Von der anglistisch-amerikanistischen Literaturwissenschaft zur Kulturwissenschaft der englischsprachigen Literaturen

Explosion des Gegenstandsbereichs

Die grundlegende Revision und Erweiterung des ‚Kanons der Meisterwerke' ist nur ein Aspekt jener generellen Ausweitung der Perspektive, die mit Fug und Recht eine ‚Explosion des Gegenstandsbereichs' (Broich 1995: 81) der anglistischen Literaturwissenschaft genannt worden ist. Ob man die fortschreitende Binnendifferenzierung und Spezialisierung der anglistisch-amerikanistischen Literaturwissenschaft begrüßt oder eher skeptisch beurteilt, hängt v. a. von der eigenen Perspektive ab: *„Man kann diese Entwicklung zusammenfassend als Entkanonisierung, Dezentrierung und Entliterarisierung der anglistischen Literaturwissenschaft bezeichnen, aber auch positiv als Öffnung des Fachs auf alle Formen von Literatur, auf englischsprachige Literaturen aller Länder der Welt und auf kulturelle Manifestationen verschiedener Art."* (ebd.)

Einbeziehung neuer englischsprachiger Literaturen

Die bis vor nicht allzu langer Zeit vorherrschende Konzentration der Anglistik/Amerikanistik auf die englische und amerikanische Literatur ist angesichts der Entwicklung einer neuen Weltliteratur in englischer Sprache heute nicht mehr zu rechtfertigen. Vielmehr mehren sich seit geraumer Zeit die Stimmen derer, die sich – aus gutem Grunde – für die Einbeziehung der anglophonen Literaturen außerhalb Großbritanniens und Nordamerikas einsetzen. Die Anglistik hat ihr Augenmerk inzwischen auch auf jene Bereiche gerichtet, die früher unter dem Begriff ‚Commonwealth-Literatur' subsumiert wurden und inzwischen als die ‚neuen Literaturen in englischer Sprache', ‚Neuen Englischsprachigen Literaturen' bzw. *New English Literatures* bezeichnet werden. Diese Sammelbezeichnungen beziehen sich auf die anglophonen Literaturen, die in den ehemaligen englischen Siedlungskolonien Kanada, Australien und Neuseeland sowie in Afrika, Indien, Südostasien und der Karibik geschrieben werden und die vielfach auch in Großbritannien große Resonanz finden. Ähnlich wie vor einigen Jahrzehnten die amerikanische Literatur sind inzwischen v. a. die irische, kanadische, australische, neuseeländische, anglo-afrikanische und indo-englische Literatur zu florierenden und expandierenden Forschungsgebieten geworden.

Multikulturalismus und Regionalbewusstsein

Es gehört zum Erbe des Empire, dass nicht bloß die englische Gesellschaft im Zuge der Dekolonialisierung durch Migrationsbewegungen multikulturell geworden ist, sondern auch die zeitgenössische englischsprachige Literatur. Im Zuge dieser Entwicklung ist Multikulturalismus auch zu einem vorherrschenden Thema vieler Romane und Dramen avanciert. Doch es gibt noch weitere Gründe dafür, warum es heute fragwürdig geworden ist, von ‚der' englischen Literatur zu sprechen. So ist innerhalb Großbritanniens seit einigen Jahrzehnten eine Entwicklung hin zu einem verstärkten literarischen Regionalbewusstsein zu verzeichnen, eine Tendenz, die sich gleichermaßen in der Literatur Schottlands, Wales' und Nordirlands beobachten lässt. In den USA haben indianische, afroamerikanische, jüdisch-amerikanische, asiatisch-amerikanische und Chicano-Literatur zunehmend Beachtung gefunden.

Internationalisierung der englischen Literatur

Die fortschreitende Internationalisierung der englischen Literatur ist zum anderen darauf zurückzuführen, dass Autoren aus den ehemaligen Kolonien inzwischen einen festen Platz in der englischen Literaturszene haben. Es sind gerade Autorinnen und Autoren wie NADINE GORDIMER, SALMAN RUSHDIE und WOLE SOYINKA (um nur einige der herausragenden zu nennen), denen die ‚englische' Literatur v. a. in den letzten Jahrzehnten viele wichtige Impulse verdankt. Dass seit 1980 mit RUSHDIE, THOMAS KENEALLY, J.M. COETZEE, KERI HULME, PETER CAREY, BEN OKRI, MICHAEL ONDAATJE, RODDY DOYLE, PATRICK MCCABE, JAMES KELMAN, ARUNDHATI ROY, MARGARET ATWOOD und YANN MARTEL deutlich mehr als zehn nicht-englische Autoren mit dem *Booker Prize*, dem renommiertesten englischen Literaturpreis, ausgezeichnet wurden, ist ein deutlicher Indikator für die Internationalisierung der ‚englischen' Literatur.

Binnendifferenzierung und inneranglistische Komparatistik

Die Anglistik/Amerikanistik hat auf diese neuen Tendenzen mit einer fortschreitenden Binnendifferenzierung sowie mit der Entwicklung einer ‚inneranglistischen Komparatistik' reagiert. Diese richtet ihr Augenmerk auf die englischsprachigen Literaturen außerhalb Großbritanniens und Amerikas sowie auf die Beziehungen, die zwischen den *New English Literatures* und der Literatur des ehemaligen Mutterlandes bestehen. Trotz vielfältiger Unterschiede haben die *New English Literatures* zweierlei gemeinsam: Sie sind geprägt von einer Überlagerung unterschiedlicher kultureller Traditionen, der einheimischen bzw. indigenen der Urbevölkerung und der anglo-europäischen, und sie stehen in einem spannungsvollen Wechselverhältnis zur Literatur Großbritanniens. Die folgende Abbildung illustriert, dass der *„einstmalige Dialog zwischen Kolonisierten und Kolonisator* [...] *einem Polylog aller mit allen gewichen* [*ist*]*, dessen Spuren sich in einer multikulturellen Patchwork-Intertextualität niedergeschlagen haben"* (PRIEẞNITZ 1995: 188).

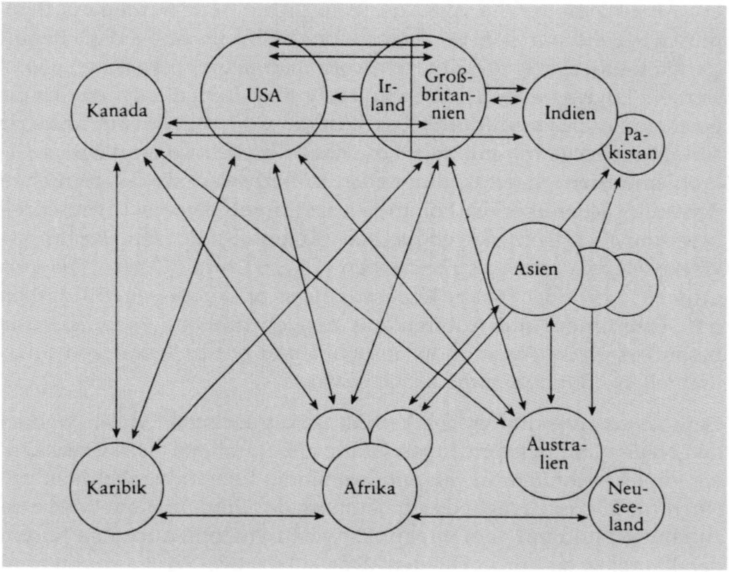

Modell 7.1.: Das Netzwerk der ‚alten' und ‚neuen' English Literatures (PRIEẞNITZ 1995: 189)

Das Netzwerk der ‚alten' und ‚neuen' *English Literatures*

Fragen der inneranglistischen Komparatistik

Dadurch eröffnet sich für eine inneranglistische Komparatistik eine Vielzahl neuer Fragestellungen. Diese beschäftigt sich z. B. mit folgenden Themen: *„Funktion und Erfolg literarischer Nationalismusbewegungen, Strategien der Benennung (Namensgebung, Naturperzeption), Identitätskonstituenten, literarische Regionalismen, Funktionen literarischer* quests, *Konflikte zwischen der ‚alten' und den ‚neuen' Welten, Formen und Manifestationen utopischen Denkens, Modifikationen von Ideologien der alten Welt, Auswirkungen des Multikulturalismus auf die personale und kollektive Identitätsfindung* [...], *literarische Bilder von Großbritannien und Europa, europäische Bilder von den anderen z. B. in Reiseliteratur, die Funktion des Schriftstellers, Gründungs- bzw. Eroberungsmythen* [...]." (PRIEẞNITZ 1995: 191)

Neue Untersuchungsperspektiven

Wie aus dieser Aufzählung ersichtlich ist, geht es im Rahmen der inneranglistischen Komparatistik also nicht bloß um eine Ausweitung der anglistisch-amerikanistischen Literaturwissenschaft durch die Einbeziehung anderer englischsprachiger Nationalliteraturen. Vielmehr eröffnet sich durch den Vergleich eine Vielzahl neuer Untersuchungsperspektiven. Zudem ist es mit einer Übertragung herkömmlicher Methoden auf die ‚Neuen Englischsprachigen Literaturen' allein noch nicht getan, denn bei der Beschäftigung mit ihnen stellen sich neue Fragen, deren Beantwortung eine Erweiterung des etablierten Methodenrepertoires erfordert.

Postkoloniale Literaturkritik

Die Akzentverlagerungen auf der inhaltlichen Seite werden auf theoretischer Seite durch neue Ansätze begleitet, die unter dem Begriff ‚postkoloniale Literaturkritik' (*postcolonial criticism*) zusammengefasst werden. Zu den neuen Themen und Schreibweisen, mit denen sich die postkoloniale Literaturkritik beschäftigt, zählen etwa die kritische Auseinandersetzung mit dem Erbe des britischen Kolonialismus, die Problematisierung der traditionellen Höherbewertung des britischen Zentrums gegenüber der kolonialen Peripherie sowie das ‚Umschreiben' von Klassikern der englischen (Kolonial-)Literatur. Bestimmte Werke wie SHAKESPEARES *The Tempest* (1611), DANIEL DEFOES *Robinson Crusoe* (1719) oder JOSEPH CONRADS *Heart of Darkness* (1899) haben auf Autorinnen und Autoren aus den ehemaligen Kolonien eine besonders große Faszination ausgeübt und ganze Serien von intertextuellen Adaptionen nach sich gezogen.

Intertextuelle Adaptionen

Gerade das enge dialogische Verhältnis, das zwischen vielen Werken der ‚Neuen Englischsprachigen Literaturen' und den ‚Meisterwerken' der englischen Literatur (im engeren Sinne) besteht, verdeutlicht mit Nachdruck, dass es nicht damit getan ist, das Kind mit dem Bade auszuschütten und mit dem imperialistischen Weltbild auch den Kanon der Klassiker zu verabschieden. Das subversive Wirkungspotential von intertextuellen Adaptionen wie JEAN RHYS' *Wide Sargasso Sea* (1966), SAM SELVONS *Moses Ascending* (1975) oder PETER CAREYS *Jack Maggs* (1997), die jeweils einen berühmten Roman der englischen Literatur – CHARLOTTE BRONTËS *Jane Eyre* (1847), DEFOES *Robinson Crusoe* bzw. CHARLES DICKENS' *Great Expectations* (1861) – aus postkolonialer Perspektive umschreiben und neu erzählen, wird nur dann verständlich, wenn man die entsprechenden Prätexte kennt.

Allgegenwart von SHAKESPEARE

Das wohl beste Beispiel für die Allgegenwart des kulturellen Erbes in den zeitgenössischen englischsprachigen Literaturen und Kulturen ist das Werk – wer könnte es anders sein? – WILLIAM SHAKESPEARES, ohne dessen Kenntnis selbst weite Teile der *popular culture* nicht zu verstehen sind. Der mit sieben Oscars ausgezeichnete und mit einem dichten Netzwerk von intertextuellen Anspielungen durchzogene Film *Shakespeare in Love* (1998), für den mit TOM STOPPARD einer der herausragenden englischen Dramatiker der Gegenwart das Drehbuch schrieb, ist nur das jüngste von zahllosen Beispielen dafür, dass SHAKESPEARES Dramen seit langem ein wesentlicher Bestandteil des kulturellen Gedächtnisses sind. SHAKESPEARES Werke, die meistgespielten der Weltliteratur, sind nicht nur auf der Bühne in vielen (keineswegs nur englischsprachigen) Ländern allgegenwärtig, sondern auch in der Oper, im Musical, in der bildenden Kunst und in den letzten Jahrzehnten v. a. auch im Film. Hinzu kommt eine Vielzahl von literarischen Bearbeitungen und Adaptionen (u. a. von Stücken wie *Romeo and Juliet* und *Hamlet*), von denen LEONARD BERNSTEINS Musical *West*

Side Story (1956) und Tom Stoppards Drama *Rosencrantz and Guildenstern Are Dead* (1966) zwei der bekanntesten sind.

Romane als ‚Echokammern' der Kulturgeschichte

Fundierte Kenntnisse der englischen und amerikanischen Literaturgeschichte sind somit nicht nur für ein angemessenes Verständnis der Neuen Englischsprachigen Literaturen erforderlich, sondern auch für eine Beschäftigung mit der englischen und amerikanischen Literatur der Gegenwart. Wer sich primär für die zeitgenössische Literatur interessiert und am Nutzen literaturgeschichtlicher Kenntnisse zweifelt, wird schnell feststellen, dass sich viele Werke des 20. Jh.s – allen voran die Literatur der sog. ‚Postmoderne' – nur vor einem breiten Lektürehintergrund erschließen. Der Hauptgrund dafür besteht darin, dass viele Werke des Modernismus und der Postmoderne mit einem so dichten Netzwerk von intertextuellen Bezügen auf die Klassiker der englischen Literatur durchzogen sind, dass sie ihre Wirkung nur dann entfalten, wenn der Rezipient mit den entsprechenden Texten und den parodierten Darstellungsverfahren vertraut ist. Herausragende Beispiele dafür sind etwa James Joyces ‚Jahrhundertroman' *Ulysses* (1922), Virginia Woolfs fiktionale Biographie *Orlando: A Biography* (1928), Thomas Pynchons *Gravity's Rainbow* (1973), Peter Ackroyds Romane *Chatterton* (1987) und *English Music* (1992) sowie Julian Barnes' *England, England* (1998). Die Vielzahl von intertextuellen Anspielungen verleiht solchen Romanen den Charakter einer literarischen ‚Echokammer', in der die Stimmen der englischen bzw. amerikanischen Kulturgeschichte widerhallen. Lesen und genießen kann man diese Romane natürlich auch so, aber wer die ästhetischen Innovationen literaturwissenschaftlich kompetent analysieren und deren kulturelle Funktionen verstehen will, kommt um ein gründliches Studium der literarischen Traditionen, auf die sie sich beziehen, nicht herum.

Nützlichkeit literaturgeschichtlicher Kenntnisse

Es ist gerade diese Präsenz der Vergangenheit in der Literatur der Gegenwart, die nochmals die Notwendigkeit verdeutlicht, sich im Studium der anglistisch-amerikanistischen Literaturwissenschaft ein möglichst breites literaturgeschichtliches Überblickswissen anzueignen, bevor man sich etwa auf eine oder mehrere der Neuen Englischsprachigen Literaturen oder auf bestimmte Epochen der englischen oder amerikanischen Literatur spezialisiert. Wer glaubt, auf den Kanon verzichten zu können, um sich primär mit einer der *New English Literatures* oder der zeitgenössischen anglo-amerikanischen Literatur zu beschäftigen, verkennt daher die Tatsache, dass weder ‚Literaturgeschichte oder zeitgenössische Kultur' noch ‚Kanon oder Neue Englischsprachige Literaturen' Alternativen darstellen, bei denen eine voreilige Entscheidung für eine der Optionen sonderlich ratsam wäre. Da diese Bereiche nur in ihrer Wechselwirkung zu verstehen sind, lautet die Devise also nicht ‚entweder-oder', sondern ‚sowohl-als-auch'!

Kulturwissenschaftliche Öffnung der Literaturgeschichte

Mit den Fragen der postkolonialen Literaturkritik und den intertextuellen und intermedialen Adaptionen von Klassikern der englischen Literatur wurden lediglich exemplarisch zwei Bereiche genannt, in denen sich die kulturwissenschaftliche Öffnung der anglistisch-amerikanistischen Literaturwissenschaft manifestiert. Weitere Beispiele für deren zunehmend medien- und kulturwissenschaftliche Ausrichtung sind die Beschäftigung mit der Geschichte der Kommunikationsformen, der Medien und der Intermedialität (vgl. Kap. 6), der Aufschwung von neuen Formen kulturgeschichtlich orientierter Literaturbetrachtung sowie das zunehmende Interesse an dem Zusammenhang, der zwischen Literatur und kulturellen Phänomenen wie nationaler Identität und Alterität, Fremdheitserfahrungen und kollektivem Gedächtnis besteht.

Kulturelles Gedächtnis, *Englishness* und *Americanness*

Die Beschäftigung mit der Geschichte der englischsprachigen Literaturen ist nicht zuletzt deshalb so aufschlussreich und faszinierend, weil sie Einblick in das kulturelle Gedächtnis, in Vorstellungen von nationaler Identität (z. B. *Englishness* und *Americanness*) sowie in nationale Selbst- und Fremdbilder gewährt. Dabei handelt es sich um Kulturthemen ersten Ranges, die im Zeitalter der Europäisierung und Globalisierung von kaum zu überschätzender Bedeutung sind. Für deren Erforschung stellt eine kulturwissenschaftlich ausgerichtete Form der Literaturgeschichte einen der wichtigsten Schlüssel dar. Nicht zuletzt darin liegt auch einer der vielen Gründe, warum gerade heute vom Studium der anglistisch-amerikanistischen Literatur- und Kulturwissenschaft noch immer bzw. wieder ein so großer und ungebrochener Reiz ausgeht.

Lektüretipps zu anderen englischsprachigen Literaturen

Als Einstieg in die Geschichte(n) der *New English Literatures* ist das von Eberhard Kreutzer verfasste Kapitel über „Die Neuen Englischsprachigen Literaturen“ (man beachte den kleinen, aber feinen Unterschied: in der ersten Auflage trug das Kapitel den Titel „Commonwealth-Literatur“) zu empfehlen, das für die 3. Auflage des von Seeber herausgegebenen Bandes *Englische Literaturgeschichte* (1991/1999) erheblich erweitert worden ist und in dem wissbegierige Leser/innen eine Vielzahl von Lektüreanregungen zu neuen Autoren/-innen und Werken finden. Detailliertere Informationen bieten Einzeldarstellungen der verschiedenen *New English Literatures*, von denen der von Maria und Martin Löschnigg verfasste Band *Eine kurze Geschichte der kanadischen Literatur* (2001) stellvertretend für die anderen im Anhang genannten Gesamtdarstellungen hervorgehoben sei.

Literatur

(Die in den „Lektüretipps" empfohlenen Bücher sowie einige weitere, die sich für den Aufbau einer Handbibliothek eignen, sind im Folgenden durch ein ◆ kenntlich gemacht.)

1. Einführungen und Nachschlagewerke

◆ ARNOLD, Heinz Ludwig & Heinrich DETERING (Hgg.): *Grundzüge der Literaturwissenschaft.* 3. Aufl., Mchn.: dtv 1999 [1996].

◆ BECK, Rudolf, Hildegard KUESTER & Martin KUESTER: *Terminologie der Literaturwissenschaft. Ein Handbuch für das Anglistikstudium.* Ismaning: Hueber 1998.

BÖKER, Uwe & Christoph HOUSWITSCHKA (Hgg.): *Einführung in die Anglistik und Amerikanistik.* Mchn.: Beck 2000.

BORCHMEYER, Dieter & Viktor ŽMEGAČ (Hgg.): *Moderne Literatur in Grundbegriffen.* 2., neubearb. Aufl., Tüb.: Niemeyer 1994 [1987].

BRACKERT, Helmut & Jörn STÜCKRATH (Hgg.): *Literaturwissenschaft. Ein Grundkurs.* 6. Aufl., Reinbek bei Hamburg: Rowohlt 2000 [1992].

BRENNER, Peter J.: *Das Problem der Interpretation. Eine Einführung in die Grundlagen der Literaturwissenschaft.* Tüb.: Niemeyer 1998.

BROICH, Ulrich & Manfred PFISTER (Hgg.): *Intertextualität. Formen, Funktionen, anglistische Fallstudien.* Tüb.: Niemeyer 1985.

DRABBLE, Margaret (Hg.): *The Oxford Companion to English Literature.* 6. Aufl., Oxford: Oxford UP 2000 [1985].

DRESCHER, Horst W.: *Lexikon der englischen Literatur.* Stg.: Kröner 1979.

EICHER, Thomas & Volker WIEMANN (Hgg.): *Arbeitsbuch Literaturwissenschaft.* 2., durchg. Aufl., Paderborn: Schöningh 1997 [1996].

◆ ENGLER, Bernd & Kurt MÜLLER (Hgg.): *Metzler Lexikon Amerikanischer Autoren.* Stg./Weimar: Metzler 2000.

◆ FABIAN, Bernhard (Hg.): *Ein anglistischer Grundkurs. Einführung in die Literaturwissenschaft.* 8., durchg. und erg. Aufl., Bln.: Schmidt 1998 [1971].

FOWLER, Alastair: *Kinds of Literature. An Introduction to the Theory of Genres and Modes.* Oxford: Clarendon 1982.

FRICKE, Harald & Rüdiger ZYMNER. *Einübung in die Literaturwissenschaft. Parodieren geht über Studieren.* Paderborn: Schöningh 1991.

FRICKE, Harald et al. (Hgg.): *Reallexikon der Deutschen Literaturwissenschaft.* Bd. 2: *H-O.* Neubearbeitung des *Reallexikons der Deutschen Literaturgeschichte.* Bln./New York: de Gruyter 2000. [Bd. 1 s. WEIMAR 1997]

GRABES, Herbert: „Literaturinterpretation als Wissenschaft." In: *Methodenprobleme der Literaturinterpretation.* Hgg.: Herbert MAINUSCH et al. Tüb.: Deutsches Institut für Fernstudien 1981a. S. 21–47.

GRABES, Herbert: *Fiktion – Imitation – Ästhetik. Was ist ‚Literatur'?* Tüb.: Deutsches Institut für Fernstudien 1981b.

HEMPFER, Klaus W.: *Gattungstheorie.* Mchn.: Fink 1973.

◆ HORNUNG, Alfred: *Lexikon amerikanische Literatur.* Mannheim: Meyers Lexikonverlag 1992.

KARRER, Wolfgang & Eberhard KREUTZER: *Daten der englischen und amerikanischen Literatur.* Bd. 1: *Daten der englischen Literatur von 1700–1890.* 2. Aufl., Mchn.: dtv 1983 [1979]; Bd. 2: *Werke der englischen Literatur von 1890 bis zur Gegenwart.* 4., überarb. und erw. Aufl., Mchn.: dtv 1989 [1973].

Kindlers Neues Literatur Lexikon. 22 Bde. Mchn.: Kindler 1988–1992, 1998.

KLARER, Mario: *Einführung in die anglistisch-amerikanistische Literaturwissenschaft.* 3., überarb. und erw. Aufl., Darmstadt: WBG 1998 [1994].

KORTE, Barbara, Klaus-Peter MÜLLER & Josef SCHMIED: *Einführung in die Anglistik.* Stg./Weimar: Metzler 1997.

LÖFFLER, Arno et al.: *Einführung in das Studium der englischen Literatur.* 6., neubearb. Aufl., Wiebelsheim: Quelle & Meyer 2001 [1982].

LOTMAN, Jurij M.: *Die Struktur literarischer Texte.* Mchn.: Fink 1972.

NÜNNING, Ansgar: *Uni-Training Englische Literaturwissenschaft. Einführung in Grundstrukturen des Fachs und Methoden der Textanalyse.* Stg.: Klett 1996.

NÜNNING, Ansgar & Andreas H. JUCKER: *Orientierung Anglistik/Amerikanistik. Was sie kann, was sie will.* Reinbek bei Hamburg: Rowohlt 1999.

PECHLIVANOS, Miltos et al. (Hgg.): *Einführung in die Literaturwissenschaft.* Stg./Weimar: Metzler 1995.

RICKLEFS, Ulfert (Hg.): *Fischer Lexikon Literatur.* 3 Bde. FfM.: Fischer 1996.

SALZMANN, Jack (Hg.): *The Cambridge Handbook of American Literature.* Cambridge: Cambridge UP 1986.

SCHWANITZ, Dietrich: *Literaturwissenschaft für Anglisten. Das neue studienbegleitende Handbuch.* Mchn.: Hueber 1985.

SCHWEIKLE, Günther & Irmgard SCHWEIKLE (Hgg.): *Metzler Literatur Lexikon. Begriffe und Definitionen.* 2., überarb. Aufl., Stg.: Metzler 1990 [1984].

STRUBE, Werner: *Analytische Philosophie der Literaturwissenschaft. Untersuchungen zur literaturwissenschaftlichen Definition, Klassifikation, Interpretation und Textbewertung.* Paderborn: Schöningh 1993.

◆ THIES, Henning (Hg.): *Hauptwerke der amerikanischen Literatur. Einzeldarstellungen und Interpretationen.* Mchn.: Kindler 1995a.

◆ THIES, Henning (Hg.): *Hauptwerke der englischen Literatur. Einzeldarstellungen und Interpretationen.* Bd. 1: *Von den Anfängen bis zum Ende des Viktorianischen Zeitalters.* Bd. 2: *Das 20. Jh. und die neuen Literaturen außerhalb Englands.* Mchn.: Kindler 1995b.

TITZMANN, Michael: *Strukturale Textanalyse. Theorie und Praxis der Interpretation.* Mchn.: Fink 1977.

VOGT, Jochen: *Einladung zur Literaturwissenschaft. Mit einem Hypertext-Vertiefungsprogramm im Internet.* 2., durchg. und aktual. Aufl., Mchn.: Fink 2001 [1999].

VOẞKAMP, Wilhelm: „Gattungen." In: BRACKERT & STÜCKRATH, S. 253–269.

WEIMAR, Klaus (Hg.): *Reallexikon der Deutschen Literaturwissenschaft.* Bd. 1: *A–G.* Neubearbeitung des *Reallexikons der Deutschen Literaturgeschichte.* Bln./New York: de Gruyter 1997. [Bd. 2 s. FRICKE 2000]

WILPERT, Gero von: *Sachwörterbuch der Literatur.* 8., verb. u. erw. Aufl., Stg.: Kröner 2001 [1955].

ZIMA, Peter V.: *Komparatistik. Einführung in die vergleichende Literaturwissenschaft.* Tüb.: Francke 1992.

2. Einführungen in literaturwissenschaftliche Theorien, Modelle und Methoden

BAASNER, Rainer & Maria ZENS: *Methoden und Modelle der Literaturwissenschaft. Eine Einführung.* 2. Aufl., Bln.: Schmidt 2001 [1996].

BELSEY, Catherine: *Critical Practice.* Ldn.: Routledge 1994 [1980].

BOGDAL, Klaus-Michael (Hg.): *Neue Literaturtheorien. Eine Einführung.* 2., neubearb. Aufl., Opladen: Westdeutscher Verlag 1997 [1990].

BONHEIM, Helmut: *Literary Systematics.* Cambridge: Brewer 1990.

CULLER, Jonathan: *Literary Theory. A Very Short Introduction.* Oxford/New York: Oxford UP 1997.

◆ EAGLETON, Terry: *Literary Theory. An Introduction.* 2. Aufl., Oxford: Blackwell 1996 [1983].

FRANK, Manfred: *Was ist Neostrukturalismus?* FfM.: Suhrkamp 1983.

HAWTHORN, Jeremy (Hg.): *A Glossary of Contemporary Literary Theory.* 4. Aufl., Ldn.: Arnold 2000 [1992]. (dt.: *Grundbegriffe moderner Literaturtheorie. Ein Handbuch.* Tüb.: Francke 1994)

JANNIDIS, Fotis et al. (Hgg.): *Texte zur Theorie der Autorschaft.* Stg.: Reclam 2000.

KIMMICH, Dorothee et al. (Hgg.): *Texte zur Literaturtheorie der Gegenwart.* Stg.: Reclam 1996.

MAKARYK, Irena R. (Hg.): *Encyclopedia of Contemporary Literary Theory. Approaches, Scholars, Terms.* Toronto: University of Toronto Press 1993.

MOI, Toril. *Sexual/Textual Politics. Feminist Literary Theory.* Ldn.: Routledge 1985.

◆ NÜNNING, Ansgar (Hg.): *Literaturwissenschaftliche Theorien, Modelle und Methoden. Eine Einführung.* 3., verb. und erw. Aufl., Trier: WVT 1998 [1995].

◆ NÜNNING, Ansgar (Hg.): *Metzler Lexikon Literatur- und Kulturtheorie. Ansätze – Personen – Grundbegriffe.* 2., akt. und erw. Aufl., Stg./Weimar: Metzler 2001 [1998].

PAYNE, Michael (Hg.): *A Dictionary of Cultural and Critical Theory.* Oxford: Blackwell 1996.

RENNER, Rolf Günter & Engelbert HABEKOST (Hgg.): *Lexikon literaturtheoretischer Werke.* Stg.: Kröner 1995.

◆ SELDEN, Raman & Peter WIDDOWSON: *A Rea-*

der's Guide to Contemporary Literary Theory. 4. Aufl., Hemel Hempstead: Harvester Wheatsheaf 1997 [1985].

WELLEK, René & Austin WARREN (Hgg.): *Theory of Literature.* Ldn./Harmondsworth: Penguin 1993 [1949].

◆ ZAPF, Hubert: *Kurze Geschichte der angloamerikanischen Literaturtheorie.* Tüb.: Francke 1991.

ZIMA, Peter V.: *Die Dekonstruktion. Einführung und Kritik.* Tüb.: Francke 1994.

3. Einführungen in die Lyrikanalyse

ASMUTH, Bernard: *Aspekte der Lyrik. Mit einer Einführung in die Verslehre.* 7. Aufl., Opladen: Westdeutscher Verlag 1984 [1972].

◆ BODE, Christoph: *Einführung in die Lyrikanalyse.* Trier: WVT 2001.

BURDORF, Dieter: *Einführung in die Gedichtanalyse.* 2., überarb. und akt. Aufl., Stg./Weimar: Metzler 1997 [1995].

FRIEDRICH, Hugo: *Die Struktur der modernen Lyrik. Von der Mitte des 19. bis zur Mitte des 20. Jhs.* 22. Aufl., Reinbek bei Hamburg: Rowohlt 1996 [1956].

◆ HÜHN, Peter: *Geschichte der englischen Lyrik.* Bd. 1: *Vom 16. Jh. bis zur Romantik.* Bd. 2: *Von der viktorianischen Epoche bis zur Gegenwart.* Tüb.: Francke 1995.

JAKOBSON, Roman: *Poetik. Ausgewählte Aufsätze 1921–1971.* FfM.: Suhrkamp 1979.

KNÖRRICH, Otto: „Einleitung. Lyrik – Begriff und Theorie einer Gattung." In: *Lexikon lyrischer Formen.* Hg.: ders. Stg.: Kröner 1992. S. xii-l.

KURZ, Gerhard: *Metapher, Allegorie, Symbol.* 4., durchg. Aufl., Göttingen: Vandenhoeck & Ruprecht 1997 [1982].

LAUSBERG, Heinrich: *Elemente der literarischen Rhetorik.* 10. Aufl., Ismaning: Hueber 1990 [1949].

LEECH, Geoffrey: *A Linguistic Guide to English Poetry.* Ldn.: Longman 1969.

LINK, Jürgen: „Das lyrische Gedicht als Paradigma des überstrukturierten Textes." In: *Literaturwissenschaft. Grundkurs I.* Hgg.: Helmut BRACKERT & Jörn STÜCKRATH. Reinbek bei Hamburg: Rowohlt 1981. S. 192–219.

LINK, Jürgen: „Elemente der Lyrik." In: *Literaturwissenschaft. Ein Grundkurs.* Hgg.: Helmut BRACKERT & Jörn STÜCKRATH. 6. Aufl., Reinbek bei Hamburg: Rowohlt 2000 [1992]. S. 86–101.

◆ LUDWIG, Hans-Werner: *Arbeitsbuch Lyrikanalyse.* 4., unv. Aufl., Tüb.: Narr 1994 [1981].

MELLER, Horst: *Zum Verstehen englischer Gedichte.* Mchn.: Fink 1985.

MÜLLER, Wolfgang G.: *Das lyrische Ich. Erscheinungsformen gattungseigentümlicher Autor-Subjektivität in der englischen Lyrik.* Heidelberg: Winter 1979.

MÜLLER, Wolfgang G.: „Das Problem der Subjektivität der Lyrik und die Dichtung der Dinge und Orte." In: *Literaturwissenschaftliche Theorien, Modelle und Methoden. Eine Einführung.* Hg.: Ansgar NÜNNING. 3., verb. und erw. Aufl., Trier: WVT 1998 [1995]. S. 93–105.

◆ MÜLLER-ZETTELMANN, Eva: *Lyrik und Metalyrik. Theorie einer Gattung und ihrer Selbstbespiegelung anhand von Beispielen aus der englisch- und deutschsprachigen Dichtkunst.* Heidelberg: Winter 2000.

PLETT, Heinrich: *Systematische Rhetorik. Konzepte und Analysen.* Mchn.: Fink 2000.

◆ PLETT, Heinrich: *Textwissenschaft und Textanalyse. Semiotik, Linguistik, Rhetorik.* 2., verb. Aufl., Heidelberg: Quelle & Meyer 1979 [1975].

PREMINGER, Alex & T.V.F. BROGAN (Hgg.): *The New Princeton Encyclopedia of Poetry and Poetics.* Princeton, NJ: Princeton UP 1993.

ROBERTS, Phil: *How Poetry Works.* 2. Aufl., Ldn.: Penguin 2000 [1986].

4. Einführungen in die Dramenanalyse

ASMUTH, Bernard: *Einführung in die Dramenanalyse.* 5. Aufl., Stg.: Metzler 1997 [1980].

ASTON, Elaine & George SAVONA: *Theatre as Sign System. A Semiotics of Text and Performance.* Ldn.: Routledge 1991.

ESSLIN, Martin: *The Theatre of the Absurd.* 3. Aufl., Ldn.: Methuen 1974 [1962].

ESSLIN, Martin: *The Field of Drama. How the Signs of Drama Create Meaning on Stage and Screen.* Ldn.: Methuen 1987.

FIELITZ, Sonja: *Drama. Text und Theater.* Bln.: Cornelsen 1999.

FISCHER-LICHTE, Erika: *Semiotik des Theaters.*

Eine Einführung. 3 Bde. Bd. 1: *Das System der theatralischen Zeichen.* Bd. 3: *Die Aufführung als Text.* 4. Aufl., Tüb.: Narr 1994 [1983].

◆ GOETSCH, Paul: *Bauformen des modernen englischen und amerikanischen Dramas.* 2. Aufl., Darmstadt: WBG 1992 [1977].

GRABES, Herbert: *Das amerikanische Drama des 20. Jhs.* Stg.: Klett 1998.

GREINER, Norbert et al.: *Einführung ins Drama. Handlung – Figur – Szene – Zuschauer.* 2 Bde. Mchn.: Hanser 1982.

HÖFELE, Andreas: „Drama und Theater. Einige Anmerkungen zur Geschichte und gegenwärtigen Diskussion eines umstrittenen Verhältnisses." In: *Forum Modernes Theater* 6 (1991), S. 3–23.

KLOTZ, Volker: *Geschlossene und offene Form im Drama.* 14. Aufl., Mchn.: Hanser 1999 [1960].

KRIEGER, Gottfried: „Dramentheorie und Methoden der Dramenanalyse." In: *Literaturwissenschaftliche Theorien, Modelle und Methoden. Eine Einführung.* Hg.: Ansgar NÜNNING. 3., verb. und erw. Aufl., Trier: WVT 1998 [1995]. S. 69–92.

KRIEGER, Gottfried: *Das englische Drama des 20. Jhs.* Stg.: Klett 1998.

◆ MAHLER, Andreas: „Aspekte des Dramas." In: *Literaturwissenschaft. Ein Grundkurs.* Hgg.: Helmut BRACKERT & Jörn STÜCKRATH. 6. Aufl., Reinbek bei Hamburg: Rowohlt 2000 [1992]. S. 71–85.

MEHL, Dieter (Hg.): *Das englische Drama. Vom Mittelalter bis zur Gegenwart.* 2 Bde. Düsseldorf: Bagel 1970.

MÜLLER, Klaus-Peter: *Englisches Theater der Gegenwart. Geschichte(n) und Strukturen.* Tüb.: Narr 1993.

NÜNNING, Josefa (Hg.): *Das englische Drama.* Darmstadt: WBG 1973.

PFISTER, Manfred: *Studien zum Wandel der Perspektivenstruktur in elisabethanischen und jakobäischen Komödien.* Mchn.: Fink 1974.

◆ PFISTER, Manfred: *Das Drama. Theorie und Analyse.* 10. Aufl., Mchn.: Fink 2000 [1977].

PLATZ-WAURY, Elke: *Drama und Theater. Eine Einführung.* 5. Aufl., Tüb.: Narr 1999 [1978].

◆ SCHABERT, Ina (Hg.): *Shakespeare-Handbuch. Die Zeit. Der Mensch. Das Werk. Die Nachwelt.* 4. Aufl., Stg.: Kröner 2000 [1972].

5. Einführungen in die Erzähltextanalyse

BAL, Mieke: *Narratology. Introduction to the Theory of Narrative.* 2. Aufl., Toronto: University of Toronto Press 1997 [1985].

BARTHES, Roland: *Introduction to the Structural Analysis of Narrative.* Birmingham: Birmingham UP 1966.

BONHEIM, Helmut: *The Narrative Modes. Techniques of the Short Story.* Cambridge: Brewer 1982.

BOOTH, Wayne C.: *The Rhetoric of Fiction.* Chicago/Ldn.: University of Chicago Press 1991 [1961].

CHATMAN, Seymour: *Story and Discourse. Narrative Structure in Fiction and Film.* Ithaca, NY: Cornell UP 1993 [1978].

CHATMAN, Seymour: *Coming to Terms. The Rhetoric of Narrative in Fiction and Film.* Ithaca, NY: Cornell UP 1990.

COHN, Dorrit: *Transparent Minds. Narrative Modes for Presenting Consciousness in Fiction.* Princeton: Princeton UP 1978.

FLUCK, Winfried: *Das kulturelle Imaginäre. Eine Funktionsgeschichte des amerikanischen Romans 1790–1900.* FfM.: Suhrkamp 1997.

FLUDERNIK, Monika: *The Fictions of Language and the Languages of Fiction. The Linguistic Representation of Speech and Consciousness.* Ldn.: Routledge 1993.

FLUDERNIK, Monika: *Towards a ‚Natural' Narratology.* Ldn.: Routledge 1996.

FORSTER, E. M.: *Aspects of the Novel.* Harmondsworth: Penguin 1981 [1927].

GENETTE, Gérard: *Narrative Discourse. An Essay in Method.* Oxford: Blackwell 1980. (dt.: „Diskurs der Erzählung." In: *Die Erzählung* Mchn.: Fink 1994. S. 11–192)

GENETTE, Gérard: *Narrative Discourse Revisited.* Ithaca, NY: Cornell UP 1988. (dt.: „Neuer Diskurs der Erzählung." In: *Die Erzählung.* Mchn.: Fink 1994. S. 193–250)

GRABES, Herbert: „Wie aus Sätzen Personen werden ... Über die Erforschung literarischer Figuren." In: *Poetica* 10 (1978), S. 405–428.

GRÜNZWEIG, Walter & Andreas SOLBACH (Hgg.): *Grenzüberschreitungen. Narratologie im Kontext/Transcending Boundaries. Narratology in Context.* Tüb.: Narr 1999.

GUTENBERG, Andrea: *Mögliche Welten. Plot und Sinnstiftung im englischen Frauenroman.* Heidelberg: Winter 2000.

HAWTHORN, Jeremy: *Studying the Novel. An Introduction.* 3. Aufl., Ldn.: Arnold 1997.

HERMAN, David (Hg.): *Narratologies. New Perspectives on Narrative Analysis.* Columbus, OH: Ohio State UP 1999.

HOFFMANN, Gerhard: *Raum, Situation, erzählte Wirklichkeit. Poetologische und historische Studien zum englischen und amerikanischen Roman.* Stg.: Metzler 1978.

ICKSTADT, Heinz: *Der amerikanische Roman im 20. Jh. Transformationen des Mimetischen.* Darmstadt: WBG 1998.

JÄGER, Dietrich: *Erzählte Räume. Studien zur Phänomenologie der epischen Geschehensumwelt.* Würzburg: Königshausen & Neumann 1998.

◆ JAHN, Manfred: „Narratologie. Methoden und Modelle der Erzähltheorie." In: *Literaturwissenschaftliche Theorien, Modelle und Methoden. Eine Einführung.* Hg.: Ansgar NÜNNING. 3., verb. und erw. Aufl., Trier: WVT 1998 [1995]. S. 29–50.

JAHN, Manfred & Ansgar NÜNNING: „A Survey of Narratological Models." In: *LWU* XXVII. 4 (1994), S. 283–303.

KAHRMANN, Cordula, Gunter REIß & Manfred SCHLUCHTER: *Erzähltextanalyse. Eine Einführung in Grundlagen und Verfahren.* 2 Bde. 2. Aufl., Kronberg: Athenäum 1993 [1977].

KORTE, Barbara: *Techniken der Schlußgebung im Roman. Eine Untersuchung englisch- und deutschsprachiger Romane.* FfM.: Lang 1985.

KORTE, Barbara: *Körpersprache in der Literatur. Theorie und Geschichte am Beispiel englischer Erzählprosa.* Tüb.: Francke 1993.

LÄMMERT, Eberhard: *Bauformen des Erzählens.* 8. Aufl., Stg.: Metzler 1991 [1955].

LANSER, Susan Sniader: *The Narrative Act. Point of View in Prose Fiction.* Princeton, NJ: Princeton UP 1981.

LANSER, Susan Sniader: *Fictions of Authority. Women Writers and Narrative Voice.* Ithaca: Cornell UP 1992.

LUDWIG, Hans-Werner (Hg.): *Arbeitsbuch Romananalyse.* 6. Aufl., Tüb.: Narr 1998 [1982].

◆ MARTINEZ, Matias & Michael SCHEFFEL: *Einführung in die Erzähltheorie.* 2. Aufl., Mchn.: Beck 2000 [1999].

NISCHIK, Reingard M.: *Einsträngigkeit und Mehrsträngigkeit der Handlungsführung in literarischen Texten. Dargestellt insbesondere an englischen, amerikanischen und kanadischen Romanen des 20. Jhs.* Tüb.: Narr 1981.

NÜNNING, Ansgar: *Grundzüge eines kommunikationstheoretischen Modells der erzählerischen Vermittlung. Die Funktionen der Erzählinstanz in den Romanen George Eliots.* Trier: WVT 1989.

NÜNNING, Ansgar: „Die Funktionen von Erzählinstanzen. Analysekategorien und Modelle zur Beschreibung des Erzählerverhaltens." In: *LWU* XXX.4 (1997), S. 323–349.

NÜNNING, Ansgar: *Der englische Roman des 20. Jhs.* Stg.: Klett 1998.

NÜNNING, Ansgar (Hg., unter Mitwirkung von Carola SURKAMP und Bruno ZERWECK): *Unreliable Narration. Studien zur Theorie und Praxis unglaubwürdigen Erzählens in der englischsprachigen Erzählliteratur.* Trier: WVT 1998.

NÜNNING, Vera & Ansgar NÜNNING (Hgg.): *Multiperspektivisches Erzählen. Zur Theorie und Geschichte der Perspektivenstruktur im englischen Roman des 18. bis 20. Jhs.* Trier: WVT 2000.

NÜNNING, Vera: *Der englische Roman des 19. Jhs.* Stg.: Klett 2000.

PRINCE, Gerald: *A Dictionary of Narratology.* Lincoln: University of Nebraska Press 1987.

RIMMON-KENAN, Shlomith: *Narrative Fiction. Contemporary Poetics.* Ldn./New York: Methuen 1983.

SCHNEIDER, Ralf: *Grundriß zur kognitiven Theorie der Figurenrezeption am Beispiel des viktorianischen Romans.* Tüb.: Stauffenburg 2000.

◆ STANZEL, Franz K.: *Theorie des Erzählens.* 6., unv. Aufl., Göttingen: Vandenhoeck & Ruprecht 1995 [1979].

TOOLAN, Michael J.: *Narrative. A Critical Linguistic Introduction.* Ldn./New York: Routledge 1988.

VOGT, Jochen: *Aspekte erzählender Prosa. Eine Einführung in die Erzähltechnik und Romantheorie.* 8. Aufl., Opladen: Westdeutscher Verlag 1998 [1972].

WIEST-KELLNER, Ursula: *Messages from the Threshold. Die You-Erzählform als Ausdruck liminaler Wesen und Welten.* Bielefeld: Aisthesis 1999.

WOLF, Werner: *Ästhetische Illusion und Illusionsdurchbrechung in der Erzählkunst. Theorie und Geschichte mit Schwerpunkt auf englischem illusionsstörenden Erzählen.* Tüb.: Niemeyer 1993.

6. Einführungen in Intermedialität, Medienwissenschaft und die Analyse von Mediengattungen

ALBERSMEIER, Franz-Josef: „Literatur und Film. Entwurf einer praxisorientierten Textsystematik." In: ZIMA, S. 235–268.

ALBERSMEIER, Franz-Josef & Volker ROLOFF (Hgg.): *Literaturverfilmungen.* FfM.: Suhrkamp 1989.

AMELUNXEN, Hubertus von: „Photographie und Literatur. Prolegomena zu einer Theoriegeschichte der Photographie." In: ZIMA, S. 209–234.

BERNINGER, Mark: „Children's Games and Children's Plays – Computer Adventures Meet the Stage in Alan Ayckbourn's *Mr A's Amazing Maze Plays* and *Callisto 5.*" In: VOIGTS-VIRCHOW, S. 209–216.

BORDWELL, David: *Narration in the Fiction Film.* Ldn.: Methuen 1985.

BRANIGAN, Edward: *Narrative Comprehension and Film.* Ldn.: Routledge 1992.

FAULSTICH, Werner: *Rock – Pop – Beat – Folk. Grundlagen der Textmusik-Analyse.* Tüb.: Narr 1978.

FAULSTICH, Werner: *Die Filminterpretation.* 2. Aufl., Göttingen: Vandenhoeck & Ruprecht 1995 [1988].

FAULSTICH, Werner: *Medientheorien. Einführung und Überblick.* Göttingen: Vandenhoeck & Ruprecht 1991.

◆ FRANK, Armin Paul: *Das englische und amerikanische Hörspiel.* Mchn.: Fink 1981.

◆ GIANNETTI, Louis: *Understanding Movies.* 8. Aufl., Upper Saddle River, NJ: Prentice Hall 1998 [1972].

GIER, Albert: „Musik in der Literatur. Einflüsse und Analogien." In: ZIMA, S. 61–92.

GOETSCH, Paul & Dietrich SCHEUNEMANN (Hgg.): *Text und Ton im Film.* Tüb.: Narr 1997.

HELBIG, Jörg (Hg.): *Intermedialität. Theorie und Praxis eines interdisziplinären Forschungsgebietes.* Bln.: Schmidt 1998.

HELBIG, Jörg: *Geschichte des britischen Films.* Stg.: Metzler 1999.

HICKETHIER, Knut & Siegfried ZIELINSKI (Hg.): *Medien/Kultur. Schnittstellen zwischen Medienwissenschaft, Medienpraxis und gesellschaftlicher Kommunikation.* Bln.: Spiess 1991.

HICKETHIER, Knut (Hg.): *Fernsehen. Wahrnehmungswelt, Programminstitution und Marktkonkurrenz.* FfM.: Lang 1992.

◆ HICKETHIER, Knut: *Film- und Fernsehanalyse.* 3., überarb. Aufl., Stg.: Metzler 2001.

KITTLER, Friedrich A.: *Aufschreibesysteme 1800/1900.* 3., vollst. überarb. Neuaufl., Mchn.: Fink 1995 [1985].

LUDES, Peter: *Einführung in die Medienwissenschaft. Entwicklungen und Theorien.* Bln.: Schmidt 1998.

MERTEN, Klaus, Siegfried J. SCHMIDT & Siegfried WEISCHENBERG (Hgg.): *Die Wirklichkeit der Medien. Eine Einführung in die Kommunikationswissenschaft.* Opladen: Westdeutscher Verlag 1994.

MÜLLER, Jürgen E.: *Intermedialität. Formen moderner kultureller Kommunikation.* Münster: Nodus 1996.

MÜLLER, Ulrich: „Literatur und Musik. Vertonungen von Literatur." In: ZIMA, S. 31–60.

NELSON, Robin: „TV Drama. ‚Flexi-Narrative Form' and ‚a New Affective Order'." In: VOIGTS-VIRCHOW, S. 111–118.

PAECH, Joachim: *Literatur und Film.* Stg.: Metzler 1988.

PAECH, Joachim: „Vom Feuilletonroman zum Fernsehspiel." In: Helmut BRACKERT & Jörn STÜCKRATH (Hgg.): *Literaturwissenschaft. Ein Grundkurs.* 6. Aufl., Reinbek bei Hamburg: Rowohlt 2000 [1992]. S. 360–374.

PAECH, Joachim (Hg.): *Film, Fernsehen, Video und die Künste. Strategien der Intermedialität.* Stg.: Metzler 1994.

PAGET, Derek: „Acting the Real. Dramatic Practices in Television Dramadoc/Docudrama." In: VOIGTS-VIRCHOW, S. 101–110.

PRIEẞNITZ, Horst (Hg.): *Das englische Hörspiel.* Düsseldorf: Bagel 1977.

RAUH, Reinhold: *Sprache im Film. Die Kombination von Wort und Bild im Spielfilm.* Münster: MakS-Publikationen 1987.

ROLOFF, Volker: „Film und Literatur. Zur Theorie und Praxis der intermedialen Analyse am Beispiel von Bunuel, Truffaut, Godard und Antonioni." In: ZIMA, S. 269–309.

SCHER, Steven P. (Hg.): *Literatur und Musik. Ein Handbuch zur Theorie und Praxis eines komparatistischen Grenzgebietes.* Bln.: Schmidt 1984.

SCHMIDT, Siegfried J.: *Kognitive Autonomie und soziale Orientierung. Konstruktivistische Bemerkungen zum Zusammenhang von Kognition, Kommunikation, Medien und Kultur.* FfM.: Suhrkamp 1994.

SCHMIDT, Siegfried J.: *Kalte Faszination. Medien*

· *Kultur · Wissenschaft in der Mediengesellschaft.* Weilerswist: Velbrück Wissenschaft 2000.

SCHMIDT, Siegfried J. & Siegfried WEISCHENBERG: „Mediengattungen, Berichterstattungsmuster, Darstellungsformen." In: MERTEN, SCHMIDT & WEISCHENBERG, S. 212–236.

SCHNEIDER, Irmela: *Der verwandelte Text. Wege zu einer Theorie der Literaturverfilmung.* Tüb.: Niemeyer 1981.

SCHNEIDER, Irmela: „Hybridkultur. Eine Spurensuche." In: THOMSEN, S. 9–24.

THOMSEN, Christian W. (Hg.): *Hybridkultur. Bildschirmmedien und Evolutionsformen der Künste. Annäherungen an ein interdisziplinäres Problem.* Siegen: Universität-GH-Siegen 1994.

THOMSEN, Christian W. & Irmela SCHNEIDER (Hgg.): *Grundzüge der Geschichte des europäischen Hörspiels.* Darmstadt: WBG 1985.

VOIGTS-VIRCHOW, Eckart (Hg.): *Mediated Drama, Dramatized Media.* Trier: WVT 2000.

WALDMANN, Werner & Rose WALDMANN: *Einführung in die Analyse von Fernsehspielen.* Tüb.: Narr 1980.

WOLF, Werner: *The Musicalization of Fiction. A Study in the Theory and History of Intermediality.* Amsterdam/Atlanta: Rodopi 1999.

◆ ZIELINSKI, Siegfried: *Audiovisionen. Kino und Fernsehen als Zwischenspiele in der Geschichte.* Reinbek bei Hamburg: Rowohlt 1989.

ZIELINSKI, Siegfried (Hg.): *Video – Apparat, Medium, Kunst, Kultur. Ein internationaler Reader.* FfM.: Lang 1992.

ZIMA, Peter V. (Hg.): *Literatur intermedial. Musik – Malerei – Photographie – Film.* Darmstadt: WBG 1995.

ZIMA, Peter V.: „Ästhetik, Wissenschaft und ‚wechselseitige Erhellung der Künste'. Einleitung." In: ZIMA, S. 1–30.

7. Literaturgeschichtsschreibung und Geschichten englischsprachiger Literaturen

ASSMANN, Aleida & Jan ASSMANN: „Kanon und Zensur." In: *Kanon und Zensur. Archäologie der literarischen Kommunikation II.* Hgg.: diess. Mchn.: Fink 1987. S. 7–27.

BENNETT, Bruce (Hg.): *The Oxford Literary History of Australia.* Oxford: Oxford UP 1998.

BERKHOFER, Robert F. Jr.: *Beyond the Great Story. History as Text and Discourse.* Cambridge, MA/Ldn.: The Belknap Press of Harvard UP 1995.

◆ BORGMEIER, Raimund (Hg.): *Die englische Literatur in Text und Darstellung.* 10 Bde., Stg.: Reclam 1982–1986.

BROICH, Ulrich: „Gegenstands- und Zielbestimmungen der anglistischen Literaturwissenschaft im Lichte fachinterner Entwicklungen." In: *Anglistische Lehre Aktuell. Probleme, Perspektiven, Praxis.* Hgg.: Barbara KORTE & Klaus Peter MÜLLER. Trier: WVT 1995. S. 75–91.

CARTER, Ronald & John MCRAE (Hgg.): *The Routledge History of Literature in English. Britain and Ireland.* 2. Aufl., Ldn.: Routledge 2001 [1997].

ELLIOTT, Emory (Hg.): *Columbia Literary History of the United States.* New York: Columbia UP 1988.

FABIAN, Bernhard & Willi ERZGRÄBER (Hgg.): *Die englische Literatur.* Bd. 1: *Epochen – Formen;* Bd. 2: *Autoren.* 3. Aufl., Mchn.: dtv 1997 [1991].

GRABES, Herbert (Hg.): *Literary History/Cultural History. Forcefields and Tensions. REAL – Yearbook of Research in English and American Literature* 17 (2001).

KOSOK, Heinz: *Geschichte der anglo-irischen Literatur.* Bln.: Schmidt 1990.

◆ LÖSCHNIGG Maria & Martin LÖSCHNIGG: *Kurze Geschichte der kanadischen Literatur.* Stg.: Klett 2001.

MCHALE, Brian: *Constructing Postmodernism.* Ldn.: Routledge 1992.

◆ NÜNNING, Ansgar (Hg.): *Eine andere Geschichte der englischen Literatur. Epochen, Gattungen und Teilgebiete im Überblick.* 2., verb. und erw. Aufl., Trier: WVT 1998 [1996].

NÜNNING, Ansgar: „Kanonisierung, Periodisierung und der Konstruktcharakter von Literaturgeschichten. Grundbegriffe und Prämissen theoriegeleiteter Literaturgeschichtsschreibung." In: NÜNNING, S. 1–24.

PERKINS, David: *Is Literary History Possible?* Baltimore, MD: Johns Hopkins UP 1992.

PRIEßNITZ, Horst: „Wie kann man die verschiedenen englischen Literaturen in die anglistische Forschung und Lehre einbeziehen?" In: *Anglistische Lehre Aktuell. Probleme, Perspektiven, Praxis.* Hgg.: Barbara KORTE &

Klaus Peter MÜLLER. Trier: WVT 1995. S. 183–194.

PRIEẞNITZ, Horst: *Die Terranglia als System. Literarische Kohärenz- und Dezentralisierungsmarkierungen in dominant anglo-europäischen Palimpsestkulturen.* Tüb.: Narr 1999.

SAMPSON, George (Hg.): *The Concise Cambridge History of English Literature.* 3., vollst. überarb. und erw. Aufl., Cambridge: Cambridge UP 1990.

SANDERS, Andrew: *The Short Oxford History of English Literature.* Oxford: Clarendon 1994.

◆ SCHABERT, Ina: *Englische Literaturgeschichte. Eine neue Darstellung aus der Sicht der Geschlechterforschung.* Stg.: Kröner 1997.

SCHÄFER, Jürgen (Hg.): *Commonwealth-Literatur.* Düsseldorf: Bagel 1981.

◆ SEEBER, Hans Ulrich (Hg.): *Englische Literaturgeschichte.* 3. Aufl., Stg./Weimar: Metzler 1999 [1991].

STURM, Terry (Hg.): *The Oxford History of New Zealand Literature in English.* 2. Aufl., Auckland: Oxford UP 1998.

TOYE, William (Hg.): *The Oxford Companion to Canadian Literature.* Toronto: Oxford UP 1983.

◆ ZAPF, Hubert (Hg.): *Amerikanische Literaturgeschichte.* Stg./Weimar: Metzler 1997.

8. Anthologien

ABRAMS, M.H. (Hg.): *The Norton Anthology of English Literatur.* 2 Bde., 7. Aufl., New York/Ldn.: Norton 2000 [1968].

BAYM, Nina (Hg.): *The Norton Anthology of American Literature.* 5. Aufl., New York/Ldn.: Norton 1998 [1979].

CLARK, Robert & Thomas HEALY (Hgg.): *The Arnold Anthology of British and Irish Literature in English.* Ldn.: Arnold 1997.

LAUTER, Paul (Hg.): *The Heath Anthology of American Literature.* Lexington, MA: Heath 1990.

LÖFFLER, Arno & Eberhard SPÄTH (Hgg.): *English Poetry. Eine Anthologie für das Studium.* 3., überarb. und erweit. Aufl., Wiesbaden: Quelle & Meyer 1998 [1976].

MELLER, Horst & Rudolf SÜHNEL (Hgg.): *British and American Classical Poems.* Korr. Nachdr., Heidelberg: Winter 1999 [1966].

THIEME, John (Hg.): *The Arnold Anthology of Post-Colonial Literatures in English.* Ldn./New York: Arnold 1996.

9. Bibliographien

ABELL. Annual Bibliography of English Language and Literature (laufende Bibliographie; Primär- und Sekundärliteratur).

ABES. Annotated Bibliography of English Studies (Kurzdarstellungen ausgewählter Veröffentlichungen aus den Gebieten der englischsprachigen Literatur- und Sprachwissenschaft sowie Kultur- und Filmwissenschaft; auf CD-ROM verfügbar).

MLA. International Bibliography of Books and Articles on Modern Languages and Literatures (laufende, internationale Bibliographie zur Sprach- und Literaturwissenschaft; auch auf CD-ROM und *online* verfügbar).

NCBEL. The New Cambridge Bibliography of English Literature, 5 Bde., Hg.: George WATSON. Cambridge: Cambridge UP, 1969–1977 (retrospektive Bibliographie; Primär- und Sekundärliteratur bis ca. 1965).

10. Anglistische literaturwissenschaftliche Zeitschriften

American Literature; American Studies Journal; Amerikastudien; Anglia; Anglistik. Mitteilungen des Verbandes Deutscher Anglisten; a & e. Anglistik und Englischunterricht; AAA. Arbeiten aus Anglistik und Amerikanistik; Archiv für das Studium der Neueren Sprachen und Literaturen; Contemporary Literature; DFU. Der Fremdsprachliche Unterricht; Eighteenth-Century Studies; EJES. European Journal of English Studies; Jahrbuch der Deutschen Shakespeare-Gesellschaft; Journal of American Studies; Kritikon Litterarum; LWU. Literatur in Wissenschaft und Unterricht; Literaturwissenschaftliches Jahrbuch; Modern Drama; MFS. Modern Fiction Studies; Narrative; Neusprachliche Mitteilungen aus Wissenschaft und Praxis; NLH. New Literary History; Nineteenth-Century Studies; Orbis Litterarum; PMLA. Publications of the Modern Language Association of America; Poetica; Poetics; Poetics Today; Praxis des neusprachlichen Unterrichts; Review of English Studies; Shakespeare Quarterly; Shakespeare Survey; Sprachkunst; Studies in English

Literature 1500-1900; Style; Twentieth Century Literature; Victorian Studies; WLA. Wissenschaftlicher Literaturanzeiger; ZAA. Zeitschrift für Anglistik und Amerikanistik.

11. Zu Arbeitstechniken und zur Anfertigung literaturwissenschaftlicher Arbeiten

GIBALDI, Joseph: *MLA Handbook for Writers of Research Papers.* 5. Aufl., New York: Modern Language Association of America 1999 [1977].

MEYER-KRENTLER, Eckhardt & Burkhard MOENNIGHOFF: *Arbeitstechniken Literaturwissenschaft.* 9., vollst. überarb. und aktual. Aufl., Mchn.: Fink 2001 [1990].

STANDOP, Ewald & Matthias L. G. MEYER: *Die Form der wissenschaftlichen Arbeit.* 15., überarb. Aufl., Wiesbaden: Quelle & Meyer 1998 [1959].

12. Nützliche Internetadressen

A Guide to the Theory of Literary Genres: Poems, Plays, and Prose (http://www.uni-koeln.de/~ame02/ppp.htm)

British Literature Resources (http://www.britishliterature.com)

Einladung zur Literaturwissenschaft: Ein Vertiefungsprogramm zum Selbststudium (http://www.uni-essen.de/literaturwissenschaft-aktiv/einladung.htm)

Literary Resources on the Net (http://newark.rutgers.edu/~jlynch/Lit/)

Projekt LesARTen (http://www.uni-regensburg.de/Fakultaeten/phil_Fak_IV/Germanistik/Braungart/mw1)

The English Browser (http://cobalt.lang.osaka-u.ac.jp/~krkvls/newsstand.html)

The Internet Movie Database (http://www.imdb.com)

Voice of the Shuttle (http://vos.ucsb.edu)

Weitere Adressen finden sich in:

FELDMANN, Doris (Hg.): *Anglistik im Internet.* Heidelberg: Winter 1997.

KRANZ, Dieter & Paul TIEDEMANN: *Internet für Anglisten: Eine praxisorientierte Einführung.* Darmstadt: Primus/WBG 2000.

Glossar

(unter Mitwirkung von Gaby Allrath, Klaudia Seibel, Annegret Stegmann und Carola Surkamp)

A

Absolutheit dramatischer Texte *(the absolute nature of dramatic texts):* im Gegensatz zu narrativen Texten gibt es in dramatischen Texten kein vermittelndes Kommunikationssystem; die textinterne Kommunikation beschränkt sich (außer bei → Episierungstendenzen) auf die → Ebene der Figuren, die sich selbst als Redende darstellen.

Akt *(act):* ein in sich geschlossener, durch einen totalen Konfigurationswechsel (→ Konfiguration), eine längere Pause, einen Schauplatzwechsel oder einen Umschwung in der → Handlung (b) deutlich abgesetzter Hauptabschnitt im Drama, der aus mehreren → Szenen besteht.

Aktant *(actant):* eine literarische → Figur als Handlungsträger bzw. Funktionsstelle der → Handlung (b) (z. B. Held, Helfer, Gegenspieler).

Allwissenheit *(omniscience):* gebräuchliche, aber unklare Bezeichnung für die psychologisch-kognitive, lokale und temporale Privilegierung → heterodiegetischer Erzählinstanzen, d. h. ihren Einblick in das Bewusstsein aller → Figuren (→ Bewusstseinsdarstellung), ihre gleichzeitige Präsenz an mehreren Schauplätzen (fiktive Allgegenwart) sowie ihren Überblick über den gesamten vergangenen, gegenwärtigen und zukünftigen Verlauf der → Handlung (b).

Anachronie *(anachrony):* im Gegensatz zum → chronologischen Erzählen die Durchbrechung der natürlichen Zeitfolge der Chronologie bei der Wiedergabe von Ereignissen (→ Rückwendung, → Vorausdeutung); Kategorie der → Anordnung des Geschehens.

Analepse *(analepsis):* → Rückwendung

Analytisches Drama: Form des Dramas, in dem sich die → Exposition über den gesamten Textverlauf erstreckt, in dem also die in der Vergangenheit liegenden Voraussetzungen schrittweise aufgedeckt werden.

Anordnung *(order):* Bezeichnung der verschiedenen Möglichkeiten, die zeitliche Abfolge der → Ereignisse in der Geschichte zu organisieren; Kategorie der → Zeitdarstellung (s. auch → Anachronie, → chronologisches Erzählen, → Rückwendung, → Vorausdeutung).

Anredegedicht: Gedicht, in dem durch ein ‚explizites lyrisches Du' der Akzent primär auf dem jeweiligen Adressaten liegt.

Antagonist *(antagonist):* in narrativen und dramatischen Texten der Gegenspieler des → Protagonisten.

Aside: → Beiseite-Sprechen

Assonanz *(assonance):* phonologische → rhetorische Figur (s. Tab. 3.2.).

Auftritt *(appearance):* das Erscheinen einer → Figur auf der Bühne; oftmals gleichgesetzt mit → Szene.

Auktoriale Erzählsituation *(authorial narrative situation):* eine der typischen → Erzählsituationen; konstituierendes Element ist die Außenperspektive. Die → story wird von einem → expliziten und personalisierbaren Erzähler wiedergegeben, der nicht Teil der erzählten Welt ist.

Aussparung *(ellipsis/omission):* → Zeit zwischen erzählten → Ereignissen wird ausgelassen und dazwischen liegendes Geschehen wird nicht erzählt; Kategorie der → Dauer.

Autodiegetische Erzählinstanz *(autodiegetic narrator):* → homodiegetische Erzählinstanz, die mit der Hauptfigur identisch ist und ihre eigene Lebensgeschichte erzählt.

Autor, impliziter *(implied author):* (irreführende) Bezeichnung für diejenigen Phänomene eines narrativen Textes, die seine Struktur und Bedeutung sowie das zugrunde liegende Werte- und Normensystem betreffen; nicht zu verwechseln mit dem realen, historischen Autor.

B

Beiseite-Sprechen *(aside):* Form des monologischen Sprechens auf der Bühne, bei der die Zuschauer in die Gedanken und Gefühle einer (oder mehrerer) → Figur(en) eingeweiht werden, während die anderen Figuren uninformiert bleiben.

Bericht *(report):* → Erzählweise des → *telling;* sachliche, meist zeitlich raffende Wiedergabe von → Ereignissen und → Handlungen (a) in der erzählten Welt durch die → Erzählinstanz.

Beschreibung *(description):* → Erzählweise des → *telling;* die → Erzählinstanz schreibt → Figuren und Objekten der erzählten Welt Merkmale zu und schildert Zustände und → Räume.

Bewusstseinsbericht: → Gedankenbericht

Bewusstseinsdarstellung *(modes for presenting consciousness):* Art und Weise, wie Gedanken, Gefühle, Wahrnehmungen oder Erinnerung von → Figuren vermittelt werden. Während in narrativen Texten vielfältige Möglichkeiten vorliegen, das Bewusste und sogar Unbewusste von Figuren darzustellen (→ Gedankenbericht, → erlebte Rede, → innerer Monolog), ist die B. im Drama weitgehend auf den → Monolog und das → Beiseite-Sprechen beschränkt. Die wichtigste Technik der B. im Film ist das → *voice-over;* hinzu kommen Andeutungen und Symbolisierung von Bewusstseinsinhalten durch Musik oder → Wort-Bild-Tropen.

Bewusstseinsstrom *(stream of consciousness):* metaphorische Bezeichnung für die stetige, oft keinen rationalen Gesetzen gehorchende Abfolge von Bewusstseinsinhalten im Individuum. Der B. kann durch verschiedene Techniken der → Bewusstseinsdarstellung wiedergegeben werden.

Bildlichkeit *(imagery):* Oberbegriff für verschiedene Arten von Sprachbildern (z. B. semantische → rhetorische Figuren).

Blankvers *(blank verse):* reimloser fünfhebiger Jambus (→ Metrum), der neben der Lyrik insbesondere im Drama (SHAKESPEARE) und im Epos (MILTON) Verwendung findet.

Botenbericht *(messenger's report):* Form der Informationsvergabe im Drama, bei der aus ethischen oder technischen Gründen nicht darstellbare → Ereignisse (Gewalt, große Schlachten) durch einen Boten auf der Bühne verkündet werden (s. auch → Mauerschau).

C

Charakter *(round character):* komplex strukturierte literarische → Figur, die als Individuum im Unterschied zum → Typ mit einer Vielzahl von Eigenschaften ausgestattet ist und daher ‚lebensecht' wirkt.

Chinese-box structure: → eingebettete Erzählung

Chronologisches Erzählen: Abfolge der erzählten → Ereignisse in der natürlichen Zeitfolge der Ereignischronologie; Kategorie der → Anordnung des Geschehens.

D

Dauer *(duration):* ergibt sich aus dem Verhältnis zwischen der → Erzählzeit und der → erzählten Zeit; Kategorie der → Zeitdarstellung (s. auch → Aussparung, → Pause, → Zeitdeckung, → Zeitdehnung, → Zeitraffung).

Deus ex machina *(der Gott aus der Maschine):* im Drama Begriff für die Klärung eines Konflikts durch plötzliche, durch die → Handlung (b) nicht motivierte → Ereignisse oder durch den unerwarteten Auftritt einer → Figur oder einer außenstehenden Macht (z. B. eines Heiligen).

Diachronie/Synchronie *(diachrony/synchro-*

ny): der Begriff der D. bezieht sich auf die zeitliche Abfolge von Ereignissen oder Zuständen; diachrone Untersuchungen befassen sich etwa mit dem Wandel von Gattungskonventionen (→ Gattung). S. bezeichnet dagegen die zeitliche Koexistenz von Phänomenen innerhalb eines bestimmten Zeitraumes; synchrone Untersuchungen befassen sich etwa mit den Besonderheiten einer spezifischen Epoche.

Dialog *(dialogue):* Gespräch zwischen zwei oder mehreren → Figuren (Zwie- bzw. Mehrgespräch), das aus einer Abfolge von → Repliken besteht. Im Drama setzt der D. die → Handlung (b) in Gang und treibt sie voran; in Erzähltexten ist er auf der → Ebene der Figuren angesiedelt und in die Rede der → Erzählinstanz eingebettet. Darüber hinaus gehört er zu den Gestaltungsmitteln des Hörspiels und des Films.

Discourse: Struktur der → erzählerischen Vermittlung.

Dramatische Ironie *(dramatic irony):* beruht auf diskrepanter Informiertheit; aufgrund seines Informationsvorsprunges kann der Rezipient Fehlurteile einer → Figur durchschauen, so dass die Äußerungen dieser Figur eine ihr nicht bewusste und von ihr nicht intendierte Zusatzbedeutung bekommen.

Dramatischer Auftakt *(dramatic introduction):* (oft non-verbale) Form des Texteingangs im Drama; hat die phatische Funktion der Etablierung des Kommunikationskanals zwischen Bühne und Zuschauern, weckt die Aufmerksamkeit der Rezipienten und dient der atmosphärischen Einstimmung in die → fiktive Welt; kann mit der → Exposition zusammenfallen, aber auch getrennt von ihr erfolgen.

E

Ebene der erzählerischen Vermittlung *(extradiegetic level):* textinterne Kommunikationsebene, die den Erzählvorgang zwischen → Erzählinstanz und fiktivem → Leser erfasst.

Ebene der Figuren/der fiktiven Handlung *(diegetic level):* textinterne Kommunikationsebene in dramatischen und narrativen Texten, die durch die Figurenkommunikation konstituiert wird.

Einbettung, narrative *(narrative embedding):* Bezeichnung für die hierarchische und funktionale Über- bzw. Unterordnung der → Ebene der Figuren und der → Ebene der erzählerischen Vermittlung.

Eingebettete Erzählung *(hypo-narrative):* eine auf der → Ebene der Figuren (oder einer hierarchisch tiefer liegenden Ebene) erzählte Geschichte, in der eine → Figur die Rolle einer intradiegetischen Erzählinstanz (→ erzählende Figur) übernimmt und die von einer oder mehreren Rahmenerzählungen umgeben ist; theoretisch *ad infinitum* fortsetzbar *(chinese-box structure).*

Einstellung *(shot):* einzelne, ununterbrochene Kamera-Aufnahme, die – neben dem Einzelbild – die kleinste Einheit eines Films bildet. Die Beschreibung einer E. umfasst Einstellungsgröße, Geschwindigkeit der Bildfolge und Standpunkt sowie Bewegungen der Kamera. Jede Einstellung wird ‚auf Anschnitt' gedreht, d. h. sie ‚bezieht' sich formal oder inhaltlich auf vorangegangene oder folgende E.en.

Ellipse *(ellipsis):* (a) die Aussparung syntaktisch notwendiger bzw. wichtiger Satzglieder; (b) Kategorie der → Dauer (→ Aussparung).

Endreim: → Reim (s. Tab. 3.2.)

Enjambement/Zeilensprung *(run-on line):* in der Lyrikanalyse Bezeichnung für Sätze, die über das Ende von → Versen hinausführen.

Epilog *(epilogue):* abschließendes Nachwort zu einem literarischen Text; im Drama im Gegensatz zum → Prolog die nach der Vorstellung von einer der → Figuren an das Publikum adressierte Schlussrede.

Episierungstendenzen im Drama *(epic tendencies in drama):* Aufhebung der → Absolutheit dramatischer Texte durch die Etablierung eines vermittelnden Kommunikationssystems, z. B. durch die Einführung einer spielinternen oder -externen → Figur, die in die Rolle einer → Erzählinstanz schlüpft; auch Projektionen und Spruchbänder oder das Bloßlegen des theatralischen Apparates (Aus-der-Rolle-Fallen einer Figur) zählen zu E.

Ereignis *(event):* kleinste Einheit der → Handlung.

Erlebendes Ich *(experiencing I):* → homodiegetische Erzählinstanz (→ Ich-Erzählsituation) in ihrer Rolle als → Figur in der erzählten Welt.

Erlebte Rede *(free indirect discourse/narrated monologue):* Technik der → Bewusstseinsdarstellung in narrativen Texten, wobei variable Dominanzverhältnisse zwischen Erzähler- und Figurenanteilen bestehen können; linguistische Kriterien: 3.Pers.Sg., Präteritum.

Erzählende Figur *(intradiegetic narrator):* Sprecher, der auf der → Ebene der Figuren (oder auf einer hierarchisch noch tiefer liegenden Ebene) etwas erzählt.

Erzählendes Ich *(narrating I):* → homodiegetische Erzählinstanz in der → Ich-Erzählsituation in ihrer Rolle als → Erzählinstanz auf der → Ebene der erzählerischen Vermittlung.

Erzähler/Erzählerin: → Erzählinstanz

Erzählerische Vermittlung *(narrative transmission):* Modus der fiktionalen Wirklichkeitskonstitution; umfasst die Funktionen aller → Erzähl- und → Fokalisierungsinstanzen.

Erzählerperspektive *(narrator perspective):* im Unterschied zur Erzählperspektive (→ Erzählsituation) bezeichnet der Begriff das Persönlichkeitsbild, das Rezipienten auf der Grundlage der im Text enthaltenen Informationen von der psychologischen Disposition sowie den Werten und Normen der → Erzählinstanz entwerfen.

Erzählinstanz *(narrator):* fiktionaler textueller Sprecher, der als Aussagesubjekt auf der → Ebene der erzählerischen Vermittlung fungiert und durch den die erzählte Welt konstituiert wird; Antwort auf die Frage *who speaks?* (s. auch → expliziter Erzähler, → neutrales Erzählmedium).

Erzählperspektive: → Erzählsituation

Erzählsituation *(narrative situation;* auch Erzählperspektive bzw. *point of view):* beschreibt die Art und Weise, wie → Ereignisse, → Handlungen (a) oder Gedanken in narrativen Texten erzählerisch vermittelt werden. Es werden drei ‚typische Erzählsituationen' unterschieden: die → auktoriale ES, die → personale ES und die → Ich-ES.

Erzählte Zeit *(story time):* zeitliche Erstreckung des Handlungsablaufs, der in einem Erzähltext geschildert wird.

Erzählweisen *(narrative modes):* Art und Weise, wie textuelle Elemente auf der → Ebene der Figuren oder auf der → Ebene der erzählerischen Vermittlung dargestellt werden; unterschieden wird zwischen → Bericht, → Beschreibung, Kommentaren zum Erzählten und → szenischer Darstellung.

Erzählzeit *(discourse time):* Zeitspanne, die man zum Erzählen oder Lesen eines Erzähltextes benötigt.

Expliziter Erzähler *(overt narrator):* konkret fassbarer, personalisierbarer Sprecher auf der → Ebene der erzählerischen Vermittlung, der die → Figurenperspektiven und → Handlungen (a) analysieren und bewerten, sich durch kommentierende Zusätze, interpretatorische Beurteilungen oder generalisierende Abstraktionen persönlich zu Wort melden und den fiktiven → Leser direkt anreden kann.

Exposition *(exposition):* Informationsvergabe in narrativen und dramatischen Texten über die Vorgeschichte, die Voraussetzungen für zukünftige Konflikte und die Gegebenheiten der Handlung (Ort, Zeit, → Figuren); hat primär informativ-referentielle Funktion. Nach der Position im Textganzen lassen sich zwei verschiedene Typen der E. unterscheiden: initial-isoliert (Merkmale: Initialposition, Isolation, Blockhaftigkeit) und sukzessiv-integriert (Merkmale: Verteilung über den Textverlauf, Integration in die → Handlung (b), Aufgelöstheit in Teilmengen). Die E. kann mit dem → dramatischen Auftakt zusammenfallen, aber auch getrennt von ihm erfolgen.

Externe Fokalisierung *(external focalization):* perspektivisch gebrochene Wahrnehmung der → fiktiven Welt, bei der die → heterodiegetische Erzählinstanz zugleich die → Fokalisierungsinstanz ist (= externe Fokalisierungsinstanz/*external focalizer* bzw. fokalisierende Erzählinstanz/*narrator-focalizer*).

Extradiegetische Erzählinstanz *(extradiegetic narrator):* erzählender Sprecher auf der → Ebene der erzählerischen Vermittlung.

F

Figuren *(characters):* die fiktionalen Handlungsträger in narrativen und dramatischen Texten, die auf der Ebene des erzählten oder dargestellten Geschehens auftreten und die sich durch → Kontrast- und Korrespondenzrelationen voneinander unterscheiden.

Figurencharakterisierung *(characterization):* Sammelbegriff für die Gesamtheit der Techniken, mit denen in literarischen Texten Vorstellungen von → Figuren und deren Eigenschaften erzeugt werden (s. Modell 4.4.).

Figurenkonstellation *(character constellation):* bezeichnet das Verhältnis bzw. die Stellung der → Figuren in dramatischen und narrativen Texten zueinander; die Beschreibung der F. erfolgt oftmals in graphischer Darstellung und dient der Strukturierung des → Personals.

Figurenkonzeption *(character conception):* die Beschaffenheit einer → Figur; unterschieden wird nach einer statischen F. (der Merkmalssatz einer Figur bleibt gleich) und einer dynamischen F. (der Merkmalssatz einer Figur verändert sich im Handlungsverlauf), nach einer eindimensionalen F. (kleiner, homogener Merkmalssatz) und einer mehrdimensionalen F. (großer, komplexer Satz von Merkmalen) sowie nach → Personifikation, → Typ und → Charakter bzw. Individuum.

Figurenperspektive *(character perspective):* die mehr oder weniger begrenzte Wirklichkeitssicht einer → Figur, die durch deren Informationsstand, psychologische Disposition sowie Werte und Normen determiniert ist; die F. steht in einem korrelativen Verhältnis zu den → Handlungen (a) einer Figur.

Fiktionalität *(fictionality):* der Begriff verweist auf den erfundenen bzw. imaginären Charakter der Welten, die in literarischen Texten dargestellt werden.

Fiktionssignale *(signposts/signals of fictionality):* konventionalisierte Zeichen, durch die die → Fiktionalität eines Werkes angezeigt wird; dazu gehören neben Kommunikationssituation und äußerer Aufmachung eines Buches auch Titel, Gattungsbezeichnung (→ Gattung), Eingangs- und Schlussformeln sowie sich nicht auf die außertextuelle Wirklichkeit beziehende Angaben über Ort (→ Raum), → Zeit und → Figuren, intertextuelle Anspielungen (→ Intertextualität) und Mehrdeutigkeit des Textes.

Fiktive Welt *(fictional world):* die von einem Autor bzw. einer Autorin frei erfundene, in dramatischen und narrativen Texten dargestellte Welt, die eigenen – von der außerliterarischen Wirklichkeit bisweilen abweichenden – Regeln und Gesetzen unterworfen ist.

Fiktiver Leser: → Leser, fiktiver

Fokalisierung *(focalization):* im Gegensatz zu den auf → Erzählinstanzen bezogenen Kategorien bezeichnet der Begriff die Gestaltung der nonverbalen Wahrnehmung der → fiktiven Welt; er umfasst neben der sinnlichen Wahrnehmung auch Bewusstseinsvorgänge wie Denken, Fühlen und Erinnern.

Fokalisierungsinstanz *(focalizer):* Subjekt der → Fokalisierung; Orientierungszentrum, aus dessen Sicht die erzählte Welt wahrgenommen wird; Antwort auf die Frage *who sees?/who perceives?* (s. auch → externe Fokalisierung, → interne Fokalisierung).

Frequenz: → Häufigkeit

G

Gattung/Genre *(genre/kind):* Ordnungsbegriff für literarische Texte, mit dem Textgruppen nach gemeinsamem Merkmalsbündeln gebildet werden; neben den drei Hauptgattungen/Schreibweisen (dramatische, lyrische und narrative Texte) werden zahllose Untergattungen unterschieden (wie z. B. Komödie, Sonett oder Kriminalroman).

Gedankenbericht *(psycho-narration):* Technik der → Bewusstseinsdarstellung in narrativen Texten mit hohem Erzähleranteil und relativ starker Raffung; linguistische Kriterien: 3.Pers.Sg., Präteritum.

Gedichtmaß: metrische Regeln (→ Metrum), die das Ganze eines Verstextes (→ Vers) bestimmen.

Geschehen: → *story*

Geschlossenes Ende *(closed ending):* Form der Informationsvergabe am Ende von narrativen und dramatischen Texten, die sich im Gegensatz zum → offenen Ende durch die Klärung aller Konflikte, konventionelle Endereignisse wie z. B. Heirat oder Tod (s. auch → poetische Gerechtigkeit) oder Ausblicke in die Zukunft der → Figuren auszeichnet.

H

Häufigkeit *(frequency):* quantitatives Verhältnis, das zwischen den → Ereignissen der Geschichte und ihrer erzählerischen Wiedergabe besteht; Kategorie der → Zeitdarstellung.

Handlung *(action):* im weitesten Sinne Bezeichnung einer Zustandsveränderung; in der Literaturwissenschaft v.a. in zwei Bedeutungen verwendet: (a) eine von → Figuren ausgeführte, subjektiv sinnhafte Zustandsveränderung oder -aufrechterhaltung, die von vier Faktoren bestimmt ist: Fähigkeiten, Bedürfnissen, Motivationen und Intentionen; steht in Korrelation zu den → Figurenperspektiven; (b) insbesondere in der Dramenanalyse Bezeichnung für den Handlungszusammenhang des gesamten Werks; Handlungssegmente sind → Auftritt, → Szene und → Akt.

Haupttext *(primary text):* zusammen mit dem → Nebentext ein konstitutiver Bestandteil dramatischer Texte; besteht aus den → Repliken der → Figuren.

Hebung *(stressed syllable):* betonte, rhythmisch akzentuell hervorgehobene Silbe im → Vers; notiert durch ‚$\acute{-}$'.

Heterodiegetische Erzählinstanz *(heterodiegetic narrator):* → Erzählinstanz, die außerhalb der von ihr geschilderten Welt steht und nicht selbst als handelnde → Figur in der erzählten Welt in Erscheinung tritt; *qua* Konvention wird ihr → Allwissenheit zugeschrieben; meist raum-zeitlich deiktisch nicht determinierte → Sprechsituation.

Homodiegetische Erzählinstanz *(homodiegetic narrator):* → Erzählinstanz, die selbst als → Figur am fiktiven Geschehen in der erzählten Welt teilnimmt und mit einer Figur personal identisch ist; unterliegt *qua* Konvention den erkenntnistheoretischen Grenzen realer Handlungsträger, ist also nicht ‚allwissend' (→ Allwissenheit).

Hybridisierung *(hybridization):* Vermischung von ursprünglich getrennten Bereichen, z. B. von unterschiedlichen Stilen, → Gattungen oder Medien (eine hybride Gattung ist z. B. der historische Kriminalroman).

I

Ich-Erzähler: → erlebendes Ich, → erzählendes Ich, → homodiegetische Erzählinstanz

Ich-Erzählsituation *(first-person narrative situation):* eine der typischen → Erzählsituationen; konstituierendes Element ist die → homodiegetische Erzählinstanz. Häufig besteht sowohl eine zeitliche wie auch eine moralische Distanz zwischen → erzählendem und → erlebendem Ich.

Illusion, ästhetische *(aesthetic illusion):* durch Imitation von Strukturen und Inhalten von

Wirklichkeitswahrnehmung hervorgerufene Vorstellung eines Rezipienten, dass er die → fiktive Welt eines dramatischen oder narrativen Textes quasi miterlebt.

Illusionsdurchbrechung: der Abbau bzw. die Störung ästhetischer → Illusion in literarischen Texten, z. B. durch die Thematisierung der → Fiktionalität eines Werkes oder durch → Episierungstendenzen im Drama.

Impliziter Autor: → Autor, impliziter

Innerer Monolog *(interior monologue/quoted monologue):* Technik der → Bewusstseinsdarstellung in narrativen Texten ohne Beteiligung der Erzählerrede; hoher Grad an Authentizität bei der Wiedergabe psychischer Vorgänge; linguistische Kriterien: 1.Pers.Sg., Präsens; oft auch Merkmale der Mündlichkeit (elliptische Konstruktionen, kolloquiale Ausdrücke u. a.).

Intermedialität *(intermediality):* Oberbegriff für Wechselbeziehungen zwischen Literatur und anderen Kunstformen wie Musik, Malerei, Photographie, Film und Fernsehen.

Interne Fokalisierung *(internal focalization):* perspektivisch gebrochene Wahrnehmung der erzählten Welt, bei der eine → Figur als → Fokalisierungsinstanz fungiert (= interne Fokalisierungsinstanz/*internal focalizer* bzw. Reflektorfigur/fokalisierende Figur/*character-focalizer*).

Intertextualität *(intertextuality):* thematische und formale Bezüge zwischen verschiedenen Texten.

Intradiegetische Erzählinstanz: → erzählende Figur

Isotopie *(isotopy):* den Gesamtsinn eines Textes dominierendes Bedeutungsmuster, bei dem mehrere Sprachbilder aus einem gemeinsamen semantischen Feld stammen.

K

Kadenz *(cadence):* metrische Form des Versausgangs (→ Metrum, → Vers); entweder einsilbige → Hebung am Versende (männliche/stumpfe K.) oder zweisilbige Abfolge von Hebung und → Senkung (weibliche/klingende K.).

Kanon *(canon):* Korpus von Texten, die in einer Gesellschaft als besonders wichtig, künstlerisch hochrangig, normsetzend und/oder verbindlich gelten.

Kommunikationsmodell literarischer Texte *(model of literary communication):* idealtypische Darstellung der sprachlichen Interaktionsverhältnisse in literarischen Texten durch Unterscheidung verschiedener Kommunikationsebenen, Sender und Empfänger (s. Modell 1.2.).

Konfiguration *(character configuration):* Teilmenge des → Personals in einem Drama, die zu einem bestimmten Zeitpunkt auf der Bühne anwesend ist.

Konstante Fokalisierung *(fixed focalization):* gleich bleibende → Fokalisierung der → fiktiven Welt durch eine → Fokalisierungsinstanz über den gesamten Textverlauf hinweg.

Kontrast- und Korrespondenzrelationen *(contrasts and correspondences):* in der Erzähltext-, Dramen- und Filmanalyse v. a. verwendet zur Bezeichnung der Gemeinsamkeiten und Unterschiede, die zwischen den Eigenschaften von → Figuren bestehen; geben Aufschluss über die Strukturierung des → Personals.

L

Leser, fiktiver *(narratee):* im Text mitartikulierter, mehr oder weniger personalisierter Ansprechpartner der → Erzählinstanz auf der → Ebene der erzählerischen Vermittlung; nicht zu verwechseln mit dem realen Leser.

Leseranrede *(reader address):* Erzähleräußerung mit dominant appellativer Funktion; die → Erzählinstanz kann dem fiktiven → Leser etwa Hypothesen unterstellen, ihn zu bestimmten Rezeptionshandlungen auffordern oder Fragen an ihn richten.

Literaturadaption: Transformation eines literarischen Werkes in ein anderes Medium (z. B. Bearbeitung eines Erzähltextes für ein Musical oder den Hörfunk).

Lyrisches Ich *(lyrical I/poetic persona):* fiktiver Sprecher eines Gedichts.

M

Mauerschau/Teichoskopie *(teichoscopy):* Form der Informationsvergabe im Drama, in der aus ethischen oder technischen Gründen nicht darstellbare → Ereignisse (Gewalt, große Schlachten) in das Geschehen einbezogen werden, indem eine auf der Bühne erhöht stehende (Mauer, Turm, Berg), beobachtende → Figur den anderen Figuren und damit auch den Zuschauern von den sich außerhalb ihres Blickfeldes abspielenden Ereignissen berichtet (s. auch → Botenbericht).

Mediengattungstheorie: befasst sich mit der Erforschung von Gattungsbezeichnungen (→ Gattung), mit den individuellen Erwartungen, die Mediennutzer mit spezifischen Bezeichnungen verbinden, und mit den Auswirkungen und Funktionen, die die Verwendung von Gattungsnamen hat.

Medienwechsel: Übertragung eines Werkes von einem Medium in ein anderes (z. B. Literaturverfilmung, der ‚Roman zum Film', Hörspieladaptionen von Romanen etc.).

Metapher *(metaphor):* semantische → rhetorische Figur (s. Tab. 3.7.); ‚verkürzter Vergleich', bei dem die Denotationen und Konnotationen eines Bildspenders *(vehicle)* auf einen Bildempfänger *(tenor)* übertragen werden.

Methode *(method):* systematische Abfolge von bestimmten Regeln, Prinzipien oder Analyseschritten, die von gewissen Fragestellungen und Ausgangsbedingungen zu einem vorgegebenen Ziel führt; unterschiedliche M. n führen zu unterschiedlichen Resultaten.

Metonymie *(metonymy):* semantische → rhetorische Figur (s. Tab. 3.7.).

Metrum/Versmaß *(meter):* von der sprachlichen Realisation unabhängiges Organisationsprinzip des → Verses, mit dem dieser in → Versfüße unterteilt wird; je nach Anzahl der → Hebungen spricht man von Tri-, Tetra-, Penta- oder Hexameter (s. Tab. 3.1.).

Mimesis *(mimesis):* Konzept der Ästhetik, das das Verhältnis zwischen literarischen Texten und der außerliterarischen Wirklichkeit als Nachahmung definiert.

Modell *(model):* abstrahierte und vereinfachte Darstellung eines komplexen Gegenstandes, die nur eine begrenzte Anzahl als relevant erachteter Aspekte bzw. Eigenschaften in ihren Relationen erfasst.

Monolog *(monologue):* in dramatischen Texten das Selbstgespräch einer → Figur, das an niemanden auf der Bühne gerichtet ist und v. a. der Darstellung von Gedanken und Gefühlen dient (→ Bewusstseinsdarstellung). Befindet sich die Figur dabei alleine auf der Bühne, spricht man von einem Soliloquium *(soliloquy).*

Monolog, innerer: → innerer Monolog

Montage *(montage):* im Bereich von Foto, Hörspiel, Theater und Film verwendet für die Verbindung unterschiedlicher Teile zu einer neuen Einheit. In der Filmpraxis und -theorie meint der ursprünglich französische Begriff für das englische *‚cutting'* oder *‚editing'* und den deutschen → ‚Schnitt' den Prozess der Zusammenfügung einzelner → Einstellungen (wie auch akustischer Elemente) mittels Übereinanderlegen oder Aneinanderreihung.

Multiperspektivität/Multiperspektivisches Erzählen *(multiperspectivity/multiperspectival narration):* Form der → erzählerischen Vermittlung, bei der ein Sachverhalt, ein → Ereignis oder eine → Figur aus zwei oder mehr unterschiedlichen Blickwinkeln bzw. Perspektiven dargestellt wird.

N

Narratee: → Leser, fiktiver

Narration *(narration):* übergeordneter Erzählvorgang auf der → Ebene der erzählerischen Vermittlung, der sich in der Kommunikation zwischen → Erzählinstanz und fiktivem → Leser manifestiert.

Nebentext *(secondary text):* zusammen mit dem → Haupttext ein konstitutiver Bestandteil dramatischer Texte, der aus den Regieanweisungen (stage directions) zum Bühnenbild, zur Zeit des Geschehens, zu Mimik und Gestik der → Figuren, den Akt- und Szenenmarkierungen (→ Akt, → Szene), der Identifizierung der jeweils sprechenden Figuren sowie aus Titel, Personenverzeichnis (der Auflistung der *‚dramatis personae'*), Vorwort und Widmung besteht.

Neutrales Erzählmedium *(covert narrator):* → Erzählinstanz, die auf der → Ebene der erzählerischen Vermittlung in sachlich-nüchterner Weise die → Handlung wiedergibt, nicht als personalisierbarer Sprecher fassbar ist und sich auf die erzähltechnischen Funktionen (Wiedergabe der Handlung sowie der lokalen, personalen und temporalen Deixis) beschränkt; dominierend in der → personalen Erzählsituation.

O

Offstage: im Theater der Raum außerhalb der Bühne.

Offenes Ende *(open ending):* Form der Informationsvergabe am Ende narrativer und dramatischer Texte, die sich im Gegensatz zum → geschlossenen Ende durch die Aussparung endgültiger Lösungen auszeichnet.

P

Paradigmatische Beziehungen *(paradigmatic relations):* Bezeichnung für Beziehungen zwischen sprachlichen Elementen, die an einer Stelle eines Satzes austauschbar sind. P. B. beruhen auf Ähnlichkeit (Similarität) (s. auch → syntagmatische Beziehungen).

Paratext *(paratext):* nicht zum eigentlichen Text gehöriger beigefügter Text in einem literarischen Werk, wie z. B. Klappentext, Titel, Untertitel, Widmung, Vor- und Nachworte etc.

Pause *(pause):* Stillstand der → erzählten Zeit, während die → Erzählzeit weiterläuft; Kategorie der → Dauer.

Performance criticism: Sammelbegriff für Interpretationsansätze, die sich primär mit Aspekten der Aufführung von Theaterstücken (z. T. unter Bezug auf die in Dramentexten implizierten Inszenierungen) befassen. *Performance studies* befassen sich auch mit multimedialen Repräsentationen in Film, Fernsehen und neuen Medien.

Personal: Summe der auftretenden → Figuren in einem Drama.

Personale Erzählsituation *(figural narrative situation):* eine der typischen → Erzählsituationen; ein → neutrales Erzählmedium vermittelt das Geschehen aus dem Blickwinkel einer → Figur (→ interne Fokalisierung), wodurch die Illusion einer unvermittelten Wiedergabe der → Ereignisse erzeugt wird.

Personifikation *(personification):* Verkörperung eines abstrakten Begriffs durch eine → Figur (z. B. der Geiz).

Perspektive: → Erzählerperspektive, → Figurenperspektive

Perspektivenstruktur *(perspective structure):* bezeichnet in dramatischen und narrativen Texten die Gesamtheit aller Einzelperspektiven – → Figuren- und → Erzählerperspektiven – und ihrer Relationen zueinander; ergibt sich aus dem System von → Kontrast- und Korrespondenzrelationen zwischen den Perspektiven und wird wie alle Phänomene auf der Ebene der Gesamtstruktur erst durch die Interaktion zwischen dem realen Leser und dem Textganzen erzeugt. Unterschieden werden a-perspektivische, geschlossene und offene Perspektivenstrukturen.

Plot: die → Ereignisse in der erzählten Welt in ihrer kausal-logischen Verknüpfung.

Poetische Gerechtigkeit *(poetic justice):* Konvention bei der Schlussgebung in narrativen und dramatischen Texten, nach der die ‚guten' → Figuren belohnt (z. B. durch Heirat oder Reichtum) und die ‚schlechten' Figuren bestraft werden (z. B. durch Tod oder finanziellen bzw. gesellschaftlichen Ruin).

Point of attack: Einsatz der szenisch präsentierten → Handlung im Drama.

Point of view: → Erzählsituation

Prolepse: → Vorausdeutung

Prolog *(prologue):* im Gegensatz zum → Epilog im Drama die von einer der handelnden → Figuren, einer zusätzlich eingeführten Figur oder dem Autor selbst gesprochenen einleitenden Worte (z. B. in Form einer Begrüßung oder von Hinweisen zum Stück) an das Publikum; im antiken Drama die häufigste Form der → Exposition.

Protagonist *(protagonist):* Hauptfigur in einem narrativen oder dramatischen Text, deren Pläne und Ziele oft von einem Widersacher (dem → Antagonisten) durchkreuzt werden.

R

Raum und Raumdarstellung *(setting):* Begriffe für die Konzeption, Struktur und Präsentation von Schauplätzen, Landschaften, Naturerscheinungen und Gegenständen in verschiedenen literarischen → Gattungen.

Reflektorfigur: → interne Fokalisierung

Reim *(rhyme):* Gleichklang von Wörtern ab dem Vokal der letzten → Hebung im → Vers, je nach Genauigkeit der Übereinstimmung wird zwischen reinem und unreinem Reim unterschieden (s. Tab. 3.2.); die → Kadenz beschreibt die Reimfülle.

Reimschema *(rhyme scheme):* Anordnung von → Reimen über mehrere Verszeilen (→ Vers); je nach Gruppierung der Reime unterscheidet man Paarreime, Kreuzreime, umarmende/umschließende/umfassende Reime sowie Schweifreime (s. Tab. 3.3.).

Replik: Figurenrede; in dramatischen Texten machen die Repliken der → Figuren den sog. → Haupttext aus.

Rhetorische Figuren *(figures of speech):* konventionalisierte, seit der Antike feststehende Formen der Abweichung von der Normalsprache; je nach Bezugsgröße unterscheidet man phonologische (s. Tab. 3.4.), morphologische (s. Tab. 3.5.), syntaktische (s. Tab. 3.6.), semantische (s. Tab. 3.7.) und pragmatische rhetorische Figuren.

Rückwendung *(analepsis/flashback):* nachgeholte Vergabe einer Information über ein → Ereignis, das in der natürlichen Zeitfolge der Ereignischronologie zurückliegt; Form des anachronischen Erzählens (→ Anachronie); Kategorie der → Anordnung des Geschehens.

S

Schlussgebung: → geschlossenes Ende, → offenes Ende

Schnitt *(cut):* der Begriff verweist auf die technische Bearbeitung aufgenommenen Materials beim Film; die Möglichkeiten des Sch.s ergeben sich aus den Arten der → Montage und bewegen sich zwischen ‚unsichtbarem Sch.' und ‚gewollt offensichtlichem Sch.' *(jump cut).*

Semantisierung literarischer Formen *(semantization of literary forms):* Formulierung für die Einsicht, dass literarische Darstellungsverfahren und Strukturen nicht nur zur Übermittlung von Inhalten dienen, sondern auch selbst Bedeutungsträger sind.

Senkung *(unstressed syllable):* unbetonte Silbe im → Vers; notiert durch ‚◡'.

Showing: literarischer Darstellungsmodus, der sich dramatischen Aufführungsformen annähert; im Gegensatz zu → *telling* von einem → neutralen Erzählmedium erzählt. Typische → Erzählweisen für *s.* sind → szenische Darstellung und bestimmte Formen der Bewusstseinsdarstellung wie → erlebte Rede und → innerer Monolog.

Soliloquium: → Monolog

Sprechender Name *(telling name):* Technik der → Figurencharakterisierung, bei der die Namensgebung die Aufmerksamkeit auf typische Eigenschaften einer → Figur lenkt.

Sprechsituation *(communicative situation):* im engeren Sinne setzt sich die Sp. eines literarischen Textes aus einem Sprecher (in Gedichten z. B. dem → lyrischen Ich) und einem Adressaten zusammen; im weiteren Sinne werden auch Raum und Zeit bei der Sp. berücksichtigt.

Story: Gesamtheit der Aspekte, die die → Ebene der fiktiven Handlung konstituieren; die Abfolge der → Ereignisse in ihrer natürlichen Chronologie.

Stream of consciousness: → Bewusstseinsstrom

Strophe *(stanza):* Gruppierung von → Versen, die typographisch gekennzeichnet ist; insbesondere bei der älteren Lyrik erfolgt die Gruppierung nach festgelegten Regeln.

Struktur *(structure):* die Gesamtheit der Beziehungen zwischen einzelnen Elementen.

Subjektivität *(subjectivity):* Ich-Bezogenheit und individueller Sprachausdruck; insbesondere Kennzeichen der Lyrik, wo sie explizit durch Hervortreten des → lyrischen Ich und expressive Äußerungen desselben oder implizit durch individuelle Wort- und Bildwahl auftreten kann.

Sympathielenkung: Formen der Steuerung der Reaktion von realen Lesern auf literarische Texte.

Synchronie: → Diachronie/Synchronie

Syntagmatische Beziehungen *(syntagmatic relations):* die Verknüpfungen und Kombinationsmöglichkeiten von Elementen in einem Satz oder einem Text (s. auch → paradigmatische Beziehungen).

Szene *(scene):* meist der → Auftritt selbst; dem → Akt untergeordnete Handlungseinheit im Drama, die durch das Auftreten einer neuen oder das Abtreten einer bislang anwesenden → Figur begrenzt wird.

Szenische Darstellung *(scene):* eine → Erzählweise des → *showing,* bei dem entweder durch detaillierte Wiedergabe von → Ereignissen, durch → Dialoge der → Figuren oder durch Formen der → Bewusstseinsdarstellung die Illusion erweckt wird, dass der Leser das Geschehen in der erzählten Welt unmittelbar beobachtet.

T

Telling: literarischer Darstellungsmodus, bei dem im Gegensatz zu → *showing* die Präsenz und Vermittlung eines → expliziten Erzählers deutlich sichtbar ist. Typische → Erzählweisen für *t.* sind → Bericht, → Beschreibung, Kommentar und → Gedankenbericht.

Telling name: → sprechender Name

Theatercodes: die sprachlichen und außersprachlichen Zeichensysteme des Theaters (wie z. B. Stimmen, Geräusche, Musik, Mimik, Gestik, Frisur, Kostüm, Bühnenbild, Requisiten, Beleuchtung); es wird unterschieden zwischen akustischen und optischen Zeichen, zwischen schauspielerbezogenen und den Raum betreffenden Zeichen sowie zwischen Zeichen, die beständig, und solchen, die nur vorübergehend sind.

Theatersemiotik *(theatre semiotics):* Wissenschaft von den Zeichen bzw. Codes der Theaterkommunikation (→ Theatercodes).

Typ *(type):* eine eindimensionale → Figur (→ Figurenkonzeption), die kaum individuelle

Züge aufweist und statt dessen auf einige wenige, allgemeinmenschliche Züge reduziert wird (z. B. der Griesgram, der Geizhals, der Choleriker) oder eine soziale Schicht repräsentiert (z. B. der Höfling, der Städter, der Bauer). Daneben gibt es ethnische, regionale und nationale Stereotype sowie Geschlechterstereotype.

U

Überblendung *(dissolve):* die Verbindung unterschiedlicher visueller und akustischer Einheiten beim Film durch den fließenden Übergang zwischen langsamem Aus- und Einblenden führt zu einer Verschmelzung, die Raum- und Zeitwahrnehmung harmonisieren kann.

Unreliable narrator (unzuverlässiger Erzähler): Begriff für einen → expliziten Erzähler, dessen Wiedergabe der → Ereignisse oder Interpretationen des Geschehens dem Leser Anlass gibt, seine Glaubwürdigkeit in Zweifel zu ziehen.

V

Vers *(verse):* Zeile eines Gedichts, die typographisch abgegrenzt und metrisch strukturiert ist (→ Metrum).

Versfuß *(foot):* kleinste rhythmische Einheit, die aus einer → Hebung und bis zu zwei → Senkungen besteht; je nach Anzahl der Silben und Position der Hebung unterscheidet man in der englischsprachigen Lyrik Jambus *(iamb; ◡ –́)*, Trochäus *(trochee; –́ ◡)*, Daktylus *(dactyl; –́ ◡ ◡)*, Anapäst *(anapest; ◡ ◡ –́)* sowie gelegentlich Spondeus *(spondee; –́ –)* und Amphibrach *(amphibrach; ◡ –́ ◡)*.

Versmaß: → Metrum

Voice-over *(off-Kommentar):* das *v.-o.* wird aufgenommenem Ton- und Bildmaterial nachträglich hinzugefügt; aus dem *off*, d. h. nicht sichtbar, wird das Gesagte synchronisiert oder das Gezeigte ergänzt, kommentiert oder zu einer Sinneinheit verbunden.

Vorausdeutung *(flashforward/prolepsis, foreshadowing):* Vorwegnahme einer Information über ein → Ereignis, das in der natürlichen Zeitfolge der Ereignischronologie erst später eintritt; Form des anachronischen Erzählens (→ Anachronie); Kategorie der → Anordnung des Geschehens.

W

Wortkulisse *(word scenery):* im Drama die (meist subjektiv gefärbte) Thematisierung des räumlichen Kontextes in den → Repliken der → Figuren oder des Chors.

Wort-Bild-Tropen: rhetorische Figuren, die nicht durch sprachliche Ausdrücke, sondern durch Bilder umgesetzt werden. Insbesondere durch filmische Bilder ausgedrückte → Metaphern, → Metonymien und Synekdochen sind für die Filmanalyse relevant (wenn etwa das Bild eines Punks stellvertretend für gesellschaftliche Randgruppen oder allegorisch für die Gewalt steht).

Z

Zäsur *(caesura):* syntaktischer Einschnitt, durch den ein → Vers in Sinnabschnitte zerfällt.

Zeichensysteme des Theaters: → Theatercodes

Zeilensprung: → Enjambement/Zeilensprung

Zeit und Zeitdarstellung: Begriffe für die Konzeption, Struktur und Präsentation von zeitlichen Abläufen und Zeitvorstellungen in verschiedenen Gattungen (→ Anordnung, → Dauer, → Häufigkeit).

Zeitdeckung *(scene):* → Erzählzeit und → erzählte Zeit stimmen in etwa überein; liegt bei → Dialogen sowie verschiedenen Formen der → Bewusstseinsdarstellung vor; Kategorie der → Dauer.

Zeitdehnung *(stretch/slow-down):* → Erzählzeit ist größer als die → erzählte Zeit; Kategorie der → Dauer.

Zeitraffung *(summary/speed-up):* → Erzählzeit ist kleiner als die → erzählte Zeit; Kategorie der → Dauer.

Zeitsprung: → Aussparung

Pressestimmen zur Reihe UNI-Wissen

„Generell scheinen die Bücher der ›UNI-Wissen Reihe‹ eine neue Generation von ›Schulbüchern‹ einzuleiten, da sie endlich mal mit der Zeit gehen und nicht der Zeit hinterherhinken.“ ***Amazon.de* (1999)**

„In den [...] Bänden dieser Reihe hat Professor Ansgar Nünning, einer der profiliertesten Vertreter dieser nun die Lehrstühle neu besetzenden Generation, als Herausgeber eine ungewöhnliche Homogenität in Form, Darstellung und Inhalt erreicht. [...]
Diese Reihe wird über Jahre hinweg der inhaltliche und finanzielle Maßstab von Konkurrenzbänden sein. [...] Die Bände sind rundweg zu empfehlen. Der erfreulich niedrige Preis [...] lässt das sonst leider gängige Kopieren zur unnötigen Zeitverschwendung werden.“ ***Der fremdsprachliche Unterricht* (1999)**

„Die Bände der Reihe vermitteln auf wissenschaftlich solider und verständlicher Weise grundlegende Informationen und Überblickswissen zu ausgewählten Standardthemen der Literatur- und Sprachwissenschaft. Sie eignen sich sehr gut für die effiziente Einarbeitung in Teilgebiete der Anglistik/Amerikanistik, die Auffrischung bereits erworbener Kenntnisse ebenso wie die zielgerichtete Prüfungsvorbereitung. Besonders hervorzuheben ist die methodisch transparente Strukturierung der Bände und das übersichtliche *layout*.“ ***Archiv für das Studium der Neueren Sprachen und Literaturen* 237, 152 (2000)**

Pressestimmen zu einzelnen Bänden

Uwe Baumann: *Shakespeare und seine Zeit*
„[...] Darüber hinaus vermitteln Baumanns Analysen einen informativen Einblick in eine Vielzahl thematischer [...] und formalästhetischer [...] Innovationen, die – trotz der erheblichen künstlerischen Unterschiede der vorgestellten Dramen – die Studierenden und auch Lehrenden auf ein leider noch immer marginalisiertes Gebiet der Ausbildung in unserer Anglistik aufmerksam machen.“ ***Archiv für das Studium der neueren Sprachen und Literaturen*, 237, 152 (2000)**

Vera und Ansgar Nünning: *Englische Literatur des 18. Jahrhunderts*
„Die in flüssigem Stil geschriebene Geschichte der englischen Literatur des 18. Jahrhunderts führt auf anschauliche Weise in die vielfältigen Formen, Gattungen und Entwicklungen der englischen Literatur des 18. Jahrhunderts ein. Dabei ist den Verfassern daran gelegen, nicht nur den Höhenkamm auszuleuchten, sondern sie steigen auch in die Niederungen der weniger bekannten Autoren und weniger populären Gattungen hinab. Alles in allem ergibt sich so ein sehr komplexes Bild der englischen Literatur des 18. Jahrhunderts, in dem sich nichtsdestotrotz noch klare Entwicklungslinien abzeichnen.“ ***Sprachkunst* 30,2 (1999)**

Gottfried Krieger: *Das englische Drama des 20. Jahrhunderts*
„[...] Krieger gelingt es in seiner Einführung, die Entwicklungszusammenhänge einer Gattung in einem Jahrhundert sowie deren spezifische Ausprägungen interessant und fundiert zu vermitteln." ***Arbeiten aus Anglistik und Amerikanistik* 24,2 (1999)**

Ansgar Nünning: *Der englische Roman des 20. Jahrhunderts*
„Die Leserin / der Leser gewinnt einen ausgezeichneten Überblick über inhaltliche wie formale Entwicklungsstränge des englischen Romans in diesem Jahrhundert. [...] Das Buch ist eine wertvolle Bereicherung für jeden, der sich aus beruflichem oder privatem Interesse mit englischen Romanen dieses Jahrhunderts befassen möchte oder schlicht mit der Qual der Wahl konfrontiert ist, welchen Roman er mit seinem Oberstufenkurs lesen möchte." ***Neusprachliche Mitteilungen aus Wissenschaft und Praxis* 53,1 (2000)**

Herbert Grabes: *Das amerikanische Drama des 20. Jahrhunderts*
„Mit dem Ziel, ›einen Überblick über die Grundformen und die Geschichte des amerikanischen Dramas im 20. Jahrhundert‹ (S. 5) zu geben, legt Herbert Grabes mit dem vorliegenden Band eine überzeugende Darstellung der Entwicklung dieser literarischen Gattung in den USA vor. [...]
Dem vorliegenden Band ist zu bescheinigen, daß er eine bemerkenswerte und in ihrer Argumentation überzeugende Einführung in das amerikanische Drama des 20. Jahrhunderts darstellt." ***Archiv für das Studium der Neueren Sprachen und Literaturen* 237,152 (2000)**

John F. Davis: *Phonetics and Phonology*
„... bei diesem Titel kann von einer überragenden Leistung, auch in didaktischer Hinsicht, gesprochen werden." ***Anglistik* 11,2 (2000)**

Richard Aczel: *How to Write an Essay*
„Die zahlreichen Beispiele erleichtern später auch die Umsetzung in die Praxis und nehmen gerade den Schülern / Studenten, die zum ersten Mal ein *essay* schreiben, die Hemmschwelle zum ersten Schritt." ***Amazon.de* (1999)**

Richard Humphrey: *Grundkurs Übersetzen Deutsch–Englisch*
„Der Autor behauptet zwar im Vorwort zu diesem Band sehr bescheiden, er würde ›nichts grundlegend Neues‹ (S. 6) bieten, doch einige Elemente des Übungsbuches sind durchaus als unkonventionell einzustufen." ***Anglistik* 11, 2 (2000)**
„Das Buch ist [...] optimal fürs Selbsttraining. Es ist gerade für Erstsemester eine hilfreiche Anschaffung, die auch bestimmt ins studentische Budget paßt." ***Amazon.de* (1999)**

Richard Humphrey: *English Idioms for University*
„[...] eine äußerst kurzweilige Lektüre [...] In der Breite der berücksichtigten Themen und der abwechslungsreichen Fülle des Materials wird dieses Übungsbuch seinem eigenen Anspruch mehr als gerecht. [...] Ein bescheidenes Büchlein, dabei aber mit offensichtlichem Spaß an der Sache zusammengestellt und von immensem sprachlichen Gebrauchswert – von den literarischen und landeskundlichen Nebeneffekten ganz abgesehen." ***Mitteilungsblatt des fmf Westfalen-Lippe* 19,1 (2001)**